配送中心拣货作业理论与方法研究

李诗珍/著

科学出版社

北京

内 容 简 介

本书以人至物拣货系统为主要对象兼顾混合系统，从理论和方法两个方面对拣货作业运作进行研究，建立了多种拣货系统决策模型，具体包括作业单元位置模型、拣货方式决策模型、订单分批拣货模型、简单往返拣货模型、单品拣货模型等，并根据各类模型的不同特点设计了相应的精确算法或启发式算法。在此基础上对拣货方式、存储策略与路径策略进行了协同研究，得出了这些策略之间的背反和协同关系，最后以我国某大型IT分销商的配送中心为原型，设计了一个基于时间均衡的多系统同步拣货的混合系统，运用前面理论研究的结果，对该系统中的订单处理进行了仿真研究，可为配送中心拣货系统设计和运作方法的选择提供可靠的依据。

本书可供在校本科及以上学历教育的学生、高校教师、科研工作者及物流企业的管理和技术人员学习参考。

图书在版编目（CIP）数据

配送中心拣货作业理论与方法研究/李诗珍著. —北京：科学出版社，2016.12

ISBN 978-7-03-050871-3

Ⅰ. ①配… Ⅱ. ①李… Ⅲ. ①物流配送中心–物资配送–作业管理 Ⅳ. ①F252.14

中国版本图书馆CIP数据核字（2016）第291195号

责任编辑：徐 倩 / 责任校对：彭珍珍
责任印制：徐晓晨 / 封面设计：无极书装

科学出版社 出版
北京东黄城根北街16号
邮政编码：100717
http://www.sciencep.com

北京凌奇印刷有限责任公司 印刷

科学出版社发行 各地新华书店经销

*

2016年12月第 一 版 开本：B5（720 × 1000）
2016年12月第一次印刷 印张：13 3/4
字数：302 000

POD定价： 74.00元
（如有印装质量问题，我社负责调换）

序

我与李诗珍教授因物流相识相交，并有幸成为教育部高等学校物流管理与工程类专业教学指导委员会（后称“物流教指委”）的同事。本人作为物流教指委的副主任委员，与李教授在物流教指委工作方面合作非常愉快。李教授在中国物流教育发展项目的调研、全国普通高等学校新增物流类本科专业设置的评审、物流管理与工程类教学质量国家标准的研制、全国物流设计大赛作品的函评、教研课题的申报，以及会议交流材料的递交等工作中，都积极参与、任劳任怨，为物流教指委的多项工作倾注了大量心血。这既是物流教指委凝聚力的体现，也是李诗珍教授代表长江大学所做的贡献！本人作为学界同仁，亲眼见证了李教授在专业教学和学术领域的成长与收获，甚感欣慰。

我与李教授见面次数虽然不多，但物流教指委每年一次的全体委员会议，李教授都如期参加、积极交流，我也得以对李教授有更多的了解。2016 年 9 月的常州会议，李教授便邀约我为其专著写序，当时以“愿先睹为快”应允。两月后，芜湖会议归来，办公桌上赫然摆着一本《配送中心拣货作业理论与方法研究》清样，抽暇翻阅，一种惊奇和愉悦袭上心来。如今，学术界有人为学浮躁、治学不严，想不到作者居然在一个细小的微观领域一直辛勤劳作、深耕细耘，十几年坚守不变，实在难能可贵。

拣货作业是配送中心工作量最大、最繁琐、最易出错的一个环节，它连接着进货和出货，也是决定配送中心运作绩效的关键环节。拣货作业中的任何差错都可能导致顾客的不满意和运营成本的增加，甚至波及整个供应链。多年来，该领域的理论研究在实践中探索前行，研究人员和成果数量双少的局面有待改变。该书作者则是国内较早进入该领域研究的少数研究者之一。从 CNKI 数据库可以清楚地看出，作者从 2002 年发表第一篇关于拣货作业的论文以来，一步一个脚印，持久深入地开展了专项研究。作者通过多项基金的支持与资助，初心不改，始终如一，孜孜以求，其论文也从当初的一般刊物到核心期刊再到 C 刊，从国内会议交流到国际学术会议交流，从硕士论文到博士论文，终得今日之专著《配送中心拣货作业理论与方法研究》。正如作者 2008 年在博士论文致谢中所言：“纵有红颜已逝、韶华不再的惋惜，但终未因当初‘既为大海也为岸’的坚定信念而懊悔，明知是汪洋大海中的一叶小舟，仍毅然决然前行。”作者对学术的坚定与执着不禁让我生出很多感动和敬意，同时让我倍感高兴的是，作者 2002 年撰写的论文《配送中心拣货作业中的订单分批策略研究》被供应链管理先行者、国内第一本《供应链管理》专著作者、生产运作管理著名专家马士华教授，在 2004 年的论文《基于时间延迟的订单分批策略研究》列为参考文献，用“牛刀小试，才华初显”实不为过。此后经年，作者在坚持教学的同时务实耕耘，潜心研究，由浅入深，独树一帜，自成体系，其成果拟以专著形式由科学出版社出版，凿石得玉，正是“不忘初心，方得始终”的真正体现。

为之须恒，不恒则不成；学之须精，不精则无名。李诗珍教授十几年甘坐冷板凳，研究方向专一，默默专注于配送中心拣货作业的研究，书中的部分内容已在国内外期刊或国际学术会议上公开发表，对国内从事该领域的研究起到了积极的引领作用。此次以著作形式出版，从理论和方法两个维度对影响拣货作业效率的系统布置、储位分配、订单处理，同步拣货系统设计等进行了全面研究，兼顾理论的完整性和作业方法的应用性，体系严密，能为需求者提供更加系统而全面的参考，类似于“一站式”服务，亦为本书厚重的价值所在。

湖北荆州是“两湖平原”中心，自古就是承东启西、沟通南北的战略要地，如今荆州市的大物流格局正在形成之中，4 条高速公路、3 座长江大桥、4 条一级公路、22 个港航站场，华中区域性物流中心和综合交通运输枢纽将相互融合，在荆州形成一道亮丽的物流风景。

在长江大学，李诗珍教授就是这样的风景，十几年来在专一方向的研究道路上，不偏不倚、不紧不慢，默默耕耘。这份坚持，让人敬佩，专著付梓更为自己的风景增添了一抹炫耀的光芒。

物流学界需要这样执着的科学探索精神，物流学科需要这样有深厚积淀的好作品，祝贺李教授也感谢李教授！

是为序。

北京物资学院副院长
中国物流与采购联合会副会长
中国物流学会副会长
教育部物流管理与工程类专业教学指导委员会副主任

2016 年 12 月

前　言

2005年，美国物流管理协会正式更名为“美国供应链管理专业协会”，标志着全球物流进入供应链时代。供应链全球化的趋势表明，物流企业的能力，必须从提供以资产为基础的物流服务，向提供以管理能力为核心的完整的供应链服务转型，才能在竞争中处于优势地位。配送中心作为物流供应链的一个重要组成部分，作为物流系统的核心，其拣货作业的组织直接影响配送中心的绩效进而影响整个供应链的运作效率。拣货过程中的任何差错都可能导致客户不满和运营成本的高昂，进而削弱整个供应链的竞争力。工业发达国家多年从事物流产业的经验表明：在物流配送作业中，订单拣货过程是配送中心中所有作业中最费力的，其劳动量占配送中心中所有作业量的 60%。而且，其成本占仓库所有运作成本的50%～75%。由于拣货作业内容千差万别、拣货方法繁多，很难实现拣货的机械化、自动化和信息化，使拣货作业异常辛苦，效率低下。尤其是在电子商务环境下，订单模式向少量多样多批次转变，配送时限要求越来越短，拣取活动通常要在有限的时间内完成，从而导致配货和订单拣取的难度大大增加，拣货作业的设计与运作管理变得更加重要和复杂。无论是零售业还是制造业，在多品种物流中心的物料搬运作业中，卸货、储运和装车作业约占总作业时间的20%，其余80%则属于拣货作业时间。拣货作业在人工仓库系统中属于劳动密集程度最高的作业，在自动仓库系统中则属于资本密集程度最高的作业。可以说，物流配送作业严重受到拣货作业的瓶颈钳制。正因为如此，美国仓储教育与研究协会在1986年的一项调查报告中将拣货作业定为提高仓库运作效率的第一个领域，仓储专业人员也把拣货作业当作提高仓库效率的最优先领域。我国的物流发展与发达国家相比，还有很大的差距，电子商务的快速发展，对物流配送提出了更高的要求。所以若要降低物流成本，挖掘“第三利润源泉”，提高配送中心的运作效率，从拣货作业上着手，可以达到事半功倍的效果。由此可见，拣货作业的优化设计与综合控制，对配送中心运作效率的高低具有决定性的影响。

目前国内对配送中心拣货作业的重要性，虽有一定程度的认识，但由于其处于战术层和运作层面，并没有特别引起企业的重视和相关研究者的研究热情。近年来，每年虽有少量的拣货文献出炉，但相比其他领域，其增长的速度几乎可以忽略不计。目前，国内有关物流配送的书籍较多，但大都趋于宏观，关于拣货部分只有极少的作者会在书中以极小的篇幅提及拣货作业，以拣货命名的书籍很少。

本书不图在阐述前人的理论和方法方面求多求全，而力求内容能够新颖和切合实用。研究对象以国内占绝大多数的人至物拣货系统为主兼顾混合系统，更加贴近中国实际。在写作方面，以影响配送中心拣货作业效率的拣货系统布置，储位分配、订单处理为主线贯穿全文，以运作方法优化为主，建立了多种拣货系统决策模型并设计算法，注重理论研究结果的运用，研究内容从理论与方法两个方面进行，由浅入深，兼顾理论的完整性和方法的应用性，相对全面而系统，能为需求者提供类似“一站式服务”的参考，对研究者、配送中心的管理者和技术人员有较强的吸引力。

本书研究领域属于物流领域配送中心中关于物资配送的作业管理，是一个非常细小的微观领域，多年来研究人数一直很少。目前以“拣货”命名的主编署名著作有 2 部，以“著”署名的著作有 2 部，而且作者非常集中。本书所有内容均是本人从 2002 年开始至今对“配送中心拣货作业”潜心研究的成果，是我十几年来在这个别人不在意的领域细挖深耕的结晶，用“十年磨一剑”根本无法完全形容。在本书付梓之前，我的硕士论文、博士论文、多个研究课题全部集中于这个领域，且书中的章节 80%都在国内核心期刊或 C 刊上发表过，还有部分发表于国际学术会议。可以说书中的内容经历过学位论文和杂志发表的匿名评审，经受过课题结题报奖的严峻考验、接受过国际同行的审阅洗礼，最后是出版社的“三审三校”，一关一关虽是煎熬，但最终获得同行认可，乃此生最大荣幸。回想自己的学术生涯，一直都是不求快只求好，不羡多产，但求精品，一步一个脚印走到今天。虽青丝变白发，亦是青春无悔。

本书适合从事配送中心拣货作业系统设计和管理运作研究的专业技术人员参考，也可作为高校物流专业高年级本科生、研究生的学习参考书，对配送企业、物流科研院所研究人员、管理人员和运作人员也具有较高的参考价值和实用价值。

本书在写作过程中直接或间接借鉴了国内外大量的著作、期刊和网站，吸收和借鉴了国内外众多学者的研究成果，在此对所有被引用文献的作者和网站表示诚挚的感谢，是他们的辛勤劳动和研究成果为本书增色添彩!

鉴于作者水平有限，不足之处在所难免，恳请读者不吝赐教。

李诗珍

2016 年 11 月

目　　录

第1章 绪　　论

1.1 研究背景

1.1.1 流通环境的改变

随着人们的消费习惯由以往的大量消费逐渐向现在少量多样消费的转变，市场需求和社会分工日益复杂，为了适应消费需求的改变，商品的供应也随之多品种和少量化。加上商品周期普遍缩短，造成订货频率增加，每次配送的每一单品数量减少，从订货到要求送达的时间也越来越短。各企业为使其工作发挥最大效益，不断地降低库存品数量以创造空间、节省时间及人力来加强客户服务，从而希望上游厂商可以及时配送以弥补缺货发生的可能。城市交通拥挤、停车困难等都使企业运输成本居高不下，同时车队管理更是一项不小的负担。每次配送数量减少而配送频率增加的现象，迫使企业在仓储及配送场地和设备上增加投资以适应需求，因此人力资源的耗费也随之增加。整体后勤变动造成企业不仅营运成本随之增加，经营管理上的负担也相应加重，对其竞争实力形成负面影响。流通环境改变所引发的零售组织的多店铺化、连锁化及多业态化（百货、超市、量贩店、专卖店……），使得物流效率问题随之突显。企业在面对众多的零售网络时，如果没有一个灵活高效的物流支持系统是无法达成目标的。按现代专业分工的理念，若对这些配送服务的工作，采取资源外取的方式，将本企业不擅长的物流环节交由专业公司，或者在企业内部设立独立的物流专业部门，就能将有限的资源集中于自己真正的优势领域。在这种背景下，一种专业的物流配送体制——物流配送中心应运而生。

无论是制造商自己成立的配送中心，还是由批发商转型的专业配送中心或者运输业投资成立的配送中心，这种集订单处理、仓储管理、拣货配送于一体的事业体，已由原来不受重视的作业性、辅助性角色，上升为企业策略运作的事业体及能为企业取得竞争优势、降低成本的第三利润源泉[1]。

1.1.2 仓库功能的演进

传统意义上，人们对仓库的理解就是“保管货物并对货物起一定防护作用的空间”。《现代汉语词典》中的解释也是“储藏粮食和其他物质的建筑物”。一直以来，储存、储备是仓库的主要功能，并且主要表现在生产性和生活性领域。随着社会经济不断发展，生产方式和生产能力有了很大的改变，仓库功能也不断演进和分化。慢慢出现了有别于传统以储存为主要功能的新型仓库，其主要职能已经从“保管”转变为“中转”，如以衔接流通为主要职能的“中转仓库”，主要服务于流通领域。在国外，仓库的专业分工形成了仓库的两大类型，一类是以长期储藏为主要功能的“保管仓库”，另一类是以中转为主要功能的“流通仓库”。流通仓库以货物保管期短、出入库频率高为主要特征。这和我国的中转仓库有类似之处。

中转仓库的进一步发展使仓库和联结仓库的流通渠道形成了一个整体，起到了对流通渠道的调节作用。这时，仓库不仅是“蓄水池”，而且是组织和衔接物流、加速物流的“调节闸”。随着现代物流的发展，由于蓄水调节的代价太高，出现了直接调节的需要，仓库的“蓄水池”功能弱化，慢慢向直接调节方向或弱蓄水、强调节方向发展。物流企业为了挖掘物流过程的经济潜力，物流过程也出现了细分，再加上市场经济体制造就的普遍的买方市场环境，使得企业展开了以服务来争夺客户的竞争，企业纷纷采用“营销重心下移”，“贴近顾客”的营销战略以赢得客户，贴近顾客的这一段“末端物流”便受到了空前的重视。为适应这种新的经济环境，中转仓库出现了新的物流设施，演变成配送中心。配送中心主体仓库功能及作业流程包括接货、搬运、存放、拣货、拣选、集中、分类、越库、出货等一系列活动。

1.1.3　配送中心拣货作业的重要性

2005 年，美国物流管理协会正式更名为“美国供应链管理专业协会”，标志着全球物流进入供应链时代。供应链全球化的趋势表明，物流企业的能力，必须从提供以资产为基础的物流服务，向提供以管理能力为核心的完整的供应链服务转型，才能在竞争中处于优势地位。配送中心作为物流供应链的一个重要组成部分，作为物流系统的核心，其拣货作业的组织直接影响配送中心的绩效进而影响整个供应链的运作效率。拣货过程中的任何差错都可能导致客户不满和运营成本的高昂，进而削弱整个供应链的竞争力。

在配送中心的所有作业中，拣货作业是其中十分重要的一环，其扮演的角色相当于人体的心脏、空调系统的压缩机[1]。拣货作业在人工仓库系统中属于劳动密集程度最高的作业，在自动仓库系统中则属于资本密集程度最高的作业[2~4]。其劳动量约占配送中心中所有作业量的 60%[5]。而且，其成本占仓库所有运作成本的 50%～75%[6]。由于拣货作业内容千差万别、拣货方法繁多，很难实现拣货的机械化、自动化和信息化，使拣货作业异常辛苦，效率低下。特别是随着计算机的普及、信息化的应用，物流配送中心的出库指导书和货单均由计算机自动处理，大幅缩短事务处理的时间，进而拣货作业所占时间的比例增加。可以认为，物流配送作业严重受到拣货作业的瓶颈钳制[7]。鉴于此，美国仓储教育和研究协会在 1986 年的一项调查报告中将拣货作业定为提高仓库运作效率的首要领域[8]。

从成本分析的角度看，物流成本约占商品最终售价的 30%，其中包括配送、搬运、储存等成本项目。一般而言，拣货成本约是其他堆叠、装卸、运输等成本的 9 倍，占物流搬运成本的绝大部分[9]，如图 1-1。

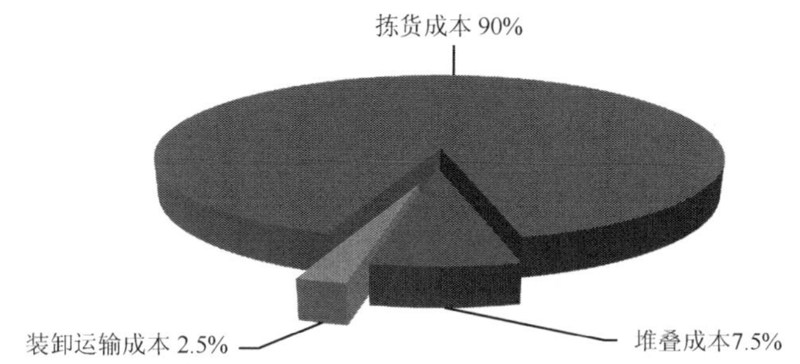

图 1-1　物流搬运成本比例分析图

图 1-2 是某物流中心物流成本结构的比例分析，拣货与配送两项合计几乎占到 80%，而配送费用的发生大多在厂区外部，影响因素难以控制。因此若要降低物流成本，挖掘“第三利润源泉”，只要从拣货作业上着手，就可以达到事半功倍的效果[1]。

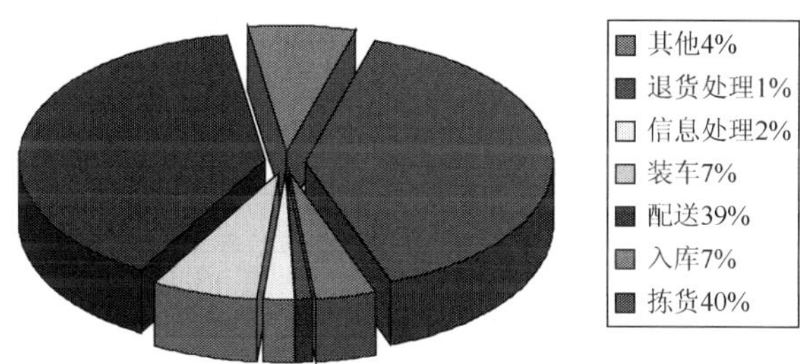

图 1-2　物流成本比例分析图

从人力需求的角度来看，目前绝大多数的配送中心仍属于劳力密集型产业，其中与拣货作业直接相关的人力，更是占 50%以上[1]。无论是零售业还是制造业，在多品种配送中心的物料搬运作业中，卸货、储运和装车作业约占总作业时间的 20%，其余 80%则属于拣货作业时间[10]。在成本构成中，拣货人工作业成本占配送中心总成本的 15%～20%[1]。由此可见，规划合理的拣货作业方法对配送中心运作效率的高低具有决定性的影响。

1.1.4　研究的意义

（1）随着电子商务、全球经济一体化格局的出现，仓库的功能也在发生巨大的变化。除了传统的存储、缓冲、调节功能，现代仓库提供着更多的增值服务：集货、越库、质检、装配、包装、信息处理等。随着供应链管理的出现，仓库的使用者开始注重优化其配送网络以降低安全库存，获得规模经济，仓库也变得越来越大。同时，制造商和零售商为了专注自己的核心业务，提高核心竞争力，甚至将所有的仓储活动全部外包。因此，产品通常是存放在第三方物流提供者的大型配送中心仓库中。并且随着电子商务的成功实现，大量的订单呈小型化趋势，制造业也正向小批量多批次的配送；订单与产品的定制化；前置时间下降等方面转变。配送时限要求越来越短，拣取活动通常要在有限的时间内完成，从而导致配载和订单拣取的难度增加。为了对客户需求作出快速有效的反应，很多企业采用延迟策略[11]在配送中心开展一系列的增值活动，如包装组合、贴标签、产品组装、流通加工、定制化包装等，而这些活动的开展有赖于拣货作业的优化设计与综合控制。

（2）新的市场竞争压力对配送中心的运作产生了巨大的影响。一方面需要提高运作效率，另一方面，快速变化的市场又为引入高效率的尖端设备带来投资方面的风险。因此，在这种复杂的环境下，迫切需要有优良的设计与控制技术作为配送中心运作的基础。作为物流供应链的一个重要组成部分，拣货作业的组织直接影响配送中心的绩效进而影响整个供应链的运作效率。拣货过程中的任何差错都可能导致客户不满和运营成本的高昂，进而削弱整个供应链的竞争力。从订单到达配送中心到完成订单拣货，在保证准确性和完整性方面存在大量引起误差的机会，更不用说时间的浪费[12]。因此该流程也大有改善提高的空间。

（3）一个大的配送中心，每天都有数千个订单处理，如何提高拣货系统的效率？一种方法是增加拣货设备的数量，但是这种解决方案造价非常高，而且由于空间或其他条件的限制，增加更多的设备也不现实。另一种方法就是通过改变运行方式，运用多种拣货策略来提高效率，如提高设备运行速度、缩短订单拣取时间，消除分区拣货及订单批量拣货中的等待时间等。这些方法不需要大的投资，比较容易实现，但需要对整个拣货作业过程进行精心设计和优化控制。

（4）目前国内对配送中心拣货作业的重要性虽有一定程度的认识，但由于其处于战术层和运作层面，并没有引起企业的特别重视和相关研究者的研究热情。近年来，每年虽有少量的拣货文献出炉，但相比其他领域，其增长的速度几乎可以忽略不计。且已有文献大多从宏观的角度泛泛而谈，仅停留在对设备的选择和宏观设计方面。只有少数文献对自动化立体仓库的拣货路径[13~19]、储位分配[20~22]及与拣货作业相关的调度[23~25]进行了一定程度的优化研究，对非自动化的人至物拣货系统的拣货运作优化研究文献[26~33]不仅数量有限，研究也不够深入，且作者群相对集中，相关的理论与方法尚处于摸索之中。而人工拣货的仓库在物流相对发达的西欧占其仓库总数的80%以上[12]，在我国的比例远高于此值。鉴于此，本书选取配送中心人工拣货系统作为研究对象，以期通过对拣货作业系统的优化设计，建立适合本土化的配送中心拣货技术与方法，使配送中心的相关技术与观念更普及化，为解决我国物流配送的瓶颈提供可靠的依据。另外，对配送中心拣货作业的战术层和运作层进行研究可以与西方最新的运营管理理论保持同步，并使其在中国得到进一步的丰富和发展，进而有效地指导中国的配送管理实践。

1.2 文献综述

1.2.1 国外拣货作业研究现状

对于拣货系统，不同配送中心存在不同的配置情况，即使是同一配送中心也存在不同的拣货系统配置组合。关于拣货作业的研究主要分为以下两大领域：人工作业方式和机器作业方式。人工作业方式又分为货到人的拣货方式和人到货的拣货方式。人到货的拣货方式最为普遍，可分为随机拣货、按订单拣货、无分区作业、分区作业、边拣货边分类、拣货后分类、时窗分批拣货等。机器作业方式主要是指自动拣货系统和机器人作业。若根据人工拣货和自动拣货来分类，拣货过程主要由生成拣货资料、行走或搬运、拣取、分类与集中等几个环节组成。从组织角度考虑，常需要考虑存储系统的规划、储位安排、分批拣货及分区拣货、路线优化、订单集中与理货等决策因素。

从国内外学者对拣货作业相关问题的研究可知，拣货问题所衍生出来的相关问题不但范围广泛且深入，各种问题又彼此相互影响。根据前面确定的研究对象，为了对人工拣货作业系统的相关问题进行全面的了解和研究，本书对所获得的相关文献，按国内、外两大地域，并依其讨论的研究主题进行回顾和讨论。

1. 拣货系统设计

1）布置设计

在订单拣货中，布置设计主要涉及两个子问题：包含拣货系统的设备布置及拣货系统内部的布局。前者通常叫作设施布置问题，它涉及不同功能区域的位置决策（收货、拣货、存储、分类、出货等），通常是通过考虑各区域之间的关系完成的，目标是最小化搬运成本，在很多情况下表现为行走距离的线性函数。后一个子问题，又称作内部布局设计或巷道结构问题，涉及区块数量的确定，每个拣货区中巷道数量、长度和宽度的确定（图 1-3）。目的是在给定的约束条件和需求情况下关于某个确定的目标函数，找到一个最好的仓库布局，最普遍的目标函数就是行走距离。

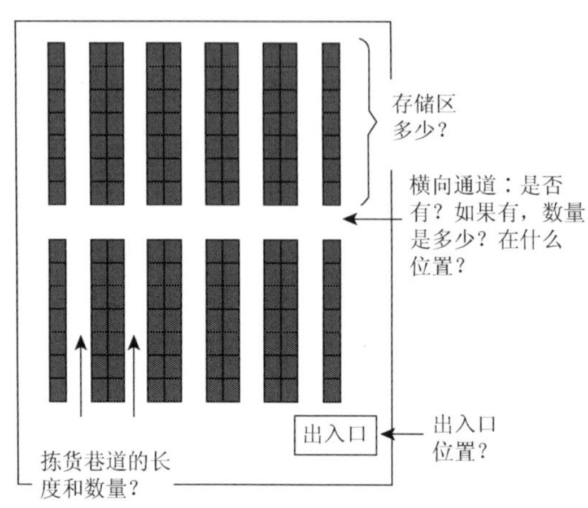

图 1-3　拣货系统中的布置设计决策

有关低层人工拣货系统布局设计的文献并不丰富。最早的文献是 1980 年 Bassan 等[34]发表的“仓库的内部布置设计”一文，他们提出了确定仓库结构的几个确定性模型，如搬运时间、搬运距离、空间利用和成本最小化等。文献[35]同时利用分析和仿真方法，研究了仓库内部存储策略的效果。文献[36]检验了随机需求和不同服务水平对仓库布局和存储容量的影响。Roodbergen[37]提出了一个非线性目标函数来确定随机存储仓库中（包括单区和多区）使平均行走距离最小的巷道结构。同样是把最小化平均路径长度作为主要目标，文献[38]在基于体积指标的存储分配策略下考虑了一个具有一个中间横道的两个区的仓库，而文献[39]则主要关注分类存储策略。对随机存储策略和基于周转率的储位分配策略，Petersen[40]通过仿真，研究了巷道的长度和数量对总行走时间的影响。

和人工拣货系统相比，自动存取系统（AS/RS）受到的关注较多。多数研究首先开发出行走距离模型，然后以最小化堆垛机的行走距离为目标，寻找最优的货架结构。在随机存储策略下，Bozer 和 White[41]证明了在单命令周期或双命令周期（single 和 dual-command cycles）情况下，呈时间正方形（square-in-time，SIT 货架高度与长度的比等于堆垛机垂直方向速度与水平方向速度的比值）的货架是最优的。Larson 等[42]以增加地面空间利用率和减少行走时间为目标，对单元货物仓库的结构进行了布置设计并对分类的产品进行了储位分配。文献[39]扩展了

Bozer 和 White[41]的方法，以最小化单元货物的拣出时间为目标，在已知库容量的条件下，确定了货架的三维优化结构。

2）产品分布设计

大多数配送中心都配备有多种拣货系统，每种系统都会根据产品的不同特征，如尺寸、重量、形状、保质期限、需求率、配送数量等配备不同的设备。在很多情况下，为了加速拣货过程，减少行走时间，会将保管区和拣货区分开，这个拣货区通常称为动管区。与动管区存储策略有关的问题普遍称作动管-保管问题。在配送中心建立一个分离的、紧凑的动管区以拣取需求率高、出入库频繁的产品是常见的做法。这种方法能减少拣货成本，但需要增加从保管区向动管区补货这一额外的环节，而且对动管区的面积有一定的限制。因此，需要确定哪种 SKU（stock keeping unit）存放在动管区？数量是多少？存放在动管区什么位置？

Bozer 在 1985 年首次提出将托盘货架的上部作为保管区，下部作为动管区的问题[43]。文献[44]在假定动管区具有固定容量的前提下，以最小化拣货与补货的总成本为目标，提出了一个模型来确定哪些 SKU 分配到动管区，如何对已分配的 SKU 分配存储空间。他们采用基于背包问题的启发式算法进行求解，并提出了这种启发式算法最优性的充分条件。文献[45]将动管区的大小作为决策变量，对文献[44]的问题和解法进行了扩展，模型中的成本涵盖动管区的设备成本，搬运成本、拣货成本和补货成本，并假设一个 SKU 的补货能一次完成。van den Berg 等[46]研究了单元货物的补货问题，就是一次行程只能补充一个单元货物。他们还考虑了仓库的忙闲期，认为通过在空闲期进行有效的补货来降低繁忙期的补货次数是可以做到的。并以最小化繁忙期与拣货和补货相关的总劳动时间的期望值为目标，提出了一种基于背包问题的启发式方法来确定存入动管区的 SKU 的数量。

3）工作量均衡设计

在很多操作中，拣货员被指定在一个区工作以减少拥挤和行走时间。但为了提高产能，通常会采取分区拣货的方式。这就需要对各分区的平均工作量和高峰工作量进行均衡设计，以减少因工作量不平衡引起的等待时间，保证拣货系统连续均衡地工作。同样，在每个巷道都备有 S/R 机的多巷道 AS/RS 系统中，也可以通过工作量的均衡设计来提高系统的产能。但这方面的研究几乎没有，在查阅的 100 多篇外文文献中，只有文献[8]和[47]对分区拣货系统进行了研究。并采用启发式算法来平衡各个分区拣货员的工作量，以提高拣货系统的利用率和减少订单拣货的时间。

4）储位分配

储位分配问题（SLAP）是指以降低搬运成本和提高仓库的空间利用率为目标，将入库产品按一定的规则存放到相应区域的储位上。储位分配主要依赖于一套能将产品分配到储存位置的原则，这些原则称为存储策略。良好的存储策略可以减少出入库移动的距离、缩短作业时间，甚至能够充分利用储存空间。存储策略有很多种，不同的仓库会采用不同的存储策略。各种存储策略的研究，一般都会以达到拣货作业设计中的某个目标（如路径最短、拣货时间最少等）为出发点，而不是孤立进行的。概括起来，主要有以下几种。

（1）随机储放。每一个货品被指派储存的位置都是随机的，而且可经常改变；也就是任何品项可以被存放在任何可利用的位置。随机存储通常以增加行走时间为代价来获得高的空间利用率。在很多研究中，都把随机存储策略作为其他存储策略改进程度的标杆。绝对的随机存储仅在计算机控制的环境下工作。其他情况下，随机原则一般是由储存拣货人员按习惯储放，且通常按货品入库的时间顺序储放于靠近出入口的储位。这样会造成离出入口近的位置较满而离出入口远的位置则逐渐变空。Hausman 等[48]证明如果货品的移动仅以托盘为单位，靠近出入口存储和随机存储具有相似的性能，由于货品没有固定的储位，随机存放和靠近出入口存放最后成为同一种情形。

（2）定位储放。每一储存货品都有固定储位，货品不能互用储位。为了最小化行走距离，靠近出入口的储位通常存放出入库频率高且占用空间小的货品。这种存储策略的最初形式就是基于 COI（cube-per-order index）的存储策略。产品的 COI 是指某个时期存储某产品所需要的总存储空间与该产品的周转率之比[49~53]。这种方法将 COI 值最小的货品最靠近出入口存放，然后次之，按照这个原则依次分派储位。基于周转率的存储是定位存储的另一种形式，这种方法主要根据货品的拣取量来分派储位，出入库频率高的货品靠近出入口存放。基于周转率的存储和基于 COI 的存储区别在于基于周转率的存储只考虑了产品的畅销性而没有考虑其需要占用的空间。与周转率相关的储位指派方法与定位存储结合使用，在实际中很容易实现[12]。主要缺点是随着需求的不断变化，周转率也在不断变化。这就需要根据变化了的情况对产品进行重新排序从而导致存货位置的大量变动。COI 存储方法或其他与需求率相关的存储方法，都需要大量的精确信息以对产品进行相关的分类、排序和储位指派[54]。但在某些情况下，由于产品的分类太快而不能建立可靠的统计数据致使这些信息的获取存在很大的困难[55]。

（3）分类储放。在库存控制中，经典的产品分类方法是基于著名的帕雷托方法。其主要思想就是将占存货种类 15%左右而占总出货量 85%左右的产品分为一类进行重点管理。分类存储就是将货物按照一定的标准（COI、周转率等）分为几类（通常是 3～5 类），每一类货品都有固定的存放位置，但在各类的储区内，每个储位的指派是随机的。出入库频率高的货物称为 A 类，次高的称为 B 类，以此类推。分类的数量根据需要而定，通常限制在三类，也称为 ABC 分类存储。

对低层人工拣货系统，Petersen 等[56]的仿真结果表明：在行走距离方面，基于周转率的存储优于分类存储。两者的差异程度取决于分类策略（分为几类、每类货物所占的百分比）和路径策略的运用。他们建议实际中将货物分为2～4类，因为分类存储比基于周转率的存储容易实现，分类存储方法不需要所有品项的周转率排序清单，比其他定位存储方法容易管理。这种分类方法的优点是可以将出入库频率高的物品存放在离出入口近的地方，既具有灵活性又利用了随机存储空间利用率高的优点。Graves 等[57]认为，为了将产品分配到正确的分类区，必须存在相应的空位，随着分类种类的增多，空间的需要也相应增加。因此，分类存储比随机存储需要更多的货架空间。

大多数分类存储的研究体现在有关 AS/RS 的文献中，Hausman 等[48]在分类存储策略和单作业周期模式下，研究了 AS/RS 系统的分类存储区域问题。他们证明以最小化单一作业行走时间为目标时，L 形的分类区域是最优的，而 L 形区域的边界是时间正方形的，如图 1-4。他们还分析确定了时间正方形货架中将产品分两类进行存储时，最优存储区域的大小。文献[58]对文献[48]的方法进行扩展，对时间正方形的货架建立了任意给定数量分类的最优边界。Eynan 和 Rosenblatt[59]将此方法进一步扩展到长方形货架。在分类存储的货架中对双命令周期模式的堆垛机，Graves 等[57]用仿真方法证明了 SIT 货架的 L 形区域并不是本质上的最优。而对多命令周期的分类存储，文献[60]对三种不同的形状（L 形、Band1、Band2）进行了比较（图 1-4），结论是：对出入口位于左下角的货架，L 形和 Band2 都能达到最好的效果，随着被拣品数量的增加，Band2 的效果越好。这就意味着在多命令周期模式下，L 形区域边界并不是普遍最优的。当出入口位于货架左侧中点时，Band1 的效果比其他两种情况都好。

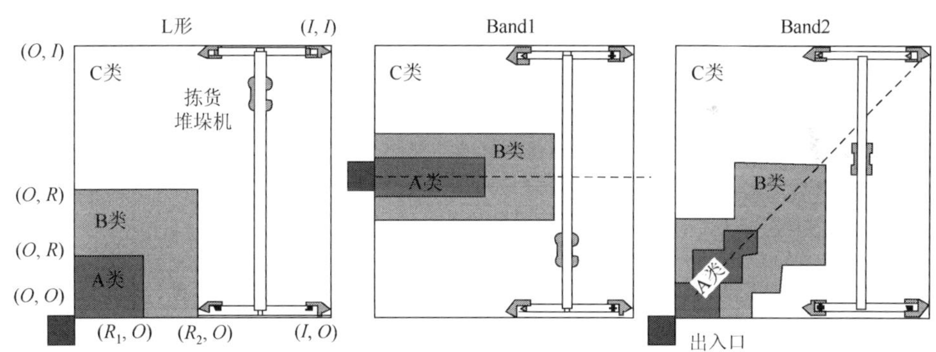

图 1-4 ABC 分类存储货架的分区结构图

在低层人到物拣货系统中，A、B、C 类货物的储位分布有多种可能性，文献[61]建议每个巷道仅存储一类，其结果如图 1-5（a）。Petersen 等[56, 62~65]对跨巷道存储（图 1-5（b））的多种结构进行了详细的比较研究。文献[66]对分类存储的具体布置进行了优化研究，主张跨巷道分布方法接近最优。最优的存储策略依赖于相应的路径策略、仓库的大小和每条拣货路径上被拣品的数量。在有关仓储作业的文献中，对低层人至物拣货系统，并没有严格的规则来定义种类的划分。实际上，随机存储和定位存储属于分类存储的极端情况，随机存储将所有的货物看作一类，而定位存储将每一种货物看作一类。分类存储和定位存储都是试图将周转率高的产品分配到容易获取的地方以减少拣货作业的时间。随机存储和分类存储也称为储位共享策略，原因是这种策略允许不同的货品共用相同的储位。

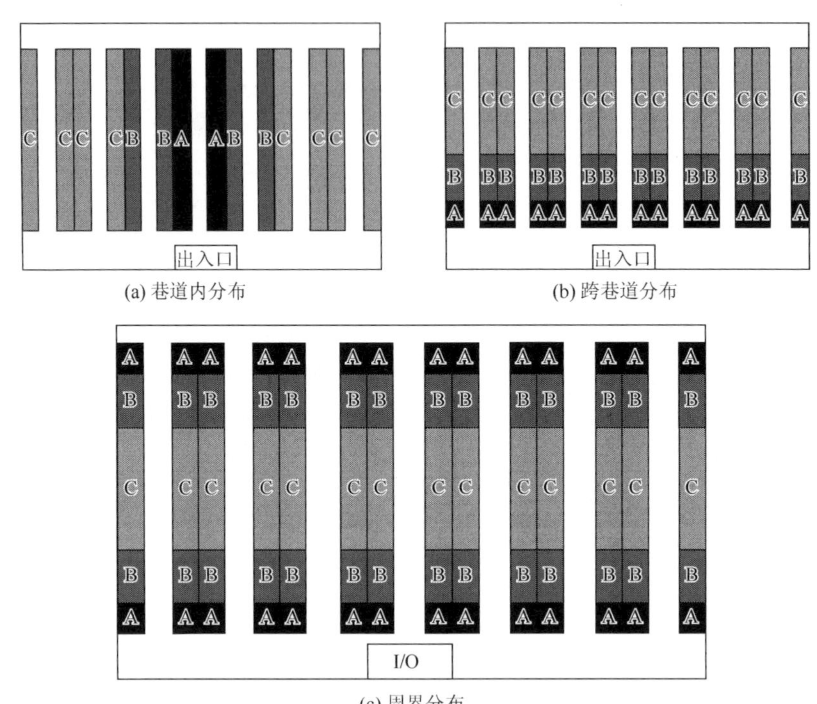

图 1-5　常见的 ABC 分类存储储区分布图

2. 拣货运作方法

在拣货系统已经设定的框架下，还必须采取一系列的拣货策略对拣货作业过程进行控制，以保证拣货系统低成本、高效率地运行。拣货作业相关的控制问题主要有拣货分区、订单分批、拣货路径与顺序、订单的集中与分类等。

1）拣货分区

将拣货作业场地分成多个区域，由一个或一组固定的拣货人员负责拣取自己负责区域内的物品，这种方法称为拣货分区。这一策略的主要优点是拣货员所需记忆的存货位置及移动距离减少、可以减少拣货拥挤、而且有助于拣货员熟悉自己负责区域内产品的储存位置，减少拣货作业的时间。主要缺点就是要对订单进行分割，在出货之前必须进行集中汇总。根据拣货策略的不同，分区拣货又可进一步分为分区接力拣货和分区同步拣货两种。

尽管拣货分区对拣货系统的绩效有着重要的影响，但和其他设计问题相比，研究分区拣货的文献相对较少。文献[67]对分区拣货问题进行了一般性的论述。文献[68]建立了一个类似 Jackson 排队网络的分区接力拣货系统模型，该模型可用于确定系统的大小和分区的数量。文献[63]的仿真研究表明，拣货区的形状（每个分区巷道的数量、长度）、拣货单的大小及存储策略都会对一个分区内的平均行走时间产生很大的影响。文献[53]将拣货分区作为约束条件研究了产品的储位分配问题。对订单具有波动性的累进拣货系统，文献[47]提出了多种启发式方法以平衡多个拣货员之间的工作量和调整拣货区的大小。文献[8]考虑了在一个多区同步拣货系统中采用启发式方法将产品分配到各个分区的问题。文献[69]研究了在一个累进拣货系统中基于动态规划方法的产品储位分配问题，其中包含了对一个拣货员所负责拣货区大小的研究。文献[39]采用混合整数线性规划模型，以拣货和集合包装的总时间最小为目标，确定了同步拣货系统中拣货区的最优数量。

2）订单分批

订单分批是为了提高拣货作业的效率而将多张订单合并成一批，进行批次拣取作业，其目的在于缩短拣取时平均行走搬运的距离及时间。文献[70]将订单分批方法分为拣取位置临近分批和时窗分批两种。Gademann 等[71]在一个人工分波次拣货（wave picking）系统中考虑了拣取位置临近分批问题，其目的是最小化任意批量的最大前置时间，这也是分波次拣货的共同目标。他们证明这种情况下的订单分批是一个 NP 难题，建议采用分枝定界法来求解。同样是人工拣货，Gademann 和 van de Velde[72]以一个更一般的目标——最小化总的行走时间作为目标函数，考虑了订单分批问题。他们证明当每批中的订单数大于 2 时，该问题仍然是一个 NP 难题。同时设计了一个分枝定界算法来求解中等批量问题；对大批量问题，他们建议采用迭代下降近似算法。文献[73]通过考虑订单中品项的重复订购程度对订单分批进行了研究，以最大化订单批量中的重复订购品项为目标，开发了一个 0-1 整数规划的分类模型。文献[74]～[76]分别采用数据挖掘方法、遗传算法和聚类分析方法对订单分批进行了研究。

由于订单批量问题是一个 NP 难题，很多研究都集中于开发启发式方法来解决这个问题。对人工拣货系统，主要有种籽算法（seed algorithm）和节约算法（saving algorithm）两种。1981 年 Elsayed 提出了种籽算法[77]，采用这种方法，文献[78]～[81]对单通道的搭乘式自动存取系统进行了研究；文献[82]～[84]则对多通道人工拣货系统进行了研究。节约算法的基础是 Clarke 和 Wright 1964 年提出的车辆路径问题。文献[85]在研究 AS/RS 系统时，提出了 EQUAL、SL、MAXSAV、C-W 四种启发式分批方法。文献[84]在对多通道的人至物拣货系统进行研究时，通过与不同的启发式路径相匹配对种籽算法和节约算法进行了比较研究。得出两条结论：①即使是简单的订单分批方法，也会比先到先服务分批原则有很大的改进；②在与 S 启发式路径方法和大容量的拣货容器联合使用时，种籽算法较好，而在与最大间隙路径方法和小容量的容器联合使用时，节约算法较好。

时窗分批是将同一时间段内到达的订单作为一批来进行处理。不同学者对人工拣货系统随机到达的订单，研究了不同的时窗分批策略，如每批订单中被拣品的数量固定等。上述文献都没有考虑时间因素。Elsayed 等及 Elsayed 和 Lee 分别以最小化迟到罚款为目标，对搭乘式拣货系统的订单分批作了研究，Won 和 Olafsson 以对顾客的反应时间为目标同时考虑订单分批和运作问题。

近年来，有学者对订单分批问题进行了更深入的研究，考虑的问题和范围也更广。Tsai 等同时考虑行走距离和订单截止时间，采用多重遗传算法解决分批拣货问题。Bozer 和 Kile 研究了接力拣货系统中的订单分批问题，Soondo Hong 对平行巷道拣货系统中的大规模的订单分批进行了研究。

3）拣货路径与顺序

（1）最优路径策略。路径问题就是对给定存储位置的品项确定拣取先后顺序，以保证拣货行走距离最短。拣货路径问题实际上相当于一类特殊的旅行商问题。文献[86]提出了具有两个横向通道（一个区）的矩形仓库的最优路径算法，利用图论方法解决了这个问题。文献[87]和[88]在文献[86]的基础上，将问题进行扩展，利用动态规划方法解决了具有三个横向通道的仓库最优拣货路径问题。文献[89]用动态规划方法开发了一个具有任意多个横向通道仓库的拣货路径模型。由于旅行商问题是一个经典的 NP 难题，当问题的规模较大时，很难在有限的时间内获得最优解。所以，在实际的操作中，路径问题的解决方法主要是启发式方法。

（2）启发式路径策略。因启发式路径策略具有简单易懂、容易形成与实际一致的路径等优点，在实践中得到广泛的应用。文献[37]、[90]和[91]对一个区的仓库区确定了多种不同的启发式方法，概括起来主要有穿越策略（S 形策略）、返回策略、中点策略、最大间隙策略、混合策略和最优策略等几种，如图 1-6 所示。

穿越策略就是一个拣货员从仓库的一端进入拣货通道，而从该通道的另一端退出进入下一个包含拣取位置拣货通道。拣货员从出入口出发，在返回出入口之前按这种方法遍历所有包含拣取位置的通道。返回策略就是拣货员从拣货通道的同端进入和退出，拣货员只需要进入包含拣取位置的通道，不包含拣取位置的通道可以跳过不管。中点策略必须从拣货巷道的中点处将仓库分为两个部分，拣货员从拣货巷道一端进入，到达一个拣货巷道的最远处就是中点，拣取货物后，从该通道返回。即位于巷道前半部分的品项从前横向通道进入，位于巷道后半部分的品项从后横向通道进入。从前横向通道进入后横向通道的方法是或者从第一个

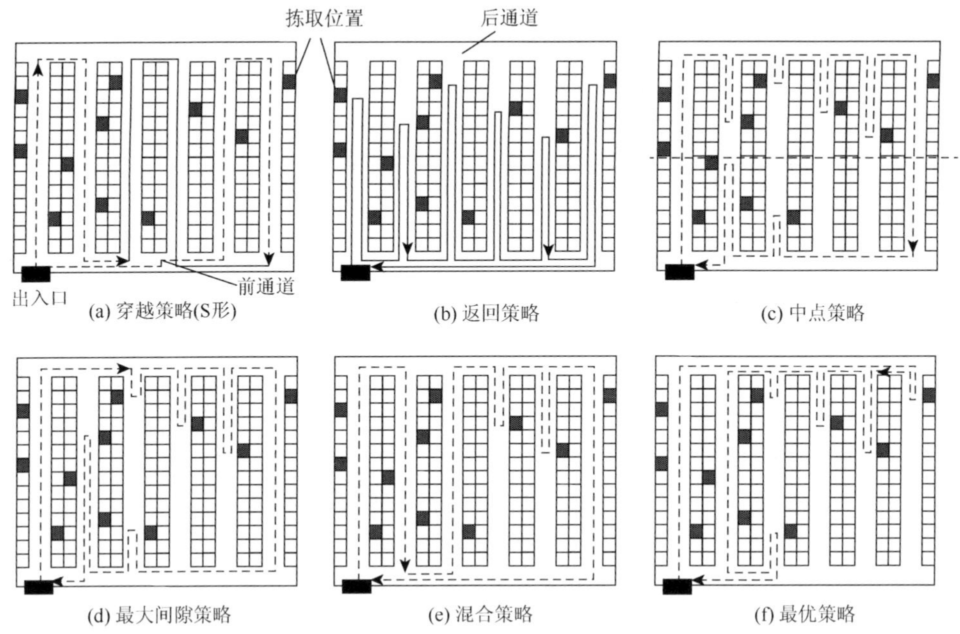

图 1-6 单区仓库中各种启发式路径策略举例

被访问的巷道或者从最后一个被访问的巷道穿越。当每个巷道中的被拣品项较少时，中点启发式策略优于穿越启发式策略。最大间隙策略除了在一个通道中到达通道最远处是按最大间隙而不是中点之外，其他与中点策略相似。所谓间隙是指同一拣货通道中任意两个相邻拣取位置之间的距离、或第一个拣取位置与前横向通道的距离、或最后一个拣取位置与后横向通道的距离。最大间隙就是这三种情况中的最大距离。如果最大间隙在两个拣取位置之间，拣货员采取从通道两端返回的策略；否则采用从前端返回或后端返回的策略。因此一个通道的最大间隙就是拣货员未穿越的通道部分。到达后端横向通道要么从第一个拣货通道穿越，要么从最后一个拣货通道穿越。最大间隙策略总是优于中点策略[90]，但从执行的观点看，中点策略要简单一些。

混合路径策略是返回策略与穿越策略结合最好的例子，其关键在于确定穿越与返回的时机。

上述提到的很多方法，虽然都是针对一个区的仓库的，但只要对它们进行适当的修改就能用于具有多个区的仓库。

（3）其他路径问题。上述研究都假设拣货巷道足够窄，拣货员不需要改变位置就能同时拣取货架两边的货品。对于巷道宽度不能忽略的宽巷道拣货问题，文献[92]开发了一个宽巷道仓库中订单拣取的多项式时间优化算法。通过从一个方向行走拣取货架两边的物品而不是先拣完一边后再返回去拣取另一边上的物品，其路径缩短可达 30%。文献[93]考虑了在一个通道中拣货员停顿一次可以拣取多个位置上的物品时，拣货车的最佳停止位置。他们提出了一个有效的动态规划算法，并采用折线距离来测量拣货员的拣货时间。车辆停靠位置问题多见于 AS/RS 系统。停止点是指当系统处于空闲状态时，拣货堆垛机所处的位置。停止位置优化的主要目的是最小化拣货堆垛机在当前停止位置与即将进行的第一个存或取储位之间的期望行走时间[94~98]。

4）订单的集中与分类

当拣货中采用了分批、分区、订单分割等策略时，其后必须有订单的集中与分类作业与之相配合，而且不同的订单分批方式其分类作业的方式也有所不同。也就是决定分类方式的主要因素是订单分批的方式，若不采取批量拣取作业，也就不需要进行分类作业。订单分类方式主要有两种，拣取时分类和拣取后集中分类。图 1-7 表示了一个典型的集中与分类系统（accumulation/sorting，A/S）。

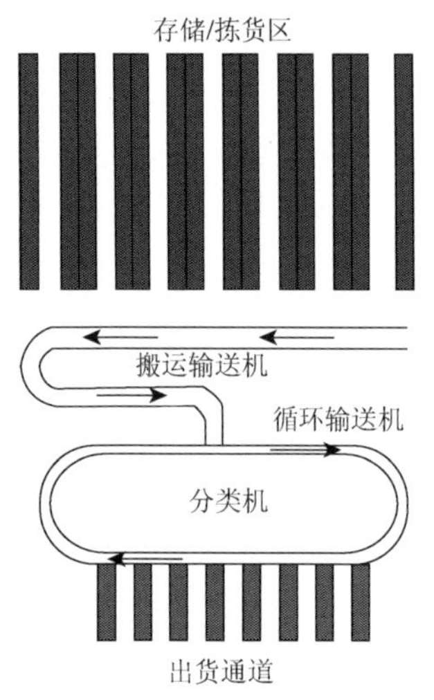

图 1-7 典型的集中/分类系统

有关订单分类的文献比较有限。文献[99]在假设一个出货通道只分配一个订单的前提下，检验了当出货通道处于饱和状态时，使用循环输送机来避免通道拥堵的优越性。对于一个出货通道可以分配多个订单的情况，文献[100]和[101]建议拣取的货物到达分类机的循环台面时，再进行出货通道的分配比静态的固定分配好。文献[102]提出了一个在 A/S 系统中订单出货通道分配的整数模型。文献[103]提出了一个确定是否需要导入自动分类系统的辅助决策模型。文献[39]提出了一个最小化拣取与分类总时间的整数规划模型。尽管这类问题一般都是 NP 难题，但在实际应用中仍然可以在可行的时间内找到最优解[12]。

1.2.2 国内拣货作业研究现状

国内对拣货作业的研究是近年来才开始的，从 CNKI 收录的期刊文章来看，最早关于拣货系统的介绍始于刘继成的“计算机辅助拣货系统及其应用”，真正进行拣货作业与运作优化的研究则始于李诗珍的三篇文章，2003 年以后陆续有学者进入该领域的研究，最初的十年，研究增长速度十分缓慢，每年只有零星的几篇文章见诸期刊，先后有文献[104]～[108]对拣货系统、拣货技术、方法及效率进行了一些定性的介绍分析；有关拣货作业设计与作业方法方面的量化研究多集中于自动化立体仓库[13~19]。对非自动化仓库的拣货作业研究相对较少，真正涉及拣货系统与作业优化的微乎其微。近5年情况虽然有所改善，但每年关于拣货作业系统和作业方法的期刊文献平均不足10篇，目前研究比较深入的主要集中在博士论文（仅9篇）和部分优秀硕士论文及其学位论文中提炼出来的文章，主要研究内容均包含在学位论文中。王雄志[109]研究拣货系统中的拣货路径及分批拣货和分区拣货问题；李晓春[110]研究了分区拣货系统的优化设计和双旋转货架系统的拣货作业计划；李诗珍[111]研究了人至物拣货系统的布置设计、储位规划、订单分批处理及多系统同步拣货的混合系统设计；肖际伟[112]研究了自动分拣系统的优化和储位分配；刘进平[113]从存储设备选择与空间分配两个方面研究了拣货系统的设计方法，并对系统的运作策略进行了仿真分析；张贻弓[114]主要研究分拣机系统的综合优化问题如分拣机系统中的品项分配和品项拆分问题；陈方宇[115]研究了拣货员堵塞情况下的订单拣货路径问题，并对在线订单的实时分配和拣货路径作了规划；李明[116]、刘德宝[117]主要研究自动拣货系统的通道配比和品项选位分配问题。优秀硕士论文及发表的相关期刊论文研究内容相对浅一些，基本属于跟随研究。持续坚持研究的就是作者本人，也是拣货作业类文章见诸期刊最多的作者之一。

著作方面，国内有关物流配送的书籍较多，但大都趋于宏观，关于拣货部分只有极少的作者会在书中以极小的篇幅提及拣货作业，以拣货命名的书籍很少，仅有几部，不仅作者集中，而且时间跨度大。这些书籍分别是1997年由台湾作者董福庆主编的《物流中心拣货作业》（大陆未见），2005年刘昌祺主编的《物流配送中心拣货系统选择及设计》，2008年王雄志所著的《配送中心配货作业方法研究》[118]，2014年马笑和刘昌祺主编的《物流配送中心分类与拣货系统实用技术》[119]，2015年王雄志等所著的《配送中心拣货系统优化与作业管理》[120]。董福庆的《物流中心拣货作业》一书，主要讲述拣货系统的规划及改善，偏重于对实践的总结，浅显易懂，对后来者的研究起到了抛砖引玉的作用；刘昌祺和马笑主编的两部书注重系统的选型、设计及实用技术的应用，偏重介绍，类似于教材；王雄志所著的两部书对拣货作业的研究比较深入，研究侧重于分区拣货、储位设计和系统优化设计，在拣货作业方面，主要研究了旋转货架拣选作业优化算法。另外，对拣货路径和配货顺序也按一定的假设设计了相应的算法，其研究的拣货系统集中于物至人拣货系统或自动化拣货系统。

总之，国内对于拣货作业系统和作业方法的研究文献相当有限，无论从研究的广度与深度，还是研究者的人数，都无法与国外的研究相提并论，拣货实际运作还缺乏相应的理论指导。

1.2.3　研究现状述评

从对国内外有关拣货作业文献的分析不难看出：尽管在布置设计、分批、分区、存储策略等方面的出版物非常有限，但其数量在不断增加，特别是储位分配与路径问题在最近十多年中已趋于成熟。但仓库布局、储位分配、订单分类、拣货方法、拣货路径的综合优化及订单分批仅仅只是在很小的程度上进行了研究。很多文献通过关注优化布置设计、储位分配方法、路径策略、订单分批和拣货分区等，提出了对拣货系统设计与运作的具有代表性的决策问题。但从研究文献来看，有些领域似乎并没有得到重视。主要体现在以下几个方面。

（1）国外对于配送中心拣货作业研究非常活跃，涉及面广，但多面向具体的作业问题，对于拣货系统整体规划的研究十分有限，国内针对配送中心拣货系统设计的研究文献不多，从所查阅的文献资料看，国内对配送中心拣货系统规划及相关问题的研究开展得较晚，最近几年在该领域的研究呈现出快速增长的趋势。

（2）人至物拣货系统得到的关注较少，并未引起研究者的注视。在 René de Koster[12]所作的有关仓库拣货过程设计与控制的文献综述中得出结论："尽管人至物拣货系统在实际应用中占有绝对的地位，但相对物至人拣货系统而言，得到的关注较少。在所参考的 140 篇文献中，只有不到 30%是研究人至物拣货系统的。原因可能与人工拣货系统的复杂性和多样性有关。"

（3）对人至物拣货系统的研究主要集中在随机储位分配，对人工拣货系统中定位存储和分类存储的优化分析模型仍然缺乏。并且储位分配对路径效果的影响很大程度上被忽略了，很多作者都是按随机储位分配来讨论路径方法的效果。

（4）多数文献关注的是特殊的拣货情况和决策问题，不能将一个特殊情况下的方法直接用于另一种情况。订单拣货中"通用的"设计程序和"普遍的"优化模型仍然缺乏。

（5）多数文献关注的是单一拣货系统的拣货情况和决策问题，没有将多系统同步作业综合起来进行考虑。

（6）系统而全面研究拣货作业的专业书籍比较欠缺，不能为配送中心拣货运作提供类似"一站式服务"的全面指导。

1.3　研究内容及框架体系

结合我国当前配送中心拣货运作与管理实践，以及国外对该领域的研究状况，借鉴多学科的观点和方法，系统研究拣货作业的系统设计和运作方法。采用定性和定量相结合，以定量研究和理论研究为主，通过仿真实验验证和得出某些结论。主要内容如下。

（1）第 1、2、3 章分析和总结国内外有关拣货作业设计与运作方面的理论、方法和研究结论，准确把握国内外研究现状和市场变化趋势对配送中心拣货作业的新要求，为后续研究提供理论基础和研究方向。

（2）第 4 章拣货系统的布置设计与布局优化研究。优劣不同的系统布置，在施工费用上可能相差无几，但对日后运营的影响会有很大不同。基于这一点，本书研究拣货系统各功能区域的相对布局问题，并在给定某些运作策略的条件下，以拣货行走的距离最短为目标，研究低层人至物拣货系统的结构与布置问题，以期帮助设计人员在设计过程中就将拣货效率纳入考虑范围之内，以提高拣货系统的柔性。

（3）第 5 章在总结几种储位指派常用方法的基础上，重点研究了基于工作量均衡的储区分配与调整方法以及以减少能耗为目标的储位指派方法。为人工拣货系统中货物到达、储区分配、指派具体储位及日后的调整，提供了具有参考价值的规划与管理方法。

（4）第 6 章配送中心拣货系统决策模型研究。在对拣货作业系统模式进行剖析的基础上，对配送中心拣货系统的分区策略进行了研究，建立了以时间最小化为目标函数的配送中心拣货方式决策模型，用数学模型的形式为配送中心拣货方式的选择提供量化依据。最后，提出了优化订单拣货路径的简单实用的启发式动态规划方法和改进的 S 形启发式方法，可以有效减少拥挤，缩短行走距离，大大提高拣货效率。

（5）第 7 章订单分批模型及算法研究。订单分批是拣货作业经常用到的重要策略，良好的分批策略可以缩短拣取时的平均行走搬运距离，减少重复寻找储位的时间，进而提升拣货的效率。以最小化订单总的行走距离为目标建立了订单分批问题的数学模型，系统研究了订单分批模型的各种启发式算法，在此基础上提出了基于包络解码的遗传算法设计，并用算例验证其有效性。

（6）第 8 章针对配送中心订单模式向少样多量多批次的转变，对单品拣货的常态性和复杂性进行研究。单品拣取属劳力密集性的活动，拣取少量的商品就需要大量的拣取资源。为了兼顾配送中心的效率和顾客满意，本章在对各种单品拣货模式及其效能进行分析的基础上，提出了单品拣取模型。该模型开发了一个基于存储箱数量、整箱或不足一箱的库存分隔策略，从而解决了传统的基于活动分隔库存的复杂性。

（7）第 9 章考虑多因素对拣货总时间的影响，研究了拣货方式、路径策略及存储策略对拣货作业总时间的协同作用。通过数值仿真得出：在具体的决策过程中，应优先考虑存储策略和拣货方式，在确定其他策略已经有效的情况下再考虑路径策略，以保证拣货效率整体最优。

（8）第 10、11 章基于时间均衡的多系统同步拣货设计和订单处理仿真。以各拣货分区的拣货时间均衡为目标，提出用最小等待时间和最小平衡延误两项评价指标对拣货系统的时间均衡性进行验证。采用这种方法设计和调整拣货系统，可以使作业中的等待时间达到最小。对多系统同步拣货系统的订单处理进行仿真，展示了数据库的建立、各种单据的设计、订单处理的实现过程以及各种拣货作业单和其他单据的打印完成等。仿真的过程及结果，可以为配送中心拣货系统的规划决策、现有拣货系统的改善及订单处理软件的开发设计提供参考，或者与本系统相近的配送中心甚至可以直接应用这种拣货作业模式。

以上内容按照拣货作业基本理论—拣货系统优化设计—拣货作业方法研究—理论方法运用的逻辑体系展开，在系统整理、总结与介绍国内外配送中心拣货作业运作研究成果和实地调研国内现代配送中心实际运作的基础上，以人至物拣货系统为主要对象兼顾混合系统，以影响配送中心的拣货作业效率的拣货系统布置，储位分配、订单处理等为主线，从理论和方法两个方面对拣货作业运作进行研究，建立了多种拣货系统决策模型，具体包括作业单元位置模型、拣货方式决策模型、订单分批拣货模型、简单往返拣货模型、单品拣货模型等，并根据各类模型的不同特点设计了相应的精确算法或启发式算法。在此基础上对拣货方式、存储策略与路径策略进行了协同研究，得出了这些策略之间的背反和协同关系，最后以我国某大型IT 分销商的配送中心为原型，在已有订单资料、拣货设备及拣货区布局基础上设计了一个基于时间均衡的多系统同步拣货的混合系统，运用前面理论研究的结果，对该系统中的订单处理进行了仿真研究。内容体系构架如图 1-8。

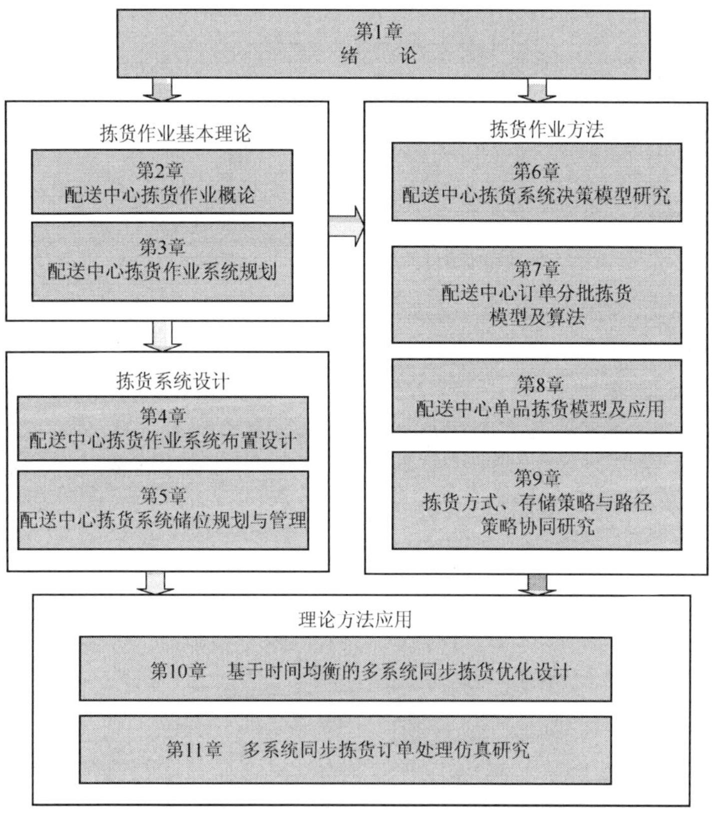

图 1-8　研究内容体系框架图

第 2 章　配送中心拣货作业概论

2.1　拣货相关术语

自古以来，在各类仓库中就存在拣货作业。人们常用如下术语来表示拣货的意思：如货物集中、物品装备、选品、摘取、播种、挑选、总体选择、盘点货物、配套作业等。目前，国内关于拣货作业的名词没有统一的规范，曾出现一些容易混淆的名词有捡货、检货、拣品、检品、拣选、捡取、拣取等。在英文中，常用picking、order picking、order selection、order assembling、order gathering 等术语。

拣货用的叉车称为拣货叉车，自动拣货的机器则称为自动拣货机器（automatic picking machine）。在自动化的立体仓库中，乘坐人的堆垛机（stacker crane）称拣货起重机或堆积机（gathering tower）。因此，在进行拣货作业研究之前，有必要先将与拣货有关的术语界定清楚，并明确其所涵盖的范围。

（1）拣货（order picking）。拣货就是根据客户的订单，将物品从仓库的库存储位中取出来，并进行出库的业务。包括对客户订单进行汇总排程、库存分配、从存储位置拣出货物并对拣出的货物作相应的处理等一系列过程，是配送中心的主要作业项目之一。也就是将顾客订购的商品由储存区域中取出，并按订单分别分类集中，其中包含实际拣取的动作以及相关的资讯处理程序，所以用“拣”而不用“捡”或“检”，强调其具有挑选的意思，能与实际作业相吻合，且“捡”为拾取，含义为无目的的拿取，而“检”的主要目的在于检查，并没有实际拿取的意思，故用“捡”“检”均不够恰当。

（2）拣取（pick）。是拣货作业中的一项功能，指由储存位置取出需求的货品。

（3）扱取（extract）。由拣取动作中区分出的动作单元，纯指抓取物品的动作，而不包括拣取中确认货品是否正确的动作。

其他名词如检品是属于拣货作业完成后，包装出货作业前的检查工作，确定出货内容是否与订单或出货单配合的作业项目，不在拣货作业范围内，故不作详细讨论。

2.2　拣货作业流程

拣货作业就是依据顾客的订货要求或配送中心的作业计划，尽可能迅速、准确地将商品从其储位或其他区域拣取出来分类集中的作业过程。拣货作业流程如图 2-1 所示。

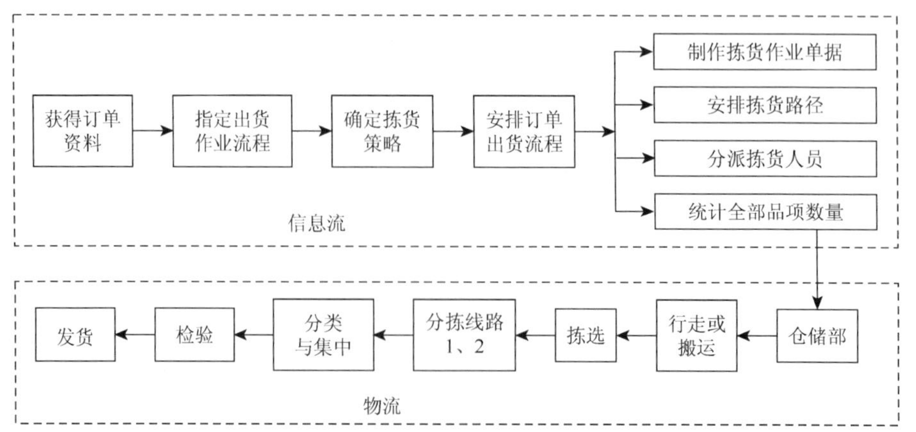

图 2-1 拣货作业流程

根据拣货作业流程图可知，要做到拣货作业的合理高效，必须坚持以下原则。

（1）存放时应考虑易于出库和拣选。存放时对出入库频繁的货物放在距离出口较近的地方，这样可以缩短取货时间。

（2）减少拣选错误。拣选作业中，因品种多、数量大、时间紧，出错难免。为减少拣选错误，除利用机械化和自动化实现拣选外，优化拣选作业流程也有一定的作用。

（3）作业力求平衡，避免忙闲不均的现象。合理规划拣选作业区，均匀分布出货量较大的品种，避免作业不平衡现象。

（4）事务处理和作业环节要协调配合。调整物流和信息流，使这两方面的作业都没有等待时间。

（5）拣选作业的安排要和配送路线的顺序一致。配送车辆装货时必须考虑配送顺序，而在出库区理货时也要考虑装载方便。

2.3 拣货作业功能及目标

2.3.1 拣货作业功能

配送中心主体仓库功能区域及作业流程如图 2-2 所示，包括接货、搬运、存放、拣货/拣选、集中/分类、越库、出货等一系列活动。由实际作业情形可将拣货作业的过程概括为下列四个部分。

1. 拣货资料的形成

拣货作业开始之前，指示拣货作业的单据或资讯必须先行处理完成。有些配送中心直接利用顾客的订单或公司的交货单作为人工拣货指示，由于传票容易在拣货过程受到污损导致错误发生，同时无法标识产品的储位和引导拣货员缩短拣货路径，所以大多数拣货方式仍需将原始的传票转换成拣货单或电子信号，促使拣货员或自动拣取设备进行更有效率的拣货作业，但这一转换工作也是作业中的一大瓶颈。因此，如何利用 EOS（electronic order system，电子订货系统）、POT（portable ordering terminal，便携式订购终端）直接将订货资讯通过计算机快速即时地转换成拣货单或电子信号，是未来现代化配送中心发展的重要研究课题。

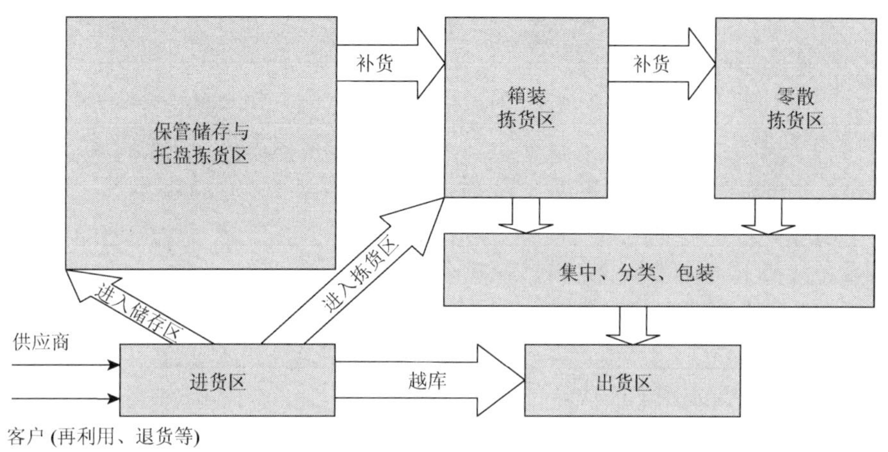

图 2-2　配送中心主体仓库功能与流程

2. 行走或搬运（travel or move）

进行拣货时，需要拣取的货品必须出现在拣货员面前，达到此目的有两种方式：一是人至物的方式；二是物至人的方式。人至物方式是拣货员步行或搭乘拣货车辆到达货品储存位置的方式，这种方式的特点是货品采取一般的静态储存方式，如托盘货架、轻型料架等，而主要移动的一方是拣取者，拣货机器人也属于拣取者之一。物至人拣货方式中，主要移动的一方是货品，拣取者在固定位置内作业，无需寻找商品的储存位置。这种方式的主要特点是货品采取动态的储存方式，如轻负载自动仓储、旋转自动仓储等。

3. 拣取（pick）

当货品出现在拣货员面前时，拣货员一般采取的两个动作为扱取与确认。扱取是抓取物品的动作，由人手或机器手臂来完成。确认动作的目的是确定扱取的物品、数量是否与指示拣货的资讯相同。在实际的作业中多利用拣货员读取品名与拣货单作比对，比较先进的做法为利用无线终端机（RF terminal）读取条码，由计算机进行比对或采用货品重量检测的方式。准确地确认动作可大幅降低拣货的错误率，同时也比检品作业发现错误的处理更直接有效。

4. 分类与集中（sort and accumulate）

由于拣货的方式不同，拣取出来的货品需要按订单进行分类与集中，拣货作业至此告一段落。分类完成的每一批订单别货品经过检品、包装等作业然后出货。

依据上述四个过程，可将拣货作业中耗费的时间归纳为以下五部分。

（1）订单资料处理，形成拣货指示所需的时间。

（2）拣货人员依据拣货指示行走至物品放置位置处与拣取完成后搬运行走至暂存区所需的总行走时间。

（3）当按拣货指示行走至储位附近后，找寻正确的储位所需的时间。

（4）当找到正确储位后，按拣货指示扱取所需数量及做确认所需的时间。

（5）集中与分类时间。拣取完成后，如果采用的是批量拣取方式，则还需要按客户的订单作集中分类整理，订单别拣取则不需分类。按客户订单拣取完成或分类后，再按车趟次、路线别分区集中暂存。

从效率化方面考虑，就要缩短上述各个作业时间，提升作业速度与能力。除了提升效率，还需要防止错误，以免送错货，让顾客不满，另外，也可以减少内部料账不符引起作业成本增加的现象。所以从某种程度上讲，拣货作业完成的结果是配送中心形象的体现。因此，如何在无拣货错误的情况下，将正确的货品及正确的数量，在正确的时间内，及时配送给客户，是拣货作业最终的目的及功能。

2.3.2　拣货作业目标

拣货系统一个共同的目标就是在某些资源如劳动力、机器设备、投资等的约束下最大化服务水平。服务水平由许多因素组成，如配送的平均时间和对客户订单的反应时间，订单的完整性和精确性。订单拣取的速度越快，货物就能越早运达客户手中。如果一个订单错过了它的出货运送期限，就必须等到下一批再出货。而且，短的拣货时间意味着对延迟订单的处理具有更高的灵活性。因此，最小化订单拣货时间是每个拣货系统所必需的，也是其追求的目标。图 2-3 表示在一个典型的物至人拣货系统中订单拣货时间的组成，约有 50%的时间花在行走上。尽管不同的案例研究表明其他活动在拣货时间中也占有不小的比例，但行走时间通常是构成拣货时间的主要部分。由于行走时间是一种浪费，它耗费劳力又不增加价值。所以，它是第一个需要改善的领域。

对人工拣货系统来说，很多文献通常都假设行走时间是距离的增函数。因此，在拣货系统的设计和优化中，行走距离通常当作一个主要的目标。在有关拣货系统的文献中，两种类型的行走距离被广泛使用：平均行走距离和总行走距离。对给定的拣货位置来说，最小化平均行走距离就是最小化总行走距离。

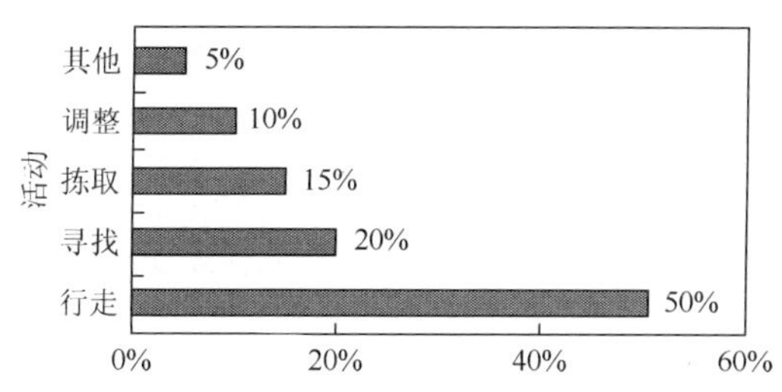

图 2-3　拣货作业时间百分比

当然，最小化行走距离只是众多可能目标中的一种。另外一个重要目标就是最小化成本（包括投资成本和运作成本）。拣货系统规划设计中需要考虑的其他目标还有：

（1）最小化单张订单的处理时间；

（2）最小化总的处理时间（如完成一批订单的时间）；

（3）最大化空间的利用；

（4）最大化设备的使用；

（5）最大化劳力的使用；

（6）最大化所有品项的可获得性。

企业在不同的时期，需要对拣货系统的设计和管理在战术层和运作层两个方面做出决策。这些层面的共同决策有：

（1）存储系统的布置设计（战术层）；

（2）储位分配（战术层和运作层）；

（3）订单分批和拣货分区（战术层和运作层）；

（4）拣货路径（运作层）；

（5）集中与分类（运作层）。

在实现上述目标时，不同层面的决策是互相依赖的。例如，某种布置和储位分配对某些路径策略效果较好，但对另外的情况却不太好。所以要在一个模型中包含所有的决策是很难达到的。因此，应根据不同时期的具体情况选择不同的设计与控制目标。

2.4　拣货作业系统

拣货作业系统是描述进行拣货作业所采用的方法的总称，一般由拣货单位、拣货方式、拣货策略、拣货资讯、拣货设备等多种要素构成。各要素中不同的方法可以组合成多种拣货作业系统，各要素分得越细，组成的拣货作业系统就越复杂。

大多数大型配送中心都备有多种不同的拣货系统，根据是否有人工介入可分为人工拣货系统和机器拣货系统。根据作业过程中使用的设备不同，又可以分为人至物拣货系统、物至人拣货系统及自动化无人拣货系统三类。绝大多数仓库都使用人工进行拣货，而在人工拣货系统中，又以拣货人员沿着货架巷道步行或驾车拣货最为普遍。

人至物拣货系统有两种情况：低层拣货系统和高层拣货系统。在低层拣货系统中，拣货员沿着存储巷道行走，从存储货架中拣取所需品项。另一种拣货系统使用高层存储货架，拣货员搭乘拣货堆垛机行走到拣取位置附近，停止在适当的拣取位置前，等待拣货员取出货物。这种拣货系统称为高层拣货系统或搭乘式拣货系统。

物至人拣货系统之一的自动存取系统（AS/RS），大多使用巷道堆垛机取出一个或多个单元载荷，再将它们送到适当的人工拣取位置（如出入口）。在这个位置拣货员取出所需数量的物品，剩余部分重新返回进行存储。这种系统也叫做单元载荷拣货系统或巷道终端拣货系统。这种系统中，堆垛机根据需要能在不同的运作模式下进行工作，即从事单一作业或复合作业。单一作业指只进行入库存储或者拣货出库的作业。复合作业模式下，堆垛机在一次行程中，同时完成入库存储和拣货出库作业。另一种物至人拣货系统就是旋转货架，大致分为水平旋转和垂直旋转两种方式。由计算机控制，存货货架旋转至一个指定的拣货位置，由拣货员取出所需数量的物品。

人工拣货的人至物拣货系统中，最基本的拣货方式是订单别拣取和批量拣取。在批量拣取中依分类的时机不同又可分为拣取时分类和拣取后分类。另外一种基本方式是分区。分区是将一个逻辑的存储区域（这个区可能是托盘存储区，也可能是整个仓库）分成多个部分，每个区安排有不同的拣货员进行拣货。根据拣货策略的不同，分区也可以划分成两种类型：递进分区（progressive zoning）和同步分区（synchronized zoning）。递进分区策略下，同一时间对同一批订单（也可以是单个订单）的拣取只能在一个区，一个区的物品拣完之后再进入下一个区进行拣取。同步分区则不同，各个分区的拣货员在同一时间拣取的是同批订单上的物品。如果各分区的拣货时间有差异，就会造成拣货人员的互相等待，只有在每个分区的拣货都完成的情况下，当前的拣货作业才算真正完成。

由于大量外部和内部因素的影响，现实拣货系统的设计通常是很复杂的。影响拣货系统设计的外部因素有营销渠道、客户需求类型、供应商的补货模式、存货水平、产品的总需求以及经济状况。内部因素包括系统特征、组成、拣货系统的运作策略。系统特征由机械化程度、信息的获取水平、仓库的维度等构成。与这些因素相关的决策问题通常在设计阶段就要考虑。组织和运作策略主要包括五个因素：拣货路线、存储位置、批量大小、拣货分区和订单拣取方式。

第 3 章　配送中心拣货作业系统规划

3.1　配送中心拣货系统的构成

拣货作业的目的就是在无拣货错误的情况下，将正确的货品及正确的数量，在正确的时间内，及时配送给客户。配送中心拣货作业所涉及的内容十分繁杂，也是配送中心内部作业中花费人力最多且成本最高的一项作业。将组成拣货系统的元素分得越细，其作业系统也就越复杂。为便于研究、简化系统，仅对组成拣货系统的五项主要元素：拣货单位、拣货方式、拣货策略、拣货资讯及拣货设备等分别进行剖析。

3.1.1　拣货单位

拣货单位有三种：①托盘拣货；②整箱拣货；③单品拣货。一般以托盘为拣货单位的货品体积和重量最大，其次为箱，最小者为单品。配送中心一般都有两种以上的拣货单位。容器及拣货单位的不同，将影响储区的分布规划及加工程序、拆箱、包装等作业。

（1）托盘：出货单位以整托盘量为基本单位，必须利用堆垛机或托板车等机械设备来搬运。

（2）整箱：出货以产品的外箱为基本单位，可从托盘上取出，必须用双手。

（3）单品：拣货的最小单位。单品由箱中取出，可以用单手拣取。

（4）特殊品：体积大，形状特殊，无法用托盘和箱归类，或必须在特殊条件下作业的货品。如大型家具、桶装油料、长焊形货物、冷冻货品等，拣货系统的设计将严格受到商品特性的限制。

拣货单位是根据订单分析的结果来作决定的，如果订货的最小单位是箱，则以箱为拣货单位；如果订货的最小单位是单品则以单品为拣货单位；如果订货的单位既有箱，也有单品，则配送中心的拣货单位也必须有两种，设计上要同时考虑。

3.1.2　拣货方式

常见的拣货方式一般有两种：订单别拣取和批量拣取。拣货方式不同将影响计算机资料运算的方式和时间，甚至影响配送中心的内部作业。

1. 订单别拣取（single-oder-picking）

这种作业方式是针对每一张订单，拣货员巡回于仓库内，将客户所订购的商品逐项从仓库中挑出来集中的方式，是一种较传统的拣货方式，因其动作类似于在果园中摘取水果，俗称“摘取式拣取”，也可称为一段式拣取。

优点：作业方法单纯、订货前置时间短、导入容易且弹性大、作业员责任明确，派工容易、公平；拣货后不必再进行分类作业，适用于少量多样订单的处理。

缺点：商品品种多时，拣货行走路径加长，拣取效率降低；拣取区域大时，搬运系统设计困难；少量多次拣取时，造成拣货路径重复费时，效率降低。

2. 批量拣取（batch picking）

把多张订单集合成一批次，按商品品种类别将数量加总后再进行拣取，拣取完后再按客户订单进行分类处理，称为二段式拣取，其中第一段按产品类别汇总后一次拣出，第二段将同一产品按客户订单进行分配，其动作类似农夫播种故又称为“播种式拣取”。

优点：适合订单数量庞大的系统。可以缩短拣取行走搬运的距离，增加单位时间的拣取量。对少量、多频率的配送，批量拣取非常有效。可以实现复核的功能。

缺点：对到来的订单无法作及时的反应，必须等订单达到一定数量时才做一次处理，因此会产生停滞时间。只有根据订单到达的状况做等候分析，决定适当的批量大小，才能将停滞时间减至最低。

3.1.3　拣货策略

拣货策略是影响拣货作业效率的重要因素，对不同的订单需求应采取不同的拣货策略。决定拣货策略的四个主要因素是：分区、订单分割、订单分批、分类。这四个主要因素交互运用可产生多个拣货策略。

1. 分区（zoning）

分区就是将拣货作业场地作区域划分，按分区原则的不同，有以下三种分区方法。

（1）拣货单位分区。将拣货作业区按拣货单位划分，如箱装拣货区、单品拣货区或是具有特殊商品特性的低温拣货区等。其目的是使储存单位与拣货单位分类统一，以方便拣取与搬运单元化，使拣取作业单纯化。一般来说，拣货单位分区所形成的区域范围是最大的。

（2）拣货方式分区。不同的拣货单位分区中，按拣货方法和设备的不同，又可以分为若干区域，通常以商品销售的ABC分类为原则，按出货量的大小和拣取次数的多少做ABC分类，然后选用合适的拣货设备和拣取方式。

（3）工作分区。在相同的拣货方式下，将拣货作业场地再作划分，由一个或一组固定的拣货人员负责拣取某区域内的货品。其主要优点是拣货人员需要记忆的存货位置和移动距离减少，拣货时间缩短，还可以配合订单分割策略，运用多组拣货人员在短时间内共同完成订单的拣取，但要注意工作平衡问题。

2. 订单分割

当订单上订购的商品项目较多，为使其能在短时间内完成拣货处理，可将订单分成若干子订单交由不同的拣货人员同时进行拣货作业。订单分割必须与分区策略联合运用，才能有效发挥其长处。而各子订单拣货完成时，必须对子订单进行汇总。

3. 订单分批

订单分批是将多张订单集合成一批，再将每批次订单中同一商品类别加总后进行拣取，最后把货品分类给每一客户订单，则形成批量拣取。其目的是缩短拣取时平均行走搬运的距离和减少重复寻找储位的时间，从而提高拣货效率。但如果每批次订单数目过多，则必须耗费较多的分类时间，甚至需要有强大的自动化分类系统的支持。订单分批的方式包括以下几种。

（1）总合计量分批。合计拣货作业前所有累计订单中每一商品项目的总量，再根据这一总量进行拣取以将拣取路径减至最短，同时储存区域的储存单位也可以单纯化，但需要有功能强大的分类系统来支持。这种方式适用于固定点之间的周期性配送，可以将所有的订单在中午前收集，下午作合计量分批拣取单据的打印等信息处理，第二天一早进行拣取分类等工作。

（2）时窗分批。当从订单到达到拣货完成出货所需的时间非常紧迫时，可利用此策略开启短暂而固定的时窗，如五分钟或十分钟，再将此时窗中所到达的订单做成一批，进行批量拣取。这一方式常与分区及订单分割联合运用，适合到达时间短而平均的订单形态，同时订购量和品项数不宜太大。图3-1是时窗分批拣取的示意图，所开时窗长度为一小时（TW=1HR），此分批方式适合密集频繁的订单，且较能应付紧急插单的需求。

（3）固定订单量分批。订单分批按先到先处理的基本原则，当累计订单量到达设定的固定量（fixed number）时，再开始进行拣货作业。适合的订单形态类似于时窗分批，但这种订单分批的方式偏重于维持较稳定的作业效率，而在处理的速度上平均较前者慢。图3-2是分区固定订单时窗分批拣取示意图，固定订单量为（FN=4），当订单进入系统的累计数到达4时，集合成一批进行分区批量拣取。

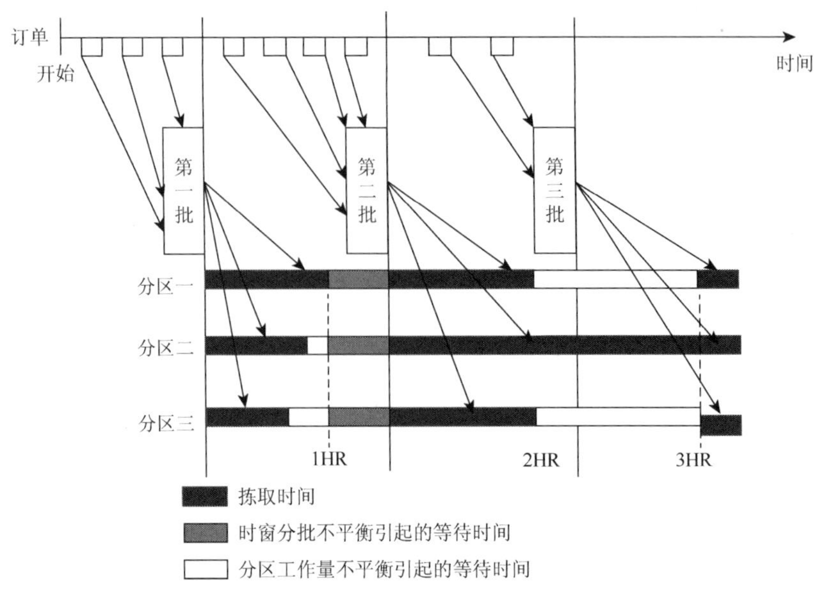

图 3-1　分区时窗分批拣取（TW=1HR）

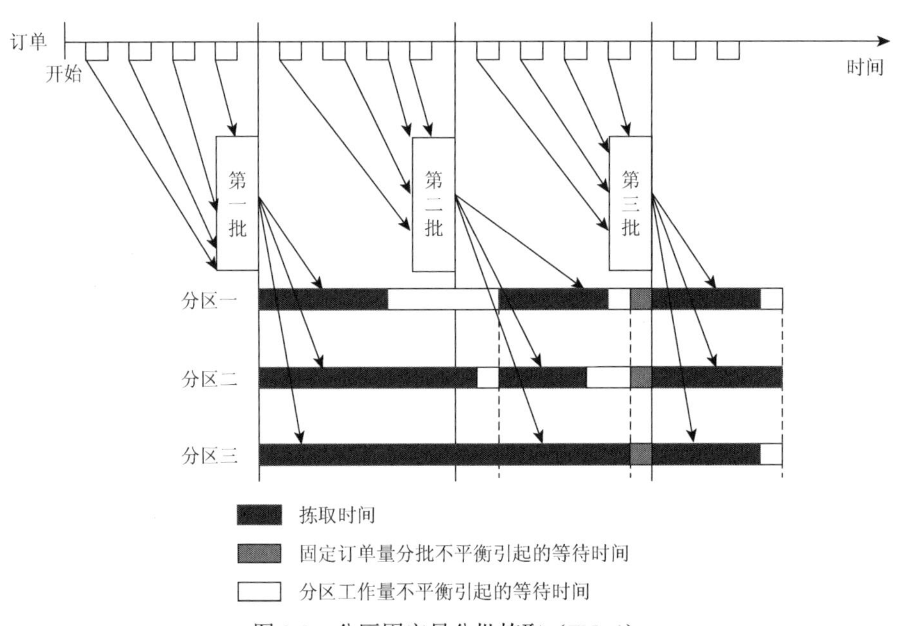

图 3-2　分区固定量分批拣取（FN=4）

（4）智能型分批。订单在汇集后经过较复杂的计算机计算，将拣取路径相近的订单分成一批同时处理，可大量缩短拣货行走搬运距离。由于采用这种分批方式的配送中心通常将前一天的订单汇集后，经计算机处理在当天下班前产生次日的拣货单据，所以对紧急插单作业处理较为困难。

4. 分类

若采用分批的拣货策略，则随后必须有相配合的分类策略。根据不同分类方式引起拣货作业方式的差异，可将分类方式大概分成两类。

（1）拣取时分类。在拣取的同时将货品按各订单分类，这种分类方式需使用计算机辅助台车作为拣货设备，才能加快拣取速度，同时避免错误发生。较适用于少量多样的场合，且由于拣货台车不可能太大，所以每批次的客户订单量不宜过大。

（2）拣取后集中分类。分批按合计量拣取后再进行集中分类。一般有两种分类方法，一是以人工作业为主，将货品总量搬运到空地上进行分发，而每批次的订单量及货品数量不宜过大，以免超出人员负荷。二是利用分类输送机系统进行集中分类，是较自动化的作业方式。当订单分割很细，分批批量品项很多时，常使用后一种方式。

3.1.4　拣货资讯

拣货资讯是拣货作业的原动力，其主要作用在于指示拣取作业的进行，而其资料的来源是客户的订单。为了使拣货人员在既定的拣货方式之下正确而迅速地完成拣取，拣货资讯成为拣货作业中不可缺少的重要内容。拣货资讯的种类可大致分为以下几种。

1. 传票

直接利用客户的订单或公司的交货单作为拣货指示。

优点：无需利用计算机等设备处理拣货信息，适用于订购品项数少或少量订单的情况，较适合订单别拣取方式。

缺点：①传票在拣货过程中容易受污损，或因存货不足、缺货等标记直接写在传票上，导致作业过程发生错误，甚至无法判别确认。②未标识储位的产品，必须靠拣货人员的记忆在储区中寻找存货位置，造成许多无谓的寻找时间和行走距离及拣货效率低下、拣货错误等。

2. 拣货单

将原始的客户订单输入计算机或直接与客户连线转档后，进行拣货信息处理，打印出拣货单。

优点：避免出货单在拣取过程中受到污损，在检品过程中可以使用原始传票查对，以修正在拣货作业中发生的错误。产品的储位显示在拣货单上，同时可以按到达先后次序排列储位编号，引导拣货人员按最短路径拣货。该方式可充分配合分区、订单分割、订单分批等拣货策略，提升拣货效率。

缺点：拣货单处理打印工作耗费人力、时间。且拣货完成后仍需经过检品过程，才能确保正确无误。

3. 拣货标签

拣货标签取代了拣货单，由打印机打印出所需拣取的商品名称、储位编码、价格等信息的拣货标签，数量与拣取量相等，在拣取的同时将标签贴在物品上以便确认数量。这种方式中，标签贴上物品的同时，物品与信息立即建立了一种对应关系，因此拣货的数量不会产生错误。如果标签上不仅打印了物品名称、储位编码，还打印出了条码，则可利用扫描器读取物品上的条码，即使是同一产品而交货厂商不同也能区分，而且还能对该货品进行追踪调查。

优点：结合拣取与贴标签的动作，可以减少流通加工作业与往复搬运复核的动作，缩短整体作业时间。还可以在拣取时清点拣取数量，提高拣货的正确性。（若拣取未完时标签已贴完，或拣取完成但标签仍有剩余，则表示拣取过程有错误发生。）

缺点：若要同时打印出价格标签，必须统一下游客户的商品价格和标签形式。价格标签必须贴在单品上，使得包装作业更加困难。

4. 电子信息

以电子信息指示拣取，又可称为无纸化的拣取，一般可以采用线上作业或磁片传送读取的非线上作业两种方式，而特定使用的拣货系统又可分为以下两类。

（1）计算机辅助拣货系统（computer aided picking system，CAPS）。拣取的动作仍由人力完成，而依靠计算机辅助显示储位编码和拣取数量，甚至有些系统可以检测拣取时发生的错误。

（2）自动拣货系统。拣取的动作由自动的机械负责，电子信息输入后自动完成拣货作业，无需借助人力。

3.1.5　拣货设备

拣货作业过程中用到的设备相当多，有储存设备、搬运设备、分类设备、信息设备等，下面按拣货方式的不同作简要介绍。

1. 人至物拣货设备

（1）存储设备。托盘货架（pallet rack）、轻型货架（shelves）、橱柜（cabinet）、

流动货架（flow rack）、高层货架（high bay rack）等，这些储存设备也可称作静态储存设备，适用的商品储存单位与拣货单位如附表 1 所示，与搬运设备搭配使用的情形如附表 2 所示。

（2）搬运设备。动力拣货台车（picking vehicle）、动力牵引车（tractor vehicle）、堆垛机（forklift）、拣货堆垛机（picking truck）、搭乘式存取机（man aboard AS/RS）、无动力输送机（free conveyor）、动力输送机（power conveyor）、计算机辅助拣货台车（computer aided picking cart）等。

2. 物至人拣货设备

这种类型拣货设备的自动化水平较前者高，其储存设备本身具有动力，能移动货品储存的位置或将货品取出，可称为动态储存设备。适用的储存单位与拣货单位如附表 3 所示。

（1）储存设备。单元负载自动仓储（unit-load AS/RS）、轻负载自动仓储（mini-load AS/RS）、水平旋转自动仓储（horizontal carousel）、垂直旋转自动仓储（vertical carousel）、梭车式自动仓储（shuttle and server system）等。

（2）搬运设备。堆垛机、动力输送带、无人搬运车（automatic guided vehicle）等。

3. 自动拣货系统

拣取的动作由自动的机器负责，无需人力介入，可分为箱装自动拣货系统和单品自动拣货系统两种。

4. 多样少量拣货系统

（1）附加显示装置的流动货架。

（2）计算机辅助拣货台车。

（3）旋转料架等。旋转料架适用于从箱内拣取出单品的操作，主要可分为三种：水平旋转料架、垂直旋转料架和多层式水平旋转料架。为了提高拣货速度，可利用各层料架能独立旋转的多层式水平旋转料架。也可从动作时间分析与人机分析来改善方法，由一人看管两台水平旋转料架。

（4）自动货品分类输送机。批量拣取完后，作为货品分类的自动分类输送机，通常采用以配送地区或顾客类别为依据来分类物品两种方式。另外，利用旋转托盘架倾斜分类货品的方法也逐渐被采用。分类时，传统的方法是以人员判断拣出商品的资料后，键入分流道号码，操作分类机分类。为达到快速而正确的分类，现已利用条码读取机读取纸箱、容器或包装上的条码，直接做分类输送。

（5）拣取机器人。一般用在箱装与单品拣货。分为物至机器人拣取和机器人至物拣取两种。

（6）自动拣货机。此种拣货机常用于单品拣货，和自动售货机（automatic vending machine）类似。货架是一长条形的 A 形料架，两排放置各种商品，中间放置一输送带，输送机后端连接装货容器；当控制计算机将订单拣货信息传出后，两排料架的各储位会将所需数量的商品排出至中间输送带上送出，然后掉落到等待的装货容器中。该设备的优点在于取代人力，减少拣错率。缺点是多品项大量出货时，系统配置不易，且需不断地人工补货，否则容易形成缺货。适用于高单价、少量出货的情况。

3.2 拣货单位的考量

配送中心作拣货系统规划时，必须先决定拣货单位和储存单位，同时协调外部的供应商确定商品的入库单位，而这些单位的确定依据就是客户的订单。由客户的订单决定拣货单位，由拣货单位决定储存单位，再由储存单位要求供应商的入库单位。

3.2.1 拣货单位的决定

拣货单位决定按如下步骤进行：商品特性分组→历史订单统计→订货单位合理化→拣货单位决定。

（1）商品特性分组。将必须分别储存处理的商品进行分组，如有互斥特性的商品、体积重量外形差异较大的商品等。

（2）历史订单统计。可利用 EIQ 分析将过去一年或一个月的资料进行统计，求出各分组商品的 IQ-PCB 分析表。

表 3-1 是 IQ-PCB 分析表例，是由历史订单按订单单位统计而成的。主要是算出每一出货品项以托盘为单位的出货托盘数，以及从托盘上以箱拣取所需要的托盘数。通过这种分析可以掌握各拣货分区的物流量，不仅可以作为拣货作业系统设计的基础，还可使各个拣货分区作业均衡化。

（3）订货单位合理化。将分组中商品的订货单位合理化，避免过小的单位出现在订单中，造成拣货中还要拆装或重组的困扰。如将大包装改为中包装，而去掉小包装。原则以三种单位为上限，但必须与客户进行协商并达成一致。

（4）拣货单位的决定。将 IQ-PCB 分析表中商品单位数量化为合理化的单位数量，各分组商品再按合理化后的单位进行归类。这样即可最终确定各分组商品的拣货单位，以此增加作业规范性及稳定性，省去不必要的繁杂拆组手续，提高拣货效率及效益。

表 3-1　商品订单资料 IQ-PCB 分析例

商品	编号	P 托盘	C 箱	B 单品	IQ 总量	C 箱→P 托盘	B 单品→C 箱
1	G14	31	86	0	830	3.58	0
2	G1	24	114	0	690	4.75	0
3	G6	22	86	0	614	3.58	0
4	G17	20	40	0	520	1.67	0
5	G16	19	49	0	505	2.04	0
6	G18	16	111	0	495	4.63	0
7	G5	15	120	0	480	5.00	0
8	G4	16	91	0	475	3.79	0
9	G2	15	110	0	470	4.58	0
10	G15	17	57	0	465	2.38	0
11	G12	14	124	0	460	5.17	0
12	G11	16	71	0	455	2.96	0
13	G13	14	64	0	400	2.67	0
14	G3	12	112	0	400	4.67	0
15	G8	13	78	0	390	3.25	0
16	G20	12	72	0	360	3.00	0
17	G19	9	69	0	285	2.88	0
18	G10	9	59	0	275	2.46	0
19	G9	7	77	0	245	3.21	0
20	G7	5	80	0	200	3.33	0
合计		306	1670	0	9014	69.58	0

3.2.2　储存单位的决定

拣货单位决定之后，接下来要决定的是储存单位，一般储存单位必须大于或等于拣货单位，具体步骤如下。

（1）订出各项商品的一次采购最大、最小批量及前置时间。

（2）预订配送中心的服务水平，订单到达后几日内送达。

（3）若服务水平天数＞采购前置时间+送达时间，且采购最小批量＜商品每日被订购量＜采购最大批量，则该商品可不设储存位置。

例如，服务水平为 2 天，采购时间为 36 小时，配送时间 6 小时，最小采购批量 2000，最大采购批量为 5000，若商品每日被订购量范围 500±200，则可不设定安全存量和固定储位。

（4）IQ-PCB 分析商品平均每日采购量×采购前置时间（或库存水平）＜上一级包装单位数量，则储存单位=拣货单位。反之，则储存单位＞拣货单位。

例 3-1　商品 j 每日平均采购量为 12 箱，库存水平为 5 日，商品 j 每托盘叠放 100 箱，12×5=60＜100 箱。因此储存单位及拣货单位以箱为宜。若储存以托盘为单位，则可能以不满整托盘的方式储存，或与其他商品共托盘存放。

3.2.3　入库单位的决定

在储存单位决定后，商品入库的单位最好能配合储存单位，有时须凭借采购量的优势要求商品的供应商配合。入库单位通常设定等于商品最大的储存单位，但有时因为与供应商的规格不同而无法达成。如托盘规格的差异，所以这一步要做好，必须与供应商进行很好的协调与沟通。常见的拣货系统单位组合如表 3-2 所示。

表 3-2　拣货系统单位组合表

拣货单位	储存单位	入库单位
P	P	P
P、C	P、C	P
P、C、B	P、C、B	P
C	P、C	P、C
C、B	P、C、B	P、C
B	C、B	C、B

P：托盘　C：箱　B：单品

3.3　拣取方式的初步决定

拣货作业最简单的划分方式，可以分为订单别拣取及批量拣取两种。进行拣货系统规划的第一步就是根据订单分析及内外部条件限制，将未来系统的拣取方式做初步的决定。拣取方式的确定可分为定性和定量两大部分，下面将一一探讨。

1. 定性方法

1）订单别拣取的适用情况及特点

适用情况：商品外形体积变化较大，商品差异较大，分类作业难以进行。如化妆品、家具、电器、百货、高级服饰等。

特点：因拣货时行走距离无法缩短，拣取效率降低。

2）批量拣取的适用情况及特点

适用情况：①商品外形较规则、固定，如箱装、扁袋装；②需要流通加工的物品，如需要装箱或标价作业的商品。

特点：订单处理需设定截止时间，允许插单的能力较差；作业前置时间一般较长；常需要采取系统化、自动化来提高效率；必须注意生产线平衡问题，并且维持作业持续平衡，尤其是避免同一时间大量出货。

总之，订单别拣取的处理弹性比较大，临时性的产能调整较为容易；适合订单大小差异较大，订单数量变化频繁、有季节性的配送中心。批量拣取作业方式通常在系统化、自动化设置之后使得产能调整能力较小；适合订单大小变化较小、订单数量稳定的配送中心。

2. 定量方法

按出货品项数的多少及商品周转率的高低，对照表 3-3 找出适合的拣取作业方式。配合 EIQ 的分析结果（表 3-4），依单日的 NE 值（订单品项数）及 IK 值（品项重复数）的分布，计算出货品项数的多少及商品周转率的高低，求出适合的作业方式区间。而其中临界值 EN_h、EN_l 及 IK_h、IK_l，可能会因配送商品的种类特性而有所差异，必须根据实际经验再加调整。

表 3-3　拣取方式选定对照表

商品重复订购频率 / 出货品项数		IK 值大←小		
		高	中	低
EN 值 大↑小	多	S+B	S	S
	中	B	B	S
	少	B	B	B+S

S：订单别拣取　B：批量拣取

原理：EN 值越大，表示一张订单中所订购的商品品项数越多，当商品的种类越多越杂时，批量拣取时分类作业越困难，这时采取订单别拣取更有效。相反，IK 值越大，表示品项的重复订购频率越高，商品的周转率趋势越高，这时采用批量拣取可大大提高拣货效率。

表 3-4　EIQ 资料分解格式（单日）

出货订单		品项 I1	I2	I3	I4	I5	…	订单订货数量（EQ）	订单品项数（EN）
客户订单	E1	Q11	Q12	Q13	Q14	Q15		Q_{E1}	N1
	E2	Q21	Q22	Q23	Q24	Q25		Q_{E2}	N2
	E3	Q31	Q32	Q33	Q34	Q35		Q_{E3}	N3
	E4								
	…								
单品出货数量（IQ）	单品出货数量（IQ）	Q_{I1}	Q_{I2}	Q_{I3}	Q_{I4}	Q_{I5}		Q..	N.
单品出货次数（IK）	单品出货次数（IK）	K1	K2	K3	K4	K5		—	K.

E：订单　I：品项　Q：数量

在进行后续分析过程中，需将所有订单品项的出货数量转换成相同的计算单位，否则分析将失去意义，如体积、重量、箱、个或金额等单位。

3.4 拣货策略的运用

拣货系统规划中最重要的一环就是拣货策略的运用，前面曾将拣货策略分成四个主要因素：分区、订单分割、订单分批、分类，由于这四个主要策略因素之间存在一定的互动关系，所以在作整体规划时，必须按一定的决定顺序，才能使其复杂程度降到最低。

图 3-3 是拣货策略运用组合图，图中由左至右的顺序是规划时较合理的顺序，任何一条由左至右可通的组合链都表示一种可以采行的拣货策略组合。

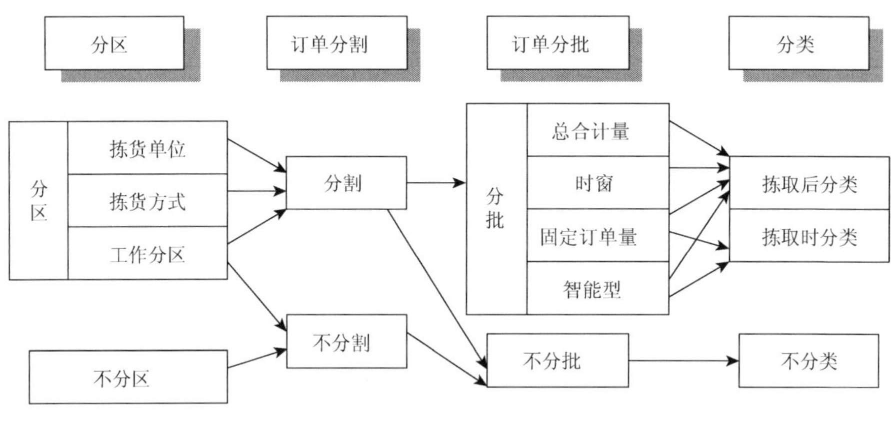

图 3-3 拣货策略运用组合图

3.5 拣货资讯处理

拣货资讯共有四种形式：传票、拣货单、拣货标签、电子资讯。如何配合拣货作业方式采用较合适的拣货资讯，以利于拣货作业的进行及各种拣货资讯的处理程序，是在系统设计之初必须考虑的。

3.5.1 拣货作业方式与拣货资讯

一般来说，拣货资讯与拣货系统的规模及自动化程度有密切的关联性。通常商品种类数少，自动化程度较低的拣货系统以传票作为拣货资讯，其拣货方式也偏向于简单的订单别拣取。拣货单是目前最常用的一种拣货资讯，与拣货作业方式配合的弹性也较大。拣货标签通常与自动化分类系统配合。电子资讯最主要的目的就是与计算机辅助拣货系统或与自动化拣货系统结合，以追求拣货的时效性，达到即时控管、完全掌握的目的。表 3-5 是拣货资讯适合的拣货作业特性，可作为拣货作业方式决定后选择拣货资讯的参考依据。

表 3-5　拣货作业方式与拣货资讯的配合情形

拣货资讯	适合的拣货作业方式
传票	订单别拣取、订单不分割
拣货单	适合各种传统的拣货作业方式
拣货标签	批量拣取、订单别拣取
电子资讯	拣取时分类、工作分区、自动拣货系统

3.5.2　拣货资讯处理程序

1. 传票

拣货传票产生的方式有两种。一是采取将订单复印的方法，在接到订单之后将其复制成拣货传票，这种方式费用较高，但弹性较大，可适应各种不同大小的订单形式。另一种方式是直接由多联式订单中撕下来拣货专用的一联，这种方式有时会因订单联数过多而产生复写不清的现象，导致错误发生。

以传票方式作为拣货资讯的前提条件是订购的商品品项数不多，通常在 100 种以下。不论采用填写式还是采用勾写式的订单表格，应以不超过一页为标准。适合传票的拣货作业方式为订单别拣取。

2. 拣货单

1）订单别的拣货单

订单别拣取和批量拣取都可利用拣货单作为指示拣货作业的资讯。但这两种拣取方式的拣货单处理程序有所区别。订单别的拣货处理程序如图 3-4 所示。接到订单后，利用键盘输入或扫描方式将订单资料输入计算机系统，然后与计算机资料库的商品进行核对，并查出商品的储存位置，最后按工作排程的顺序打印出拣货单及产生补指示和出库指示等。

2）订单分批的拣货单

批量拣取的拣货资讯处理与订单别拣取方式最大的区别在于订单输入时汇集必须按订单分批方式的原则，将同一批的订单按商品品项种类统计订购数量，之后的核对存量与寻找储位，大致与订单别拣取相同，最后打印出分批拣货单以及

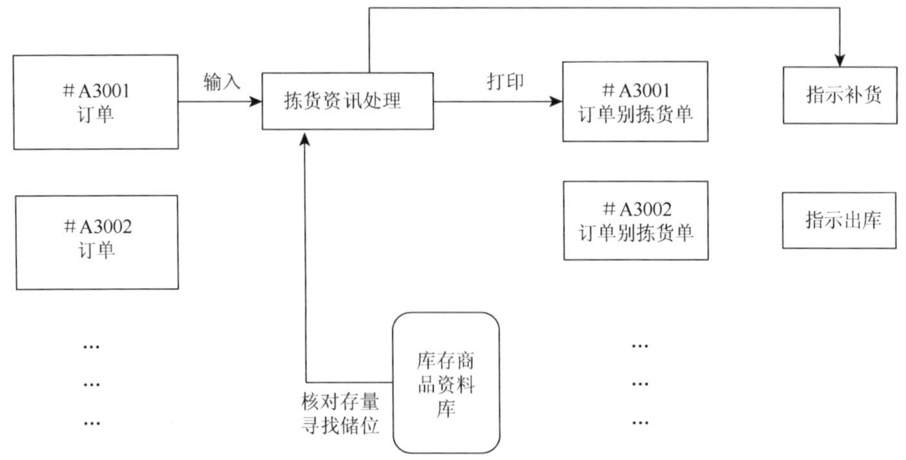

图 3-4　订单别拣货单的处理程序

产生补货、出库和分类等指示的资讯。其中分类指示在自动分类系统中由计算机程序直接提供信号给控制系统，人工分类则分类指示直接从分批拣货单中得到，如图 3-5。

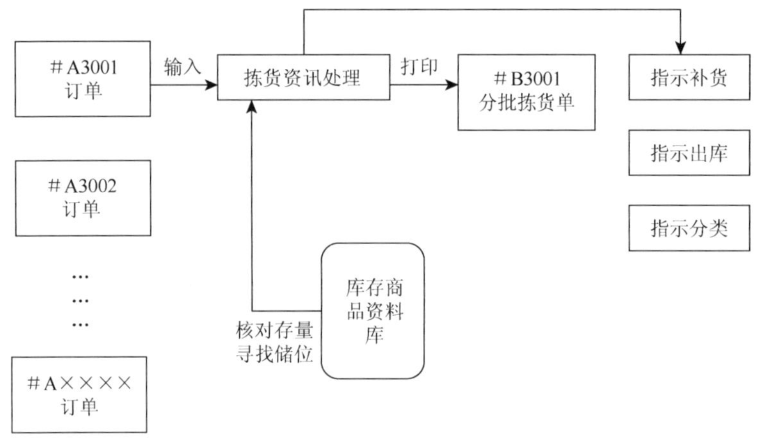

图 3-5　分批拣货单的处理程序

3. 拣货标签

拣货标签大致可分为价格标签和识别标签两种，价格标签的目的在于标示价格，而常见的识别标签为条码，此条码并非商品条码（商品条码一般贴于商品包装上），通常为流通条码或店内条码，也有在一张拣货标签上同时显示价格及条码的。

在订单到达前就事先负责制好标签，贴标签的时机发生在进货之初（统一标价）或出货之前（店内条码或个别标价）而不是在拣货作业的过程中，可将其归于流通加工作业，并不属于拣货资讯所讨论的范围。提供拣货资讯的标签通常是在输入订单之后经过拣货作业资讯处理才打印出来，这类标签的功能除了标示价格之外，对拣货作业的贡献主要有两点，其一是拣取时贴标签代替了清点商品数量的过程，其二是有流通条码的标签可提供自动分类系统识别的资讯。

4. 电子资讯

图 3-4 表示电子资讯处理中由计算机拣货资讯处理程序传送拣取指令至控制器，这一段信号传送的线路一般为 RS232 或 RS422 之类的通信线路。接着由控制器传出控制信号或电流使机器动作，因此电子资讯的处理偏重于软硬件的结合。目前所熟知的电子标签系统（ELS）或计算机辅助拣货系统（CAPS）以及无线通信（RFDC）拣货系统就是属于这种类型的应用。

电子资讯与前面三种拣货资讯最大的差别是无纸化（paperless），因此拣货资讯的传送不仅更加迅速准确，而且可以做到即时控制与管理。

3.6　拣货效率与评价

1. 影响拣货效率的关键因素

1）订单物流量的波动

配送中心的订单量受消费者习惯和其他因素的影响波动很大。其中有周波动、月波动、季节波动和节假日的波动等几种。在周波动中，通常是星期一和星期五的物流量大，因为星期五要为星期六、日的商品销售做准备，所以订单的物流量比较大；而星期一是为了补足星期六、日卖掉的商品，因此订单物流量也比较大；另外月初月末的波动及季节和节假日的波动也非常大。物流作业受剧烈波动的影响，使物流作业效率受到影响。例如，在安排拣货人力时，以高峰期的量安排人力时，则低峰时人力就会过剩；如果以低峰期的量来安排人力，则高峰时人力就会严重不足。因此如何使拣货效率提高，最重要的就是如何使订单物流量平衡。也就是如何把波动前推或者后延，避免高峰期集中；如果订单物流量的波动无法有效地平衡，再来考虑拣货人员的安排。

2）拣货作业人员

由于物流作业的比例非常高，所以拣货作业效率的高低对配送中心的影响很大，当订单物流量的波动大且无法有效掌握时，就只有依靠可以有效掌握的拣货人员。拣货作业人员大致上可以分成临时作业员、正职作业员和驾驶人员三种。

（1）临时作业员。物流的作业量高低起伏太大即高低峰期订单数量差异太大时，最适合临时作业的拣货人员；但临时作业拣货人员对仓库不熟，因此仓库的拣货必须要有标准作业流程，也就是要达到任何人来拣货都不会出现错误，而且能维持一定的生产力水平。

（2）正职作业员。高低峰期订单数量差异太大时，如果以高峰期的量安排人力，则低峰时人力就会过剩；如果以低峰期的量来安排人力，则高峰时人力就会不足；因此最好考虑低于平均量的人力，不足的人力再用临时人员搭配补足。

（3）驾驶人员。因为驾驶人员的薪水太高且对仓库的储位不熟，所以拣货效率不佳，另外驾驶人员在拣货时卡车处于等待中，无法使车辆达到最佳的运转状态。因此拣货效率无法发挥，同时成本太高，是目前物流拣货中最差的一种。

3）物流信息

在拣货效率的关键因素中影响最大的就是物流信息系统，因为物流信息系统是物流的中枢神经，信息系统健全与否对拣货效率影响非常大。所以不论哪种拣货方式，都必须依靠信息系统的支持才能完成，如拣货单拣货的储位指示、计算机辅助拣货系统的拣货作业及无线通信拣货作业等，都是物流系统的信息功能项目。甚至储位管理、补货作业及库存管理都需要采用计算机信息系统处理。

2. 拣货效率的评估指标

由前面可知，拣货作业在配送中心是最为重要的环节，由此可见拣货效率也就是配送中心的效率，因此评估拣货效率是一项非常重要的工作。一般评估拣货效率的方式有拣货生产力、拣货错误率、拣货缺货率等几种。

（1）拣货生产力。拣货生产力是指 1 人工小时的拣货件数（箱数或笔数），每一种拣货的生产力都不同，即使相同的拣货系统，也会因作业人员或管理人员不同，造成生产力也不同。生产力越高越好。

（2）拣货错误率。拣货错误率是指拣货错误件数与拣货总件数之比，每一种拣货的错误率都不一样，即使相同的拣货系统，也会因作业人员或管理人员不同，拣货错误率也不同。拣货错误率越低越好。

（3）拣货缺货率。拣货缺货率是指拣货缺货品项数与拣货总品项数之比，缺货率也是越低越好。

3. 拣货效率化的原则

（1）不要等待——零空闲；

（2）不要拿取——零搬运；

（3）不要步行——缩短动线距离，动管保管分开；

（4）不要考虑——零判断；

（5）不要寻找——储位管理；

（6）不要书写——无纸化；

（7）不要检查——零错误。

如果能做到以上 7 项原则，则物流拣货作业效率可以大幅提高。

第 4 章 配送中心拣货作业系统布置设计

4.1 基于 SLP 思想的拣货系统布置设计

缪瑟的系统布置设计（SLP）是一种最早应用于工厂设计的系统布置设计方法，具有很强的条理性，是一种把物流分析与作业单元关系的密切程度分析相结合、求得合理布置的技术。该方法提出了作业单位相互关系的等级表示法，使设施布置由定性阶段发展到定量阶段。在 SLP 方法中，将产品 P、产量 Q、生产路线 R、辅助服务部门 S 及生产时间安排 T 作为布置设计工作的基本要素进行分析，然后通过对布局进行物流分析，确定物料在设施间的物流路线和物流强度，并以物流强度作为设施优化布局的评价依据。

拣货系统中，相应的 P、Q、R、S、T 应考虑的是 P——配送中心经营的商品；Q——一定时期内产品出入库的数量；R——相当于各拣货区、集中分类区、包装区之间的物流线路，如图 4-1；S——收发货区域、服务区域、洗手间等；T——拣货作业时间和补货作业时间等。

进行布置设计之前，需要先对 P、Q、R、S 和 T 进行资料的收集整理，并对各作业单元进行物流关系和非物流关系分析（包括员工接触、使用同一设备、使用公共记录、同一员工负责等），得出各作业单元之间的关联强度。作业单元之间相互关系密切程度用 A、E、I、O、U 来表示。A 为绝对重要、E 为特别重要、I 为重要、O 为一般、U 为不重要，在评价择优量化过程中 A、E、I、O、U 的取值分别为 4、3、2、1、0。关联强度的量化过程，可以采用加权求和等方法，很多文献均有涉及，这里不再赘述。关联强度等级确定后，经典的 SLP 方法通常是采用试错法初步生成线型关系图，再将面积约束加入后，由线型关系图生成空间关系图。这种方法要经过多次尝试，而且定量性不强。文献[121]介绍了一种关系表方法，布置可以按照一定的逻辑关系进行，但其本质上仍然是一种定性方法。本书提出的单元位置模型及布置算法在确定作业单元相互位置相关图时，可以实现完全量化。

4.1.1 拣货系统的功能区域

拣货系统的功能区域基本上是根据拣货单位来划分的，拣货单位可以划分为托盘、箱和单品。拣货单位是根据订单分析出的结果来做决定的，如果订货的最小单位是箱，则以箱为拣货单位；如果订货的最小单位是单品，则以单品为拣货单位；如果订货的单位既有箱，又有单品，则配送中心的拣货单位也必须有两种，设计上必须针对每种情况作分区的考虑。拣货系统的功能区域及物流路线架构如图 4-1 所示。

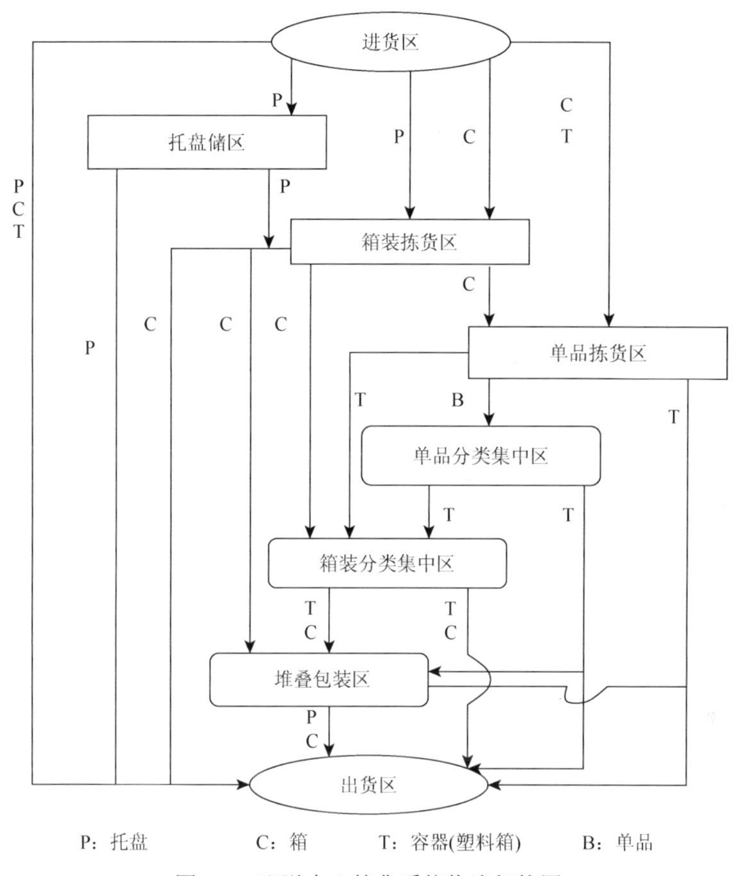

图 4-1　配送中心拣货系统物流架构图

4.1.2　作业单元位置模型

模型假设：每个作业单元都被看作一个单位圆，不考虑形状和大小。以每个作业单元 i 为中心，存在边长为 $2l(l=1, 2, 3, 4, 5)$个单位长度的 5 个正方形，记作 Eil。其他作业单元 k 只能布置于正方形的 8 个位置上，如图 4-2 所示。

如果将作业单元 k 临近 i 作业单元布置，令 l=5−rik（rik 为作业单元间的关联强度等级值，根据关联强度的强弱，通常取 0、1、2、3、4），则作业单元 k 的

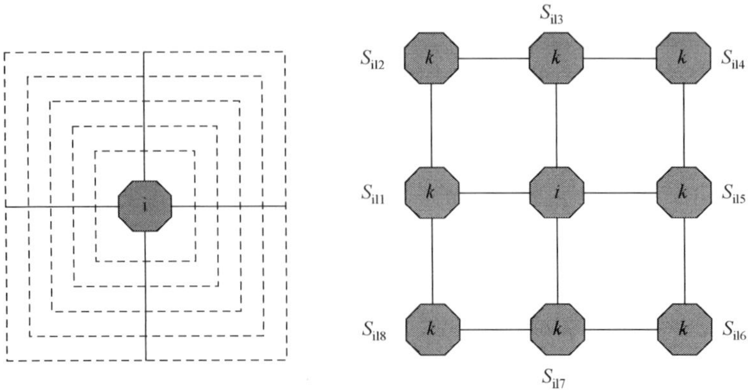

图 4-2　作业单元位置模型

可布置位置为正方形 E_{il} 上的 8 个位置，记作 S_{ilt}（t=1, 2, ⋯, 8）。如果将作业单元 k 布置到 S_{ilt} 的位置，则令 S_{ilt}=1（表示该位置已被占用），否则 S_{ilt}=0。

临近作业单元 i 的每个可布置位置的坐标计算如下：

$$X_{ilt}=Lx\ (i,l,t)=\begin{cases}X_i-l & ；\ 当t=1,2,8\\ X_i & ；\ 当t=3,7\\ X_i+l & ；\ 当t=4,5,6\end{cases}\qquad Y_{ilt}=Ly(i,l,t)=\begin{cases}Y_i-l; & 当t=6,7,8\\ Y_i & ；\ 当t=1,5\\ Y_i+l; & 当t=2,3,4\end{cases}$$

其中，X_{ilt} 表示以作业单元 i 为中心的正方形 E_{il} 上的 S_{ilt} 位置的横坐标；Y_{ilt} 表示以作业单元 i 为中心的正方形 E_{il} 上的 S_{ilt} 位置的纵坐标。

4.1.3　作业单元布置算法

算法原理：从未布置单元集合 $R_u=\{u_1,u_2,\cdots,u_{n-m}\}$ 中取出单元 k，并从已布置单元集合 $R_a=\{a_1,a_2,\cdots,a_m\}$ 中取出与单元 k 关联最强和次强的单元 p*和 q*。单元 k 临近 p*布置最多有 8 个可选位置，从这 8 个位置中选取一个离作业单元 q*距离最近的位置作为作业单元 k 的最佳布置位置，同时 p*上的该位置做已占用标记，具体算法流程如图 4-3。图中初始值 $D_{\min}$=M（M 为任意大的正数），$S_{p^*lt^*}$ 的位置坐标：$X_{p^*lt}=Lx(p^*,l,t)$，$Y_{p^*lt}=Ly(p^*,l,t)$；$D(p^*,l,t,q^*)=|X_{p^*lt}-X_{q^*}|+|Y_{p^*lt}-Y_{q^*}|$。

4.1.4　布置方案评价函数

减少搬运次数和成本最小化是拣货系统布置的重要目标，而物料搬运和行走是拣货作业中的主要操作，并占用配送中心物流成本的绝大部分。这里将以此为目标作为衡量方案优劣的主要因素。

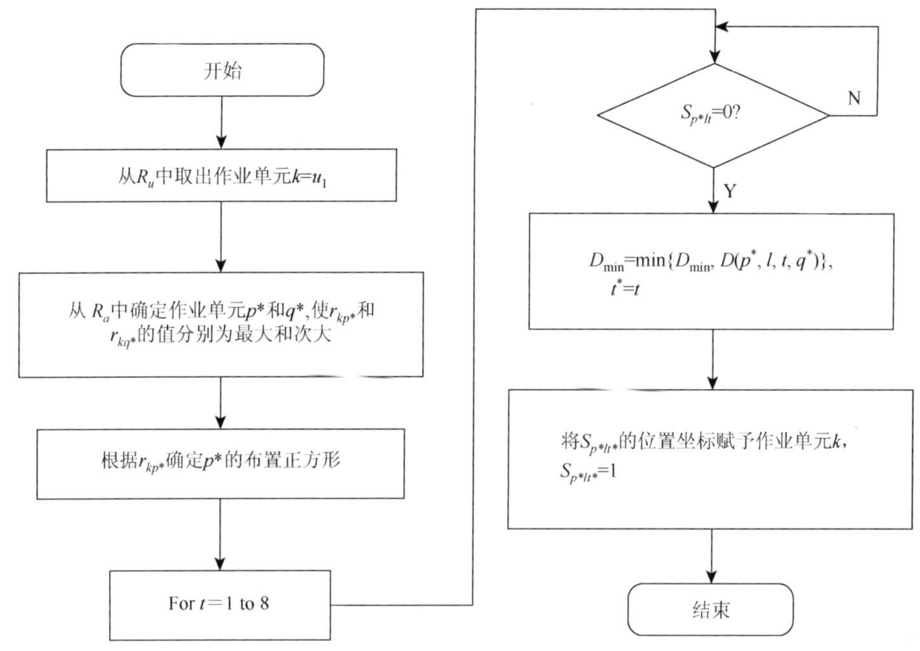

图 4-3　作业单元布置算法流程图

定义：物流强度是指货物的重量与该货物被搬运距离的乘积，即$W=QD$。

物流强度随着搬运量的增加和搬运距离的增加而递增，这与物流搬运成本和搬运量、搬运距离的关系是一致的。因此可简单用物流强度来描述物流搬运成本。对于配送中心而言，可能同时存在多条流程，每条流程的流量和所经过的路径不尽相同。设Q_i表示第i个流程的流量，D_{jk}表示区域j和区域k间的作业距离。

$$a_{ijk}=\begin{cases}1, & \text{第}i\text{个流程中区域}\ j\text{和区域}k\text{之间存在物料流动}\\ 0, & \text{第}i\text{个流程中区域}\ j\text{和区域}k\text{之间不存在物料流动}\end{cases}$$

则拣货系统的物流强度为$W=\sum_i\sum_j\sum_k Q_i D_{jk} a_{ijk}$。

物流强度W小，表示物流搬运费用较低，对应的布置方案较优。

4.1.5　SLP 坐标系

从作业单元布置算法可以看出，任一单元k临近单元i布置都是以某一单位长度作为基本单位尺寸进行布置的，最远为 5 个基本单位尺寸。这就需要根据绘图区的尺寸范围确定基本单位尺寸，将绘图区绘制成合适大小的网格图，只有这样，作业单元才可以运用作业单元布置算法在该图纸内进行布置。这种绘制网格的坐标系称为 SLP 坐标系，如图 4-4 所示。

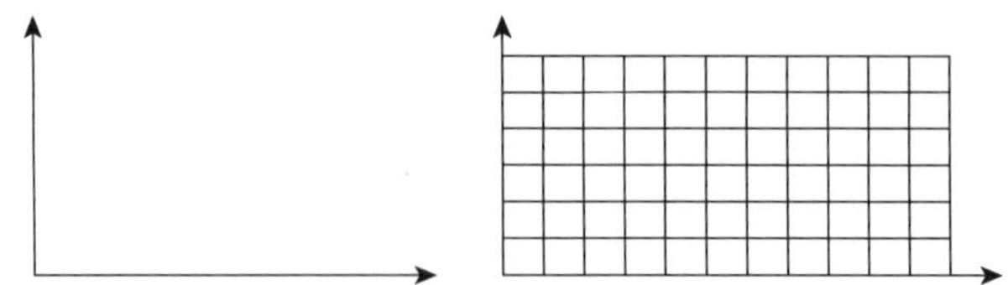

图 4-4　物理坐标系与 SLP 坐标系

将直角坐标系转换为 SLP 坐标系的关键是确定基本单位尺寸，记作 Net_Unit。如果 Net_Unit 值太小，则图纸上的可布置空间太大，可能所有的作业单元都布置到某一集中区域，不能充分利用图纸；如果 Net_Unit 值太大，则网格数目太少，许多作业单元可能都布置到图纸的外面，不利于设计人员进行设计。

基于上述考虑，用以下方法确定 Net_Unit 值。

设图纸宽度为 R_Width，图纸长度为 R_Height。

IF R_Width＜R_Height，Net_Unit=R_Width/10；

ELSE Net_Unit=R_Height/10。

则相应的 SLP 坐标系下：图纸宽度 Net_Width=R_Width/Net_Unit；图纸长度 Net_Height=R_Height/Net_ Unit。

通过该方法设置，图纸至少在一个方向上的网格长度为 10。也就是，即使在极端的情况下，作业单元也可以在该方向上具有布置的位置，并在该方向上充满图纸 50%。

4.1.6　拣货系统布置算法

拣货系统布置算法的已知条件包括进出货区的位置、所有功能区域（相当于作业单元）间的关联强度以及每个作业单元的形状和尺寸，其目标是使总的物流强度最低。根据 SLP 的原理，使关联强度高的区域尽可能靠近。

假设每个作业单元的位置由其中心坐标表示，先将图纸的厂区坐标系转换为相应的 SLP 坐标系，再将进货区和出货区的物理坐标转换为 SLP 坐标。进货区的 SLP 坐标为 $(\text{Net}\_X_{\text{I}},\text{Net}\_Y_{\text{I}})$，出货区的 SLP 坐标为 $(\text{Net}\_X_{\text{O}},\text{Net}\_Y_{\text{O}})$。这里

$\text{Net}\_X_{\text{I}}=X_{\text{I}}/\text{Net}\_\text{Unit}$，　$\text{Net}\_Y_{\text{I}}=Y_{\text{I}}/\text{Net}\_\text{Unit}$，

$\text{Net}\_X_{\text{O}}=X_{\text{O}}/\text{Net}\_\text{Unit}$，　$\text{Net}\_Y_{\text{O}}=Y_{\text{O}}/\text{Net}\_\text{Unit}$；

综合关联强度（threshold closeness rating）$\text{TCR}_i=\sum_{j=1}^{n} r_{ij}$ $(i=1, 2, \cdots, n-2)$。算法流程如图 4-5。

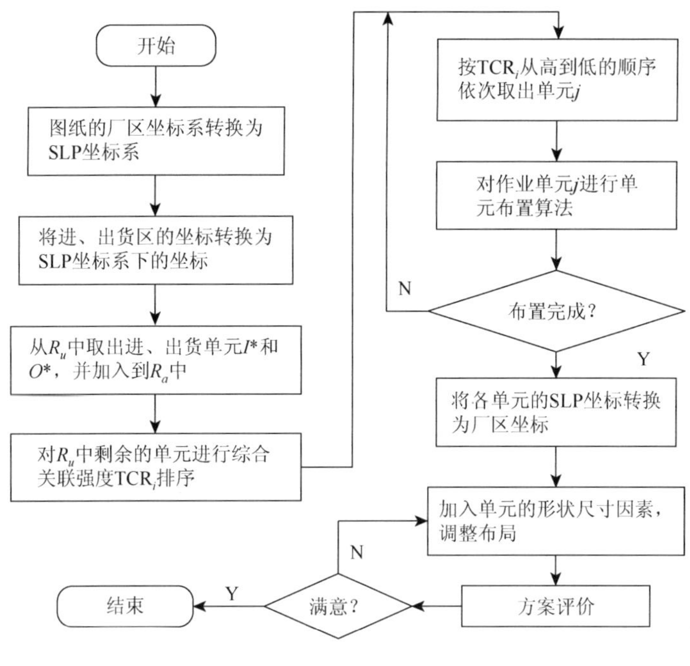

图 4-5　拣货系统布置算法流程

4.2　人至物拣货系统布局优化

前面已经谈到，最小化拣货运作时间是所有拣货系统追求的目标，而这个目标可以通过多种方式来实现。在既定的仓库布置条件下，可以通过采取优化拣货路径、订单分批拣取及适当的存储策略等来缩短拣货时间，提高拣货效率。但拣货系统本身的布置优劣也是影响拣货效率的一个至关重要的因素，所不同的是，前者属于运作层面，而后者属于设计层面。优劣不同的系统布置，在施工费用上可能相差无几，但对日后运营的影响会有很大不同。不符合物流系统设计原则的设施布置，实际搬运费与有效搬运费的比值有时甚至高达 332%[122]。因此初期规划与布置阶段，应作全盘的考虑与规划，以期发挥拣货系统的最大效能。基于这一点，本书在给定某些运作策略的条件下，低层人至物拣货系统的结构与布局问题，以帮助设计人员在设计过程中将拣货效率纳入考虑范围内，来提高拣货系统的柔性。

4.2.1　拣货系统及运作假设

考虑低层人至物水平行走拣货系统。拣货员步行或驾车至拣货区，从储位上取出所需要的产品。拣货员及小车能在巷道内从两个相反的反向行走，货品存放在巷道两侧的货架上。相关假设如下。

（1）拣货区由一系列确定的矩形货架组成（图 4-6），每个货架至少存储一种以上类型的产品。

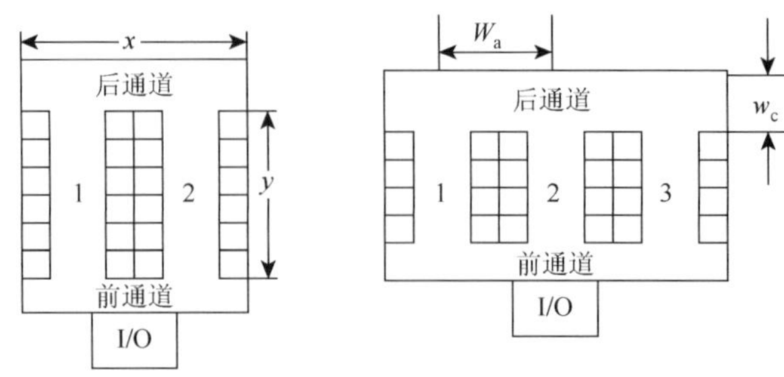

图 4-6　拣货区不同布局结构示意图

（2）最大货位高度小于 2 米[54]，拣货员不需要借助任何工具就能取出货架上任意位置的产品。

（3）忽略货架高度引起的垂直方向上的附加时间。

（4）窄巷道拣货系统，即拣货员能同时拣取两侧货架上的品项，而不需要从一侧货架转向另一侧货架的附加时间。

（5）一个拣货单相当于一个订单（订单别拣取）或一批订单（批量拣取）。

（6）被拣品之间不存在需求相关性，也就是一个产品在订单中出现的概率不受订单中其他产品的影响。

4.2.2　拣货区布局模型

1. 符号说明

n 为巷道数，取整数；

m 为每条路径上拣取的品项数，取整数；

y 为每条巷道中货架面的长度，考虑到 y 取值的实际意义，令 $y \geqslant 1$；

L 为巷道的总长度，即货架面总长度；

w_a 为两个相邻巷道中心线之间的距离；

w_c 为横向通道的宽度；

d 为出入口的位置，$1 \leqslant d \leqslant n$。

出入口位置位于前横向通道中，巷道 1 与巷道 n 之间的任意位置。如 d=2 表示出入口位于第 2 巷道与前通道的交汇处，d=1.5 表示出入口位于巷道 1 与巷道 2 之间。

2. 布置模型

拣货作业时间由以下三部分组成[55, 123]：①从起点到第一个被拣品的行走时间、各个被拣品项之间的移动时间及最后一个被拣品到终点的时间，可以视为在存储通道及横向通道内行走时间的总和。②在存储位置点的处理时间，如寻找货物，取出货物及文档处理的时间。③在路径起点和终点的管理时间，管理和启动任务的时间，如取得和存放拣取设备（小车、卷形笼等）的时间、取得拣货单的时间等。假设管理和处理时间与储位策略和路径策略无关，行走时间是行走距离的单调增函数，那么最小化拣货时间的目标就等同于最小化拣货距离[61, 86, 92, 124]。这里以最小化平均行走距离为目标建立拣货区的布局模型。

$D_m^X(n,y,d)$ 表示在既定路径策略 X 下，在具有 n 个长度为 y 的巷道、出入口位于位置 d 的拣货区中，拣取 m 个品项的平均行走距离。布置模型如下：

$$
\begin{aligned}
& Z=\min D_m^X(n,y,d) \\
& 2y\times n=L \\
& n\geqslant 1 \text{并取整数} \\
& y\geqslant 1 \\
& 1\leqslant d\leqslant n
\end{aligned}
$$

模型要求在已知货架总长度 L 的情况下，确定拣货区设置多少个巷道 n、每个巷道的长度 y 是多少，及出入口位于何处时，在既定路径策略下，拣取 m 个品项时，行走的平均距离最短。

4.2.3 平均期望行走距离分析

1. 随机存储策略下的平均行走距离

随机分布策略，除了自身的许多优点（如空间利用率高、灵活性强等），还是其他存储策略进行改进的标杆，另外，随机存储在实际中也应用较多，当市场变化快，无法获得产品统计上的需求频率时，只能采用随机储放策略。此处先对随机存储策略下的行走距离进行分析，在此基础上再对其他策略下的行走距离进行分析。

设 D_c 表示图 2-6 中在前后通道中沿 x 方向行走的距离，D_a 表示沿存储货架 y 方向行走的距离，存储区的面积 $A=xy$，$r=y/x$ 称为仓库的形状因子。由于起点和终点在同一位置，所以无论采取哪种路径策略，在 x 方向上的行走距离都只与被拣品分布的巷道数有关，其表达式可以统一表示为[123]

$$
E[D_c]=w_a\left[n-1-2\sum_{i=1}^{n-1}\left(\frac{i}{n}\right)^m\right]+w_a\sum_{i=1}^{n}\left\{\left(|i-d|+|i-n+d-1|\right)\times\left[\left(\frac{i}{n}\right)^m-\left(\frac{i-1}{n}\right)^m\right]\right\}
$$

沿 y 方向的拣货巷道中的行走距离与路径策略有关，用符号 $E[D_a^X]$ 表示，这里 X 代表相应的路径策略。至此，拣货员在拣货区中的平均期望行走距离可以用与路径策略有关的 $E[D_a^X]$ 和与路径策略无关的 $E\left[D_c\right]$ 两部分来表达，即 $D_m^X(n,y,d)=E[D_a^X]+E\left[D_c\right]$。

下面，根据不同的路径策略分别确定 $E[D_a^X]$ 的表达式。

1）穿越策略

由于货品在仓库中是随机分布的，则至少包含一个被拣品的期望巷道数[54, 123, 125]为 $E\left[A\right]=n\left[1-\left(\frac{n-1}{n}\right)^m\right]$，这样，在拣货巷道中的行走距离可以表示为[123]：$E[D_a^{\mathrm{T}}]=(y+w_c)E[A]+C$。这里 C 是考虑到拣取最后一个巷道中的品项后返回终点时的额外行走距离。实际上，按穿越策略的行走规则，当实际访问巷道数为偶数时，C=0；只有当实际访问巷道数为奇数时，才会产生额外的行走距离。文献[124]对这个问题进行了近似处理，将 C 的取值定为 0.5y，并忽略常数 w_c。这样，在穿越路径策略下，拣货巷道中的行走距离可以近似地表示为

$$E[D_a^{\mathrm{T}}]=yn\left[1-\left(\frac{n-1}{n}\right)^m\right]+0.5y \tag{4-1}$$

而文献[123]则对 C 给出了比较精确的表达式，当实际访问巷道数 g 为奇数时，

$$C=\sum_{g\in G}\left\{\binom{n}{g}\left(\frac{g}{n}\right)^m X\left[2y\left(\frac{(m/g)}{(m/g)+1}\right)-y\right]\right\}$$

其中，$$X=1-\sum_{i=1}^{g-1}(-1)^{i+1}\binom{g}{g-i}\left(\frac{g-i}{g}\right)^m$$

$$G=\left\{g\,\middle|\,1\leqslant g\leqslant n,\ g\leqslant m\text{且}g\text{为奇数}\right\}$$

在具体的设计过程中，设计者可根据实际情况和所具备的设计条件，灵活选用近似计算或精确计算。

2）中点策略

当各巷道中被拣品的品项数不超过 1 时，往往采用中点策略来代替穿越策略。根据文献[124]，拣货巷道中的行走距离可以较精确地表示为

$$E[D_a^M]=2n(y+w_c)\sum_{i=1}^{m}\binom{m}{i}\left(\frac{1}{n}\right)^i\left(\frac{2n-1}{2n}\right)^{m-1}\left(\frac{i}{i+1}\right)$$

3）最大间隙策略

文献[124]将最大间隙策略下，拣货巷道中的行走距离表示为 $E[D_a^G]=n(y+w_c)\cdot$

$\sum_{i=0}^{m}\left[\binom{m}{i}\left(\frac{1}{n}\right)^{i}\left(\frac{n-1}{n}\right)^{m-1}D_{i}\right]$，这里 D_i 表示 i 个品项随机分布在一条拣货路线上的期望行走距离因子。但由于没有考虑第一个访问巷道和最后一个访问巷道总是需要全部穿越，文献[123]对此作了改进，将问题分为两种情况：①所有要拣取的品项都集中在一个巷道中；②所有要拣取的品项分布在两个以上巷道中。第一种情况下巷道内的平均行走距离可以简单地表示为 $E[D_a^G(A=1)]=2y\dfrac{m}{m+1}+w_c$。第二种情况出现的概率为 $1-\left(\dfrac{1}{n}\right)^{m-1}$，所以其期望拣取巷道数为

$$E[A|A\geqslant 2]=\frac{E[A]-(1/n)^{m-1}}{1-(1/n)^{m-1}}=\frac{n\left[1-\left(\frac{n-1}{n}\right)^{m}\right]-(1/n)^{m-1}}{1-(1/n)^{m-1}}$$

参照文献[124]的方法，将两种情况下的期望行走距离与其对应的概率相乘，并考虑第一个访问巷道和最后一个访问巷道需要全部穿越，最终得出最大间隙策略下，拣货巷道中的行走距离公式如下：

$$\begin{aligned}E[D_a^G]=&\left(\frac{1}{n}\right)^{m-1}\left[2y\left(\frac{m}{m+1}\right)+w_c\right]+\left[1-\left(\frac{1}{n}\right)^{m-1}\right]\times 2(y+w_c)\\&+\left(\frac{1-(1/n)^{m-1}}{1-\left(\frac{n-1}{n}\right)^{m}}\right)(E[A|A\geqslant 2]-2)\times\sum_{i=1}^{m}\binom{m}{i}\left(\frac{1}{n}\right)^{i}\left(\frac{n-1}{n}\right)^{m-1}(yD_i+w_cE_i)\end{aligned}$$

式中，D_i 的含义同上，E_i（$1\leqslant E_i\leqslant 2$）为一个巷道被访问次数的仿真估算值。文献[60]对 i=1, 2, ⋯, 50，给出了重复一百万次仿真得出的 D_i 和 E_i 的值，如表 4-1，具体计算时，可以查阅。

2. 分类存储策略下的平均行走距离

文献[123]证明，在随机存储策略下，$d=(n+1)/2$，即出入口位于前通道的中间位置时，平均期望行走距离最短。基于这个结论，在分类存储策略下，假设布置模型中出入口位置确定，位于前通道的中间位置，为便于分析，其巷道编号左右对称，如图 4-7。针对不同的分类布置情况，分别采用不同的路径策略求其平均期望行走距离。

表 4-1　D_i 与 E_i 取值表

i	D_i	E_i	i	D_i	E_i	i	D_i	E_i
1	0.500	1.000	18	1.627	1.895	35	1.768	1.944
2	0.778	1.333	19	1.640	1.900	36	1.773	1.946
3	0.958	1.500	20	1.653	1.905	37	1.777	1.947
4	1.087	1.600	21	1.665	1.909	38	1.782	1.949
5	1.183	1.667	22	1.675	1.913	39	1.786	1.950
6	1.259	1.715	23	1.685	1.917	40	1.790	1.951
7	1.321	1.750	24	1.695	1.920	41	1.794	1.952
8	1.371	1.778	25	1.703	1.923	42	1.798	1.954
9	1.414	1.800	26	1.712	1.926	43	1.801	1.955
10	1.451	1.818	27	1.719	1.929	44	1.805	1.956
11	1.483	1.833	28	1.727	1.931	45	1.808	1.956
12	1.511	1.846	29	1.734	1.933	46	1.811	1.957
13	1.535	1.857	30	1.740	1.936	47	1.814	1.958
14	1.558	1.867	31	1.746	1.937	48	1.817	1.959
15	1.577	1.875	32	1.752	1.939	49	1.820	1.960
16	1.595	1.883	33	1.758	1.941	50	1.823	1.961
17	1.612	1.889	34	1.763	1.943			

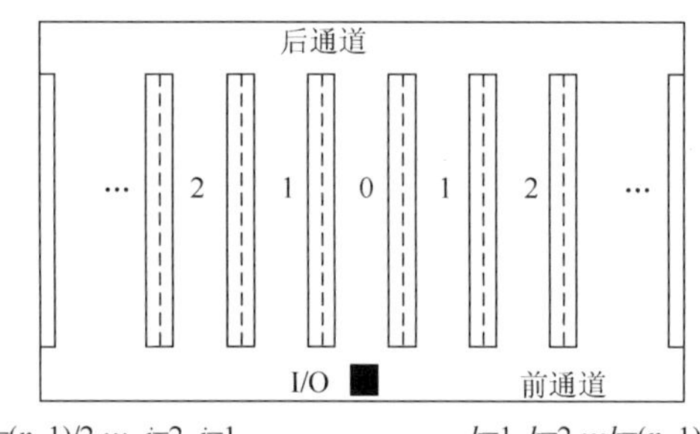

图 4-7　巷道数为奇数时的巷道编号方法

按 COI 原则对货品进行排序，将 COI 值低的货品靠近出入口存放，是分类存储中常用的方法。基于 COI 原则的 *ABC* 分类存储曲线可以用函数表示如下[54, 125]：

$$F(x)=\frac{(1+s)x}{s+x},\quad 0\leqslant x\leqslant 1, F(x)\geqslant 0, s\geqslant 0\text{且}s+x\neq 0$$

式中，x 表示需要的储位空间与总储位空间的比值，s 是形状因子，表示曲线的偏斜程度。s 取值越大，*ABC* 曲线越平缓，如对 COI 存储原则下的 50/20、60/20、70/20、80/20*ABC* 曲线，s 的取值分别为 0.33、0.20、0.12 和 0.07。

对基于 COI 原则的 *ABC* 分类存储，在储位布置上有多种模式可以实现。图 4-7 就是几种常见的分布模式。而对路径策略而言，要缩短平均行走距离，采用穿越策略就表示要减少访问的巷道数，因此若与巷道内分布模式匹配，则可以达到此目的；而采用返回策略，要缩短平均行走距离，应使被拣品距离进入巷道的位置尽可能短，较适合跨巷道分布模式。下面针对这两种匹配方式分别分析其期望行走距离。

1）跨巷道模式的返回策略

拣货过程期望行走的总距离由在拣货巷道中的行走距离和在前后通道中的行走距离两部分组成。在跨巷道存储模式下，每个拣货巷道具有相同的访问频率，每个巷道中基于 COI 的 *ABC* 曲线相同。因此，其期望拣取巷道数与随机存储策略下的相同，为 $E[A]=n\left[1-\left(\frac{n-1}{n}\right)^m\right]$。这样，每个巷道的期望拣取数是 $q=\frac{m}{E[A]}$。返回部分的距离取决于巷道中离前通道最远的品项位置，这 q 个品项可以当作按 $F(x)$分布的随机变量，所以一个巷道中最远拣取位置的期望值占巷道长度的比例 $R(q)$可以表示为[54]

$$R(q)=\int_0^1\frac{\mathrm{d}F^q(x)}{\mathrm{d}x}\cdot x\cdot\mathrm{d}x=\int_0^1 q\left[\frac{(1+s)x}{s+x}\right]^{q-1}\cdot\frac{(1+s)s}{(s+x)^2}\cdot x\cdot\mathrm{d}x$$

$$E[D_a^R]=E[A]\left[w_c+2lR(q)\right] \tag{4-2}$$

横向通道中的的行走距离分巷道数为奇数和偶数两种情况考虑。巷道数为奇数时的巷道编号如图 4-7 所示。如果被拣的所有品项均分布在 I/O 的左侧或右侧，则第 k 巷道为最右或最左的概率为 $\left(\frac{k+1}{n}\right)^m-\left(\frac{k}{n}\right)^m$，横向通道中的总行走距离为 $2kw_a$，这两种情况下，横向通道中的期望行走距离可以表示为 $2\sum_{k=1}^{(n-1)/2}2kw_a\cdot\left[\left(\frac{k+1}{n}\right)^m-\left(\frac{k}{n}\right)^m\right]$。

如果被拣的所有品项均分布在 I/O 的两侧 j 巷道和 k 巷道之间，则横向通道的行走距离变为$(2j+2k)w_a$；又当所有品项位于 j 巷道和 k 巷道之间，且 j 巷道和 k 巷道中至少有一个被拣品的概率为

$$\left(\frac{j+k+1}{n}\right)^m-2\left(\frac{j+k}{n}\right)^m-\left(\frac{j+k-1}{n}\right)^m$$

则横向通道中的期望行走距离可以表示为

$$\sum_{j=1}^{(n-1)/2}\sum_{k=1}^{(n-1)/2}(2j+2k)w_a\frac{(j+k+1)^m-2(j+k)^m+(j+k-1)^m}{n^m}$$

这样，当巷道数为奇数时，横向通道的期望行走距离就是上述两项之和，即为

$$\begin{aligned}E[D_c^R]=&2\sum_{k=1}^{(n-1)/2}2kw_a\left[\left(\frac{k+1}{n}\right)^m-\left(\frac{k}{n}\right)^m\right]\\&+\sum_{j=1}^{(n-1)/2}\sum_{k=1}^{(n-1)/2}(2j+2k)w_a\frac{(j+k+1)^m-2(j+k)^m+(j+k-1)^m}{n^m}\end{aligned}\tag{4-3}$$

同理，可得巷道为偶数时，横向通道中的期望行走距离为

$$\begin{aligned}E[D_c^R]=&2\sum_{k=1}^{n/2}(2k-1)w_a\left[\left(\frac{k}{n}\right)^m-\left(\frac{k-1}{n}\right)^m\right]\\&+\sum_{j=1}^{n/2}\sum_{k=1}^{n/2}(2j+2k-2)w_a\frac{(j+k)^m-2(j+k-1)^m+(j+k-2)^m}{n^m}\end{aligned}\tag{4-4}$$

至此，跨巷道分类存储模式下，返回路径策略下的期望行走距离可以由式（4-2）+式（4-3）和式（4-2）+式（4-4）完全确定。

2）巷道内模式的穿越策略[125]

巷道内分类存储模式下，I/O 左右两侧的存储区中产品的分布是对称的，处于对称位置的两个巷道，由 $F(x)$确定的具有一个拣取位置的概率是相同的。区分巷道数的奇偶，当 n 为奇数时，一个巷道 k 中具有一个拣取品的概率为

$$P_k=\begin{cases}F(1/n),\ k=0\\ \dfrac{1}{2}\left[F\left(\dfrac{2k+1}{n}\right)-F\left(\dfrac{2k-1}{n}\right)\right],k=1,\cdots,(n-1)/2\end{cases}$$

对巷道 j，在与巷道 k 对称的巷道中，具有相同的概率。

当 n 为偶数时，巷道 k 中具有一个拣取品的概率表达式为

$$P_k=\frac{1}{2}\left[F\left(\frac{2k}{n}\right)-F\left(\frac{2k-2}{n}\right)\right],k=1,\cdots,n/2$$

显然，巷道中没有被拣品的概率为 $(1-P_k)^m$。因此，巷道中至少有一个被拣品，拣货员必须穿越这些巷道的概率为 $1-(1-P_k)^m$。知道不同情况下的概率，就可以求出拣货巷道中的期望行走距离。

在横向通道中的行走距离，同样考虑被拣品分布在 I/O 同侧和异侧两种情况，采用和上述相同的分析方法得

（1）被拣品位于 I/O 同侧

$$E[D_c^{\mathrm{T}}]=\begin{cases}2\sum_{k=1}^{(n-1)/2}2kw_a\left\{\left[\frac{1}{2}F\left(\frac{1}{n}\right)+\frac{1}{2}F\left(\frac{2k+1}{n}\right)\right]^m-\left[\frac{1}{2}F\left(\frac{1}{n}\right)+\frac{1}{2}F\left(\frac{2k-1}{n}\right)\right]^m\right\}, n\text{为奇数}\\ 2\sum_{k=1}^{n/2}(2k-1)w_a\left\{\left[\frac{1}{2}F\left(\frac{2k}{n}\right)^m-\frac{1}{2}F\left(\frac{2k-2}{n}\right)\right]^m\right\}, n\text{为偶数}\end{cases} \tag{4-5}$$

$$E[D_a^{\mathrm{T}}]=\begin{cases}(y+w_c)\left\{1-\left[1-F\left(\frac{1}{n}\right)\right]^m+2\sum_{k=1}^{(n-1)/2}\left\{1-\left\{1-\frac{1}{2}\left[F\left(\frac{2k+1}{n}\right)-F\left(\frac{2k-1}{n}\right)\right]\right\}^m\right\}\right\}, n\text{为奇数}\\ 2(y+w_c)\sum_{k=1}^{n/2}\left\{1-\left\{1-\frac{1}{2}\left[F\left(\frac{2k}{n}\right)-F\left(\frac{2k-2}{n}\right)\right]\right\}^m\right\}, n\text{为偶数}\end{cases} \tag{4-6}$$

（2）被拣品位于 I/O 异侧

$$E[D_c^{\mathrm{T}}]=\begin{cases}2\sum_{j=1}^{(n-1)/2}\sum_{k=1}^{(n-1)/2}2(j+k)w_a\left\{\left[\frac{1}{2}F\left(\frac{2k+1}{n}\right)+\frac{1}{2}F\left(\frac{2j+1}{n}\right)\right]^m-\left[\frac{1}{2}F\left(\frac{2k-1}{n}\right)+\frac{1}{2}F\left(\frac{2j+1}{n}\right)\right]^m\right.\\ \quad\left.-\left[\frac{1}{2}F\left(\frac{2k+1}{n}\right)+\frac{1}{2}F\left(\frac{2j-1}{n}\right)\right]^m+\left[\frac{1}{2}F\left(\frac{2k-1}{n}\right)+\frac{1}{2}F\left(\frac{2j-1}{n}\right)\right]^m\right\}, n\text{为奇数}\\ 2\sum_{j=1}^{n/2}\sum_{k=1}^{n/2}2(j+k-1)w_a\left\{\left[\frac{1}{2}F\left(\frac{2j}{n}\right)+\frac{1}{2}F\left(\frac{2k}{n}\right)\right]^m-\left[\frac{1}{2}F\left(\frac{2j}{n}\right)+\frac{1}{2}F\left(\frac{2k-2}{n}\right)\right]^m\right.\\ \quad\left.-\left[\frac{1}{2}F\left(\frac{2j-2}{n}\right)+\frac{1}{2}F\left(\frac{2k}{n}\right)\right]^m+\left[\frac{1}{2}F\left(\frac{2j-2}{n}\right)+\frac{1}{2}F\left(\frac{2k-2}{n}\right)\right]^m\right\}, n\text{为偶数}\end{cases} \tag{4-7}$$

这样，巷道内分类存储模式下，采用穿越路径策略时的期望行走距离可以由式（4-5）+式（4-6）或式（4-5）+式（4-7）对应的奇偶数表达式来表达。

当 I/O 位于仓库的一个角时，可以看作被拣品分布在 I/O 一侧的情况，情形比 I/O 位于中间位置要简单一些，按照上述方法，很容易求出，这里不再赘述。

4.2.4　拣货区布局优化算例

根据不同的货架总长度，采用布置模型确定拣货区最好的布局结构。在货架总长度一定的情况下，随着巷道数的增加，则巷道长度将逐渐减少。这样每巷道中货架的长度 y 就等于货架总长度 L 与巷道数之比的 1/2。由于已经证明出入口位于前端通道正中间位置为最佳位置，所以算例将出入口位置设在前端通道的中间处。考虑最小路径长度下的巷道数量，就可以得到与行走距离有关的拣货区最佳布局。

由于最小路径长度与存储策略和路径策略有关，所以这里以随机存储策略下的穿越策略为例，对货架面总长 L 为 300 米、巷道中心距离 w_a=4 米的拣货区进行优化布置。出入口位于中间位置时，$d=(n+1)/2$，为简便起见，拣货巷道中的行走距离采用式（4-1）的近似计算公式。根据上面的假设，拣货行走距离可以简化为

$$
\begin{aligned}
&D_m^X(n,y,d)=E[D_a^X]+E\left[D_c\right]\\
&=yn\left[1-\left(\frac{n-1}{n}\right)^m\right]+0.5y\\
&\quad+w_a\left[n-1-2\sum_{i=1}^{n-1}\left(\frac{i}{n}\right)^m\right]+w_a\sum_{i=1}^{n}\left\{\left(|2i-n-1|\right)\times\left[\left(\frac{i}{n}\right)^m-\left(\frac{i-1}{n}\right)^m\right]\right\}
\end{aligned}
$$

这样，布置优化模型可以写为

$$
Z=\min\left\{\begin{aligned}&yn\left[1-\left(\frac{n-1}{n}\right)^m\right]+0.5y\\&+w_a\left[n-1-2\sum_{i=1}^{n-1}\left(\frac{i}{n}\right)^m\right]+w_a\sum_{i=1}^{n}\left\{\left(|2i-n-1|\right)\times\left[\left(\frac{i}{n}\right)^m-\left(\frac{i-1}{n}\right)^m\right]\right\}\end{aligned}\right\}
$$

$$2y\times n=L$$

$$1\leqslant n\leqslant L/2,\text{并取整数}$$

$$n=1\text{时，}E\left[D_c\right]=0\text{(目标函数在第二行的表达式)}$$

$$y\geqslant 1$$

布置模型为非线性函数，除要求巷道数 n 取整，目标函数中还出现了与变量有关的绝对值计算，且求和的上限中也出现了变量，这类模型目前利用 Matlab、Lingo 等权威软件也难以求解。但仔细分析后，可看出，第一个约束条件为整数，可以将因变量 y 直接用变量 n 代入目标函数，这时目标函数变成了只有一个变量的一元函数。由第二个约束条件可以看出，L=300 时，n 的取值为 1 至 150 之间的整数，模型的解空间很小，布局结构只有 150 种可能（巷道两边对称布置货架），即从一个巷道 150 米长到 150 个 1 米长的巷道。在解的数量较少的情况下，穷举算法是一种非常具有竞争力的算法，能得到确切的最优解。本书拣货区布局模型中，货架布局的巷道数并不很大，且取整数，属于离散问题，其解空间很小，穷举算法在输入相关数据后，在计算机上不到一秒就可以得出结果，穷举法的算法流程见附录 1。为保证计算结果的正确有效，先不考虑 n 的取整要求，并将求和中的上限变量进行取整处理，先将模型看作实数规划，调

用 METNABLE 中的有界标量非线性最小化程序求得实数解，再在实数解附近进行整数解搜索，求得的结果与穷举法结果一致，算法程序见附录 2。下面对计算结果进行具体分析。

当 L=300 米，w_a=4 米时，数值计算显示，拣货单大小 m=1～13 时，最优巷道数是 10，m=14 时，最优巷道数为 6，m 为 15 以上时，最优巷道数为 3。当改变货架总长和巷道中心距 w_a 时，最优巷道数的值域范围有所改变，但当拣货品项数达到一定值时（不同的 L 和 w_a 这个值不同，图 4-8 中为 15），最优巷道数都是 3。这里选择三档值域范围内具有代表性的拣货单进行比较分析，当拣货单大小 m 分别为 5、14、40 时的最佳巷道数分别为 10、6 和 3，如图 4-8。从大量的数据分析来看，一旦 m≥15，1 个巷道布置和 2 个巷道布置时的期望路径长度分别为 225 米和 195.5 米，为固定值，与拣货单的大小无关。当 m≥26 时，最小巷道所对应的期望拣货路径长度为 191 米，不再随 m 的变化而变化。当 L=300 米，w_a=3 米时，最优巷道数的分布有 6 种情况，如表 4-2。每档中任意选择一种拣货单绘制的巷道布置数与期望拣货路径长度关系如图 4-9。

表 4-2　L=300 米，w_a=3 米时的巷道数分布

拣货单大小 m	1	2～5	6～11	12～17	18～19	≥20
最优巷道数 n*	11	10	15	10	5	3

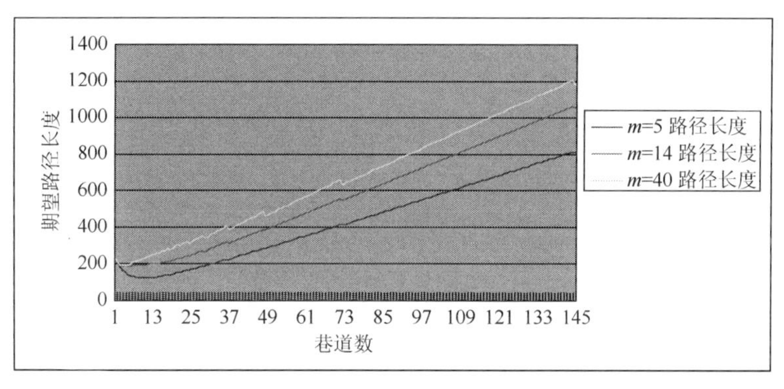

图 4-8　L=300，w_a=4 不同大小拣货单的巷道布置数与期望拣货路径长度关系图

由此可以得出结论：当货架总长度一定时，在窄巷道的拣货系统布置中，拣货单越小，最优巷道数越大；拣货单越大，最优巷道数越小。在巷道数相同的情况下，被拣品项数量越多，期望行走路径越长。当拣货单大小达到一定程度时，最佳巷道数的值不再变化。而在拣货单较大的系统布置中，随着拣货单中品项的增大，当巷道数较小时，巷道数－期望路径长度曲线会不同程度地出现跳跃或者

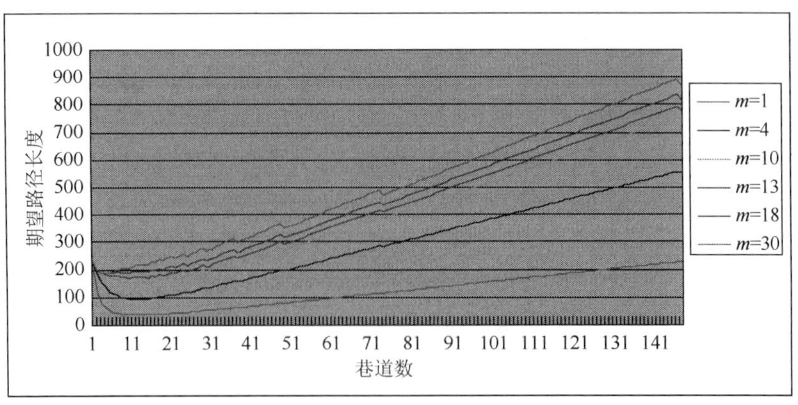

图 4-9　L=300，w_a=3 不同大小拣货单的巷道布置数与期望拣货路径长度关系图

波动现象。这种现象可以解释为：如果拣货区的巷道数为奇数，而所有的巷道都必须被访问，则最后一个被访问的巷道中存在一部分因需要返回出入口而重复行走的距离。如果被拣品的数量很大，则所有巷道都可能被访问的概率增大，导致最后一个巷道需要重复行走的距离也增大。随着巷道数的增加，这种现象会减弱，因为当被拣品数量一定时，如果巷道数量增加，则每个巷道都需要被访问的概率会减少。

数值计算还显示，当货架总长一定时，如果希望布置的巷道数最少，就必须满足拣货单中的品项达到一定的数量，当拣货品项数超过这一数值时，最优巷道数的值不再变化，保持为一固定值。表 4-3 是 w_a=4、货架总长在 50 至 1000 之间变化时，得到的最小巷道数的可行解情况，其分布趋势如图 4-10。由表 4-3 和图 4-10 可以看出：随着货架总长的增加，最小巷道数的数值也随着增加，但在一定长度范围内最小巷道数的值是相同的。货架长度在 50～200 米时，基本遵循上述规律，货架长度在 200～600 米时，除部分满足上述规律外，在 200～600 米出

表 4-3　货架总长与最小巷道布置关系表

货架总长 L/m	拣货单大小 m≥	最优巷道数 n^*	最优巷道长 y^*/m	m=40 时的路径长度/m
50	5	1	25	37.5
60	8	1	30	45
70	7	1	35	52.5
72*	6	2	18	53
80	6	2	20	58
88	8	2	22	63
100	7	2	25	70.5
108	8	2	27	75.5

续表

货架总长 L/m	拣货单大小 $m\geqslant$	最优巷道数 n^*	最优巷道长 y^*/m	m=40 时的路径长度/m
120	8	2	30	82.3
128	9	2	32	88
140	9	2	35	95.5
148	13	2	37	100.5
160	9	2	40	108
168	11	2	42	113
180	12	2	45	120.5
184	12	2	46	123
186*	10	3	31	124.5
198	11	3	33	131.5
200*	12	2	50	133
204*	11	3	33	135
300	15	3	50	191
400	18	4	50	249
402*	18	3	67	250.5
408*	20	4	51	253.5
456	20	4	57	279.7
460*	21	5	46	285
468*	22	3	78	289
474	21	3	79	292.5
480*	21	4	60	294
500*	21	5	50	307
600	24	4	75	361.5
610	24	5	61	367.5
700	27	5	70	417
800	30	5	80	471.9
900	37	5	90	526.9
1000	36	5	100	581.9

现了一些跳跃，600 米以后就呈现平衡状态。从最小巷道数的跳跃情况来看，两个交替的巷道值所对应的货架总长和最短路径长度之差均较小，这就表示，当货架总长所对应的最小巷道处在图 4-10 中的跳跃区附近时，其实际布置的巷道数可以在最小巷道跳跃区中选择，其对期望行走路径长度的影响不大。另外，根据这些特点，作具体的布置决策时，还可以根据拣货区占地面积大小和实际形状选择其中最贴合实际的一种巷道布置。

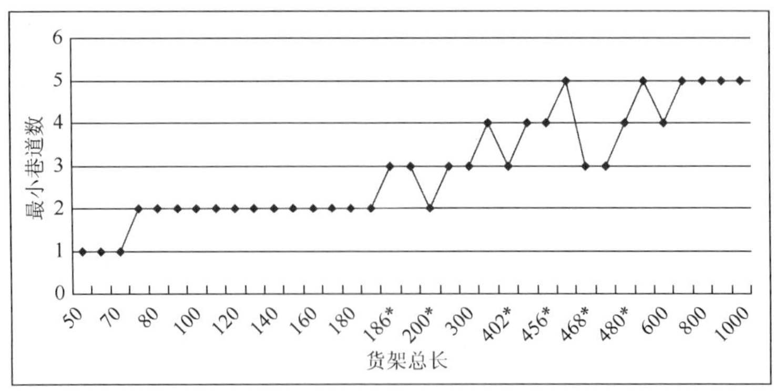

图 4-10　w_a=3 时货架总长与最小巷道布置关系图

4.3　小　　结

本章主要研究了拣货系统功能区域的布置与优化设计、人至物拣货系统的内部布局优化。在缪瑟的系统布置设计（SLP）思想指导下，提出了作业单元相互位置模型、作业单元布置算法和 SLP 坐标系的概念。在此基础上，设计了配送中心拣货系统布置算法流程，用以确定区域单元的相对布置位置。为简化计算，将区域布置分成两个阶段：第一，先布置出入货区；第二，用优化布置算法将剩余区域单元布置到相应的位置，得出相对位置布置方案，在此基础上加入作业单元的形状尺寸后进行方案调整，直到得出满意的布置方案。同时建立了人至物拣货系统中拣货区的布局模型，通过运用前人研究的结论，用算例展示了其求解方法，通过数值计算，提出了一些参考性的建议。为配送中心的布置设计和拣货区布局的计算机辅助规划系统开发，提供了一定的理论和技术基础。

第 5 章　配送中心拣货系统储位规划与管理

5.1　储位指派常用法则

储位指派是对即将到来的商品按减少搬运成本、提高空间利用率、最小化拣货作业时间等目标分配具体的储存位置。不同的拣货系统依订单资料和仓储技术的不同，采取不同的储位指派原则。如专用于仓储的立体仓库，其分配原则包括：货架承载均匀，上轻下重；加快周转，先入先出；提高可靠性，分巷道存放；提高效率，就近入/出库；产品相关性等。储存策略是储区规划的原则，因此还必须配合储位指派法则才能决定储存作业的实际运作模式。根据储存策略产生的储位指派法则，对拣货区的储位指派方法归纳如下。

5.1.1　以周转率为基础的法则

按照商品在仓库的周转率（销售量除以存货量）来排定储位。首先按周转率从大到小排成一个序列，再将此序列分为若干段，通常分为三至五段。同属于一段中的货品列为同一级，依照定位或分类储存法的原则，指定储存区域给每一级的货品，周转率越高应离出入口越近，如图 5-1。

当进货口与出货口不相邻时，可依进、出仓次数来做存货空间的调整；当出入口分别在仓库的两端时，可按货品进仓及出仓的次数比率，来指定其储存位置。计算举例如表 5-1 和图 5-2。

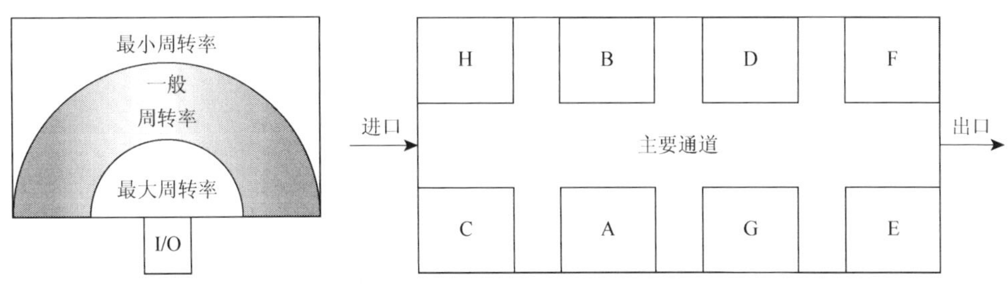

图 5-1　按周转率指派储位　　图 5-2　进出口分离的储位指派

定位储放、分类储放中经常用到的 COI 及 5.3.2 节中的 DTI 方法，都是与周转率有关的指派方法。完全基于周转率的指派方法属于分类存储的特例，相当于一类中只有一个品项。

表 5-1 货品进出仓库情况

产品	进货量	进仓次数	出货批量	出仓次数	进仓次数/出仓次数
A	40 托盘	40	1.0 托盘	40	1.0
B	200 箱	67	3.0 箱	67	1.0
C	1000 箱	250	8.0 箱	125	2.0
D	30 托盘	30	0.7 托盘	43	0.7
E	10 托盘	10	0.1 托盘	100	0.1
F	100 托盘	100	0.4 托盘	250	0.4
G	800 箱	200	2.0 箱	400	0.5
H	1000 箱	250	4.0 箱	250	1.0

5.1.2 产品相关性法则

产品相关性指产品间的相互关系，包括替代关系和互补关系。很多配送中心都存在某些产品被同时订购的情况，我们称这些产品为相关性产品。相关性大的商品被同时订购的概率也高，如来自同一供应商的产品、具有相同颜色或尺寸的产品等，因此应尽可能存放在相邻位置。

产品相关性大小可以利用历史订单数据做分析。文献[126]提出了载人拣货系统中产品相关性分析的步骤：首先创建产品相关性的类型，接着对产品类型进行排序并对类型中的产品按 COI 升序排列，然后根据空间填充曲线，将产品分配到相应的储位。在对产品按相关性进行分类时，通常采用聚类分析方法。文献[127]以订购品项数量为基础，定义了以品项聚类和以客户聚类的相似系数，并建立了相应的 0-1 规划聚类模型。这里总结几种相似系数的计算方法。

1. 订购次数原则

按一定标准事先将产品分成 k 类，设 I 为所有品项的集合，C_k 为第 k 类中品项的集合，a_{ij} 表示同时订购品项 i 和品项 j 的订单数量。那么，对于每一个产品类 k，品项 i 和 j 的相似系数可以表示为

$$S_{ij}=\frac{\sum\limits_{i\in C_k}\sum\limits_{\substack{j\in C_k\\ j>i}}a_{ij}}{\sum\limits_{i\in C_k}\sum\limits_{j\in I-C_k}a_{ij}}$$

该系数是在已经对产品分成 k 类的情况下，分类内产品 i 和 j 被同时订购的概

率。当 s_{ij}=1 时，品项 i 和品项 j 总是同时出现在一张订单中，s_{ij}=0 时，品项 i 和品项 j 从来不被同一个订单订购。由前面的知识可知，在分类存储策略中，同类产品的储位分配是随机的，类内产品可以共享储位。这里的相似系数，用于对分类内产品的储位进行指派，与基于 COI 分类存储的指派类似。为提高拣货效率，对于 s_{ij} 值大的品项应该相邻保管，而不是随机存放。

2. 订单－品项－数量原则（order-item-quantity rule）

设 M 表示一段时期内的订单数量，P 表示配送中心需要拣取的品类集合。q_m^i 表示第 m 个订单中品项 i 的数量，向量 $q^i=(q_1^i,\cdots,q_m^i,\cdots,q_M^i),i=1,2,\cdots,P$ 表示所有订单订购品类 i 的数量总和。利用订单订购特征，品类 i 和品类 j 的相似系数表示为

$$s_{ij}=\frac{1}{M}\sum_{m=1}^{M}\frac{\min(q_m^i,q_m^j)}{\max(q_m^i,q_m^j)},\quad i,j=1,2,\cdots,P$$

相似系数表示品类 i 和品类 j 被一张订单同时订购的概率。当 s_{ij}=1 时，品类 i 和品类 j 总是同时出现在一张订单中，s_{ij}=0 时，品类 i 和品类 j 从来不被同一个订单订购。对于 s_{ij} 值大的品项应该相邻保管，以提高拣货效率。

3. 客户－订单－品项－数量原则（customer-order-item-quantity rule）[127]

考虑 N 个工作日，r_n^{ik} 表示客户 i 在第 n 个工作日订购品类 k 的数量，向量 $r^{ik}=(r_1^{ik},\cdots,r_n^{ik},\cdots,r_N^{ik})$ 表示在 N 个工作日内，客户 i 订购品项 k 的总数量。客户 i 和 j 的相似系数可以表示为

$$s_{ij}=\frac{1}{N}\sum_{n=1}^{N}\left(\frac{\sum\limits_{k=1}^{P}\min(r_n^{ik},r_n^{jk})}{\sum\limits_{k=1}^{P}\max(r_n^{ik},r_n^{jk})}\right),\ i,j=1,2,\cdots,P$$

相似系数表示客户 i 和客户 j 在一段时期内订购同一品项的概率。当 s_{ij}=1 时，客户 i 和客户 j 总是订购同一品项，s_{ij}=0 时，客户 i 和客户 j 从来不订购相同的产品。对于 s_{ij} 值大的品项应该重点保管，存放在“黄金区域”，当按客户进行订单分批拣货时，可以提高拣货效率。

5.1.3　其他法则

如果缺少有关产品出入库时间的相关信息，通常采用比较简单的储位指派方法。如靠近出口法则、远离出口法则、随机存放、空位法则[43]。在指派过程中常识性的法则必须要遵守，如产品的相容性，相容性低的产品不能放在一起（烟、香皂、茶等就不能放在一起，以免损害品质）。

5.2 基于工作量均衡的储区分配与调整

5.2.1 接力拣货系统

接力拣货方式是在分区拣货的前提下，订单不作分割，一张订单分别由不同工作分区内的不同的拣货员以接力的方式来完成所有的拣取动作，每个拣货员只负责自己所在区域内产品的拣货。这种拣货系统通常需要借助电子标签、自动输送机等进行辅助拣货。拣货员按电子标签的指示，对亮灯的储位进行商品的拣取作业，待所负责区域内应拣灯号全部完成后，即将该订单的作业移交给下一区域负责人员继续拣货，而自己也可立即进行另一张订单的拣货。一般干货、日用品、烟酒等属零散拆箱属性的品项，通常采用接力摘取式的拣货作业。在接力拣货过程中，如果某个分区中需要拣取的品项数量多，就会导致该分区中的拣取时间长，工作人员也相对较累；同时，其他需要拣取品项数量较少的分区中，由于拣取时间较短，工作人员会出现空闲。这种现象会影响拣货系统工作的连续性和均衡性，降低拣货作业的效率。为了避免这种情况，需要对一定时期的订单特性进行分析，在入库时优化储位布置与分配设计，以保证各分区的被拣品数量大致相当。同时，分区数量的多少也是影响拣货效率的重要因素，配送中心在旺季和淡季对拣货区数量和人员的配置也应根据实际情况进行实时调整，以保证旺季工作人员不会超负荷工作，淡季也不会出现设备和人员闲置现象。

1. 问题描述

以大型配送中心应用较多的具有代表性的计算机辅助拣货系统为例，如图 5-3 所示，拣货系统由 5 个拣货分区组成，每个区的被拣品项由一个拣货员负责拣取。每个区由两组流力货架组成，每个货架上都有两个指示器，一个指示器显示订单编号，另外一个指示器显示被拣品的数量。当拣货员拣完相应数量的被拣品后，按下位于指示器旁的确认键，指示器上的数字消失，拣货员将已拣取的品项装入输送机上的拣货箱内，每一个拣货箱的物品都代表一个特定的订单。在数量显示器上的数字消失的瞬间，订单指示器会自动显示前一个分区的订单编号。当订单编号显示器和品项数量显示器同时亮灯时，每一个拣货员都在自己负责区域内拣取订单内的相应品项。拣货作业开始时，在输送机的起始端上，第一位辅助作业人员将空的拣货箱置于输送机上，拣货箱与拣货单同步送达输送机上的第一个拣货站，由输送机旁的工作人员完成所负责区域内订购品项的拣取，拣取的商品投入拣货箱内，送至下一站，人员在原地等候下一次拣取。拣货箱到达拣货站后由升降装置实现拣货箱暂停，等各站拣货人员完成区域内商品的拣取后才再一次进入运行。拣货箱经输送机上各个拣货站拣取完成之后，拣取的商品由输送机滑送至尾端，由第二位辅助人员负责将拣货箱搬离系统。这种拣货系统具有如下特性：①采用输送机和计算机辅助拣货；②由一系列的拣货分区组成，每张订单的完成依赖于各区拣货员的依次拣取；③每个分区的货架均为流力货架、可以从货架的后部进行补货作业；④被拣品存放在流力货架上的货箱中。

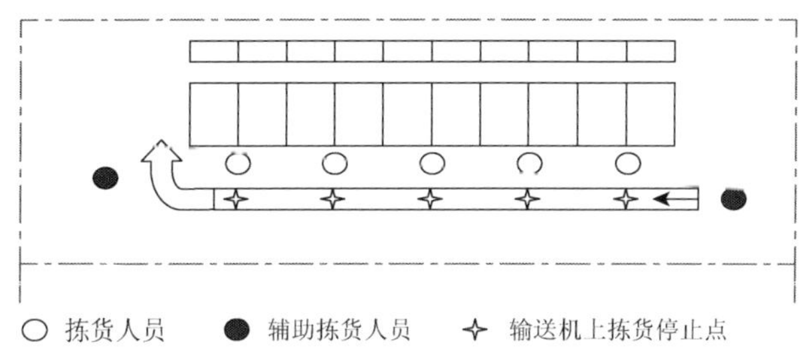

图 5-3　流力货架平面布置示意图

2. 拣货系统假设

（1）每张订单包含各种不同类型的产品，每种产品的数量不大。

（2）为保持拣货精度，拣货员每次仅拣取一种类型的产品，由于每种产品数量不大，不同数量的同种产品一次拣取完成。

（3）一种产品仅存放在同一个货架上。

（4）不允许缺货。

（5）每个拣货员的拣货动作都是标准的，也就是每次拣取所花的时间相同。

基于这些假设，无论被拣取的产品是否属于同一个订单，每种产品的拣取都是独立的。而且，每种产品的拣取次数等于产品被订购的次数。

3. 目标函数

本书的目的在于将所有的产品分配到适当的拣货分区，以平衡各拣货员的工作量，尽量使各拣货员的工作量相等或大致相当，保持拣货系统的连续均衡顺畅运转。用数学语言表达就是要在相同的时间内，使各拣货分区拣货员之间拣取总次数的差额最小。

假设要将 n 种产品分配到 m 个区，Q_i 表示产品 i 被所有订单订购的总次数，Q 表示所有产品被所有订单订购的总次数，则有 $Q=\sum\limits_{1\leqslant i\leqslant n}Q_i$ ，这样产品 i 的被拣取率可以表示为 Q_i/Q。假设存储在 j 区的产品种类为 n_j，则其与拣货区中产品的种类的关系为：$n=\sum\limits_{1\leqslant j\leqslant m}n_j$ 。设 J 为分布在 j 区的产品种类集合即：$J=\{j_1, j_2, \cdots, j_{nj}\}$，

则 j 区的净拣取次数 $Q^j=\sum_{i\in J}Q_i$，拣货员 j 的拣取率可以表示为 Q^j/Q。

我们将拣货系统中每个拣货员的平均拣货次数 $\bar{Q}=\dfrac{Q}{m}$ 作为标准拣货量，则拣货员 j 的负载率 $\rho^j=Q^j/\bar{Q}$。

进一步将载荷函数[47]定义为

$$p=\sum_{1\leqslant j\leqslant m}\left|\rho^j-1\right|=\sum_{1\leqslant j\leqslant m}\left|\frac{Q^j}{\bar{Q}}-1\right|=\frac{m}{Q}\sum_{1\leqslant j\leqslant m}\left|Q^j-\bar{Q}\right|$$

这样，载荷函数可以用于测量每个拣货员拣取的数量和标准数量之间的差额，因此，拣货系统的目标函数可以表示为

$$p=\min\frac{m}{Q}\sum_{1\leqslant j\leqslant m}\left|Q^j-\bar{Q}\right|$$

显然，当 $Q^j=\bar{Q}=\dfrac{Q}{m}$ $(1\leqslant j\leqslant m)$时，载荷函数取得最小值 0。

4. 启发式算法

为了最小化目标函数 p，对任一拣货分区 j，应使每个区的 Q^j 尽可能接近 $\dfrac{Q}{m}$，启发式方法就是要根据订单的总体情况，将 n 种产品分配到 m 个拣货分区中，使每个订单在每个区的拣取率 $\sum_{i\in J}Q_i/Q$ 尽可能接近 $\dfrac{1}{m}$。具体步骤[47]如下。

Step1：计算产品 i 被所有订单订购的次数 Q_i，$1\leqslant i\leqslant n$。

Step2：计算产品 i 的被拣取率 Q_i/Q，$1\leqslant i\leqslant n$。

Step3：按 Q_i/Q 的降序（非增序）对所有产品进行排序。

Step4：将前 m 个产品以一对一的方式分别分配到 m 个区。

Step5：重复下列子步骤，直到每个产品都分配到一个区。

①分别计算每个区当前产品拣取率之和 R_i，$1\leqslant i\leqslant m$。

②令 $R_j=\min\{R_1, R_2, R_3, \cdots, R_m\}$。

③将未分配产品中具有最大 Q_k/Q 的产品 k 分配至 j 区。

在 Step5 的③中，如果有多个相同的最小值，则将产品 k 先分配至存储产品数量最少的区，如果各区的存储数量也相等，则任选一个区。

5. 拣货区调整

当季节变更、市场变化等引起客户订单量出现波动时，拣货系统也应根据实际情况进行相应的调整，以保证拣货系统的效率。这个目的可以通过在淡季减少

拣货区而在旺季增加拣货区来实现。如果拣货系统在正常情况下运转顺畅，遇到淡季或旺季时就无需采用启发式方法对所有产品进行重新分配，只需要对少部分产品进行重新分配即可。这种方法的优点是当客户订单回到平稳状态时，拣货系统能很容易地恢复当初顺畅运转的储位布置状态。

1）减少一个拣货区

考虑将拣货区从 m 个减少至 $m-1$ 个的情况。

首先找出负载率 ρ^i 与 1 的差额最大的区 s，即 $\left|\rho^s-1\right|=\max\limits_{1\leqslant i\leqslant m}\left|\rho^i-1\right|$ 的区，将该区的所有产品重新分配到其他 $m-1$ 个区中，使产品重新分配后各区的拣取率尽可能接近 $\dfrac{1}{m-1}$。具体步骤[47]如下。

Step1：计算产品 i 的被拣取率 Q_i/Q，$i\in S=\{s_1, s_2, s_3, \cdots, s_{ns}\}$。

Step2：将 s 区中的 n_s 种产品按 Q_i/Q（$1\leqslant i\leqslant n_s$）的降序排列。

Step3：重复下列子步骤，直到 S 区中的所有产品都分配到一个区中。

①分别计算各区当前产品的拣取率之和 R_i，$i\in\{1, 2, \cdots, s-1, s+1, \cdots, m\}$。

②令 $R_j=\min\{R_1, R_2, \cdots, R_{s-1}, R_{s+1}, \cdots, R_m\}$。

③将未分配产品（S 区）中具有最大 Q_k/Q 的产品 k 分配至 j 区。

在 Step3 的③中，如果有多个相同的最小值，则将产品 k 先分配至存储产品数量最少的区，如果各区的存储数量也相等，则任选一个区。

2）增加一个拣货区

考虑将拣货区从 m 个增加至 $m+1$ 个的情况。

分析：采用启发式方法将 n 种产品分配到 m 个拣货分区中，主要思想是使每个订单在每个区的拣取率 $\sum\limits_{i\in J} Q_i/Q$ 尽可能接近 $\dfrac{1}{m}$，现在将 m 个区增加至 $m+1$ 个区，为保持工作量平衡，则每个订单在每个区中的拣取率应尽可能接近 $\dfrac{1}{m+1}$。这样，原来 m 个区中订单的拣取率就要从原来的 $\dfrac{1}{m}$ 变为增加一个拣货区后的 $\dfrac{1}{m+1}$，即重新分配储位时，应保证原来 m 个区中的产品经重新分配后，其拣货率的减少量接近 $\dfrac{1}{m}-\dfrac{1}{m+1}=\dfrac{1}{m(m+1)}$，也就是 m 个区分别提供拣取率之和为 $\dfrac{1}{m(m+1)}$ 的产品分配到第 $m+1$ 区中。具体方法如下。

对任一分区 k（$1\leqslant k\leqslant m$），按如下步骤[47]进行储位调整。

Step1：令 $R_k=0$（R_k 表示所选产品的拣取率之和）。

Step2：计算产品 i 的被拣取率 Q_i/Q，$i\in K=\{k_1, k_2, k_3, \cdots, k_{nk}\}$。

Step3：将 k 区中的 n_k 种产品按 Q_i/Q（$1\leqslant i\leqslant n_k$）的降序排列。

Step4：重复下列子步骤，直到 k 区中的所有产品都被选择继续留在 k 区或被分配到第 m+1 区。

①选择未分配产品中具有最大 Q_i/Q 的产品 i。

②如果$(R_k+Q_i/Q)\leqslant\dfrac{1}{m(m+1)}$，则将产品 i 分配至 m+1 区，$R_k=R_k+Q_i/Q$；否则产品 i 继续留在 k 区，R_k 不变。

上述步骤对每个区进行一次，重复进行 m 次后，所有的产品都将被分配到一个拣货区中，从而完成增加一个拣货区后的储位调整。

需要说明的是，拣货作业中的人为因素很多，包括拣货设备、作业环境、员工素质、身体状况、精神状态、疲劳程度、员工士气、工作经验、技术水准等，这些因素都会影响拣货作业的效率。在具体的操作过程中可以通过各种方式避免，如选择电子标签辅助拣货、采用条码识别和无线终端技术、为员工提供优良的作业环境、对员工进行培训等。由于拣货作业中的各种拣货策略本来就很多，一个模型不可能考虑所有的影响因素，所以本书的模型没有特别考虑人为因素的影响，只考虑了模型对拣货设备的要求。因为该模型是在采用分区接力、电子标签辅助拣货的条件下建立的，对工人技术方面的要求并不高，所以只要将各拣货分区受人为因素影响的程度视为相同，即使有人为因素的影响，也可以采用该模型进行工作量均衡的储区分配，不影响分配结果。

5.2.2　同步拣货系统

同步拣货方式是在分区拣货的前提下，将订单进行分割，分别由不同工作分区内的不同的拣货员同时进行拣货作业来完成同一张订单所订购产品的拣取作业。每个拣货员只负责自己所在区域内产品的拣货，每个拣货员都完成订单的拣货之后，再将各区拣取的产品集中包装和配送。由于每个拣货员拣货的区域较少，对所负责区域内的产品相对熟悉，所以拣货行走的时间和寻找储位的时间都相对较短。和接力拣货系统一样，多人同步拣货系统通常也需要借助电子标签、自动输送机等进行辅助拣货，以提高拣货的精度和效率。同步拣货需要对订单进行分割，通常以牺牲订单的完整性来换取对客户订单的反应时间。由于一个订单是由多人同时进行拣货，所以如果订单订购的品项在每个区的分布不均衡，会导致每个区拣货员工作量有差异，从而造成作业过程中出现空闲的等待时间。这种状况不仅对配送中心的人力、设备等是一种极大的浪费，而且也会加长对客户订单的反应时间，导致服务水平下降。要避免这种情况，在产品入库之初，应根据客户的订单，对产品的储位进行优化配置，将订单中的产品均匀地分布到每个分区中，不仅可以平衡拣货员的工作量、缩短订单完成的时间，而且可以减少拣货作业中的空闲时间，提高设备的利用率。

1. 拣货系统假设

拣货系统由人至物亮灯流力货架组成，货架上配有数字显示器和识别按钮，其作用和工作原理与接力拣货系统中的相同，这里不再赘述。为了保证拣货的精确度，拣货员一次只能拣取同一种类的品项，在按下数字确认键的同时，将拣取的品项放入指定的拣货容器内，由输送机运送至集中分类区，对各区拣取的品项按订单进行汇总。如图 5-4 所示。这种无纸化亮灯拣货系统不仅拣货精度高、储位寻找时间短，对拣货人员的要求也比较柔性，几乎不需要培训即可胜任。

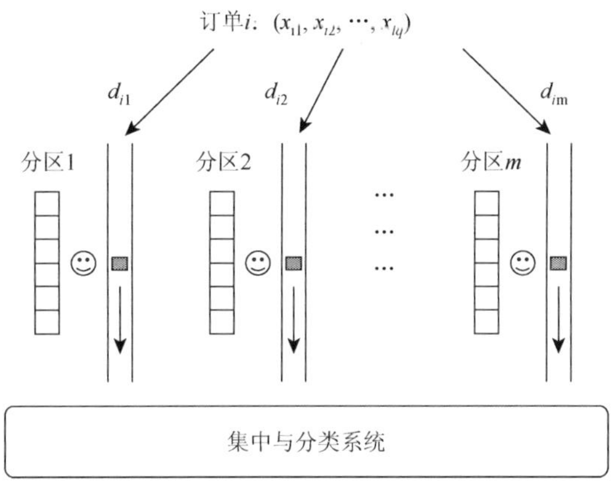

图 5-4　分区人工同步拣货系统示意图

由于采用亮灯拣货系统，多人同步拣货行走的时间和寻找储位的时间都很短，在计算总的拣货作业时间时，将这两项时间忽略不计，仅考虑将货品从货架上取出放入拣货容器的时间。所以，工作量的衡量可以仅用作业时间来表示而不用考虑行走时间。对拣货系统作如下假设。

（1）每个订单订购多种不同的品项，但每种品项的数量较少。

（2）每种品项只分布在一个货架上。

（3）小数量的同种类品项一次同时拣取。

（4）不缺货。

（5）每个拣货员的拣货操作都符合标准，即每个拣取动作所花的时间相同。

根据以上假设，拣货员 j 对订单 i 的总拣取时间等于拣货员 j 将订单 i 中分布在 j 区的品项拣出放入拣货容器的时间，且与需要拣取的品项种类成正比。

2. 模型的建立

1）符号说明

m 为拣货分区数；

n 为订单数；

q 为品项数；

$$x_{ij}=\begin{cases}1,\ 1\leqslant j\leqslant q,\ 订单i订购品项j\\0,\ 1\leqslant j\leqslant q,\ 订单i不订购品项j\end{cases}$$ 这样订单 i 可以表示为 $O_i=(x_{i1},x_{i2},\cdots,x_{iq})$；

N_{ab} 为品项 a 和品项 b 被同时订购的次数，$N_{ab}=N_{ba}=\sum\limits_{1\leqslant i\leqslant n}x_{ia}x_{ib}$；

$$y_{ak}=\begin{cases}1,\quad 品项a位于k区\\0,\quad 品项a不位于k区\end{cases}$$

2）数学模型

为最小化同步拣货过程中的空闲时间，被经常一起订购的产品应该分别存放在不同的拣货分区。也就是相似系数 N_{ab} 越大，品项 a 和品项 b 存放在同一个区中的机会越小。根据这个思路，文献[8]建立了如下的 0-1 规划模型。

$$\min Z=\sum_{1\leqslant a\leqslant q}\sum_{1\leqslant b\leqslant q}\sum_{1\leqslant k\leqslant m}N_{ab}y_{ak}y_{bk} \tag{5-1}$$

$$\sum_{1\leqslant k\leqslant m}y_{ak}=1,\quad 1\leqslant a\leqslant q \tag{5-2}$$

$$y_{ak}=1或0,\quad 1\leqslant a\leqslant q,1\leqslant k\leqslant m \tag{5-3}$$

$$N_{ab}\geqslant 0 \tag{5-4}$$

显然目标函数的最小值为 0。当 N_{ab} 很大时，要得到最优解，y_{ak}，y_{bk} 必然不能同时取 1，也就是品项 a 和品项 b 必定不能存储在一个区中。约束条件（5-2）保证一种品项只能存放在一个区中。需要说明的一点就是，这里的 N_{ab} 相当于聚类分析中的相似系数，按 5.1 节中储位指派的常用方法，通常是将被同时订购次数多的品项分在相同的区，且邻近存放，也就是 N_{ab} 越大，品项 a 和品项 b 越应该分在同一区。但这种分配方法通常是在保证订单完整性的前提下采用的，也就是在拣货过程中不对订单进行分割，同一客户所订购的所有品项一次拣取完成。而本书中所建立的模型是针对分区同步拣货而言的，拣货开始之前，必须对客户的订单进行分割，将分布在不同拣货分区的品项安排不同的拣货员进行同步拣取作业。为保证各区拣货人员工作量平衡，缩短订单拣货作业时间，必须将同时被订购次数多的品项分在不同的区，否则必然导致各分区忙闲不均的现象出现，不但不能保证拣货作业的连续性，而且会影响对客户的服务质量。因此，在应用该模型进行储位分区时，一定要注意前提条件。

上述模型是假设同一订单对同类品项的订购数量较少，而且多个品项可以一次拣取完成，因而模型中对 N_{ab} 的定义仅仅考虑了品项 a 和品项 b 被同时订购的次数，没有考虑品项 a 和品项 b 的具体订购数量。但当产品本身有一定的重量和体积，订单订购的同种品项不能一次拣取完成时，上述模型显然不再适用。如品项 3 和品项 5 被同时订购的次数为 3，其中品项 3 的平均订购量为 5，品项 5 的平均订购量为 2，如果不考虑具体订购数量，将品项 3 和品项 5 分在不同的区中，拣取工作量及拣取时间显然差了 5−2=3 个单位，就导致分区拣货工作量并不均衡。因此，为了使模型有更好的适用性，这里将模型假设条件进行放松，考虑被同时订购品项的具体数量，将 N_{ab} 定义时订购时的平均订购量，我们将品项 a 和品项 b 被同时订购的当量次数 N_{ab} 表示为 $N_{ab}=N_{ba}=\dfrac{\min(\bar{Q}_a,\bar{Q}_b)}{\max(\bar{Q}_a,\bar{Q}_b)}\sum_{i=1}^{n}x_{ia}x_{ib}$ 。

如果被拣品项的重量体积较小，一次可以拣取多个同类品项，设 a 品项一次可以拣取 n_a 个，b 品项一次可以拣取 n_b 个，还可以将 N_{ab} 继续定义为

$$N_{ab}=N_{ba}=\frac{\min\left(\dfrac{\bar{Q}_a}{n_a},\dfrac{\bar{Q}_b}{n_b}\right)}{\max\left(\dfrac{\bar{Q}_a}{n_a},\dfrac{\bar{Q}_b}{n_b}\right)}\sum_{i=1}^{n}x_{ia}x_{ib}$$

3. 模型的启发式算法

根据订单的历史或预测资料求出所有品项的 N_{ab} 并按升序排列。不失一般性，假设：

$$N_{a_1b_1}\leqslant N_{a_2b_2}\leqslant\cdots\leqslant N_{a_fb_f} \tag{5-5}$$

这里的 f 表示 q 个品类两两组合形成相似系数的个数即 $f=C_q^2=\dfrac{q(q-1)}{2}$ 。

排序之后，储区分配步骤[8]如下。

Step1：令 i=1，将 $N_{a_1b_1}$ 最小的品类 a_1、b_1 分配到第一个区 Z_1。

Step2：根据式（5-5），找出下一个最小的相似值 $N_{a_sb_s}$ ，且品类 a_s、b_s 未被指派到任何区，将 a_s、b_s 分配到第 i+1 区 Z_{i+1}，i=i+1。

Step3：如果 i＜m，转 Step2，否则转 Step4。

Step4：根据式（5-5），找出下一个最小的相似值 $N_{a_tb_t}$ ，且品类 a_t、b_t 中至少有一个未被指派到任何区。假设 Z_j 为已分配到 j 区的品类集合，1≤j≤m。

Step5：

（1）如果 b_t 已分配，a_t 未分配，令 $S_{j^*}=\min\limits_{1\leqslant j\leqslant m}S_j$，这里 $S_j=\sum\limits_{e\in Z_j}N_{ea_t}$ $1\leqslant j\leqslant m$，表示 Z_j 中的每一个品类 e 与品类 a_t 的相似度系数之和，将品类 a_t 分配至 j^*区。

（2）如果 a_t、b_t 均未分配，令 $S_j=\sum\limits_{e\in Z_j}N_{ea_t}$ $1\leqslant j\leqslant m, S_{j^*}=\min\limits_{1\leqslant j\leqslant m}S_j$；$T_j=\sum\limits_{e\in Z_j}N_{eb_t}$ $1\leqslant j\leqslant m, T_{j^{**}}=\min\limits_{1\leqslant j\leqslant m}T_j$ 。

①如果 $S_{j^*} \leqslant T_{j^{**}}$，将 a_t 分配到 j^* 区，并对 j^* 区的相似系数之和 $T_{j^*} = \sum_{e \in Z_{j^*}} N_{eb_t}$ 进行更新；令 $T_{j^{**}} = \min_{1 \leqslant j \leqslant m} T_j$，将 b_t 分配到 j^{**} 区。

②如果 $S_{j^*} > T_{j^{**}}$，将 b_t 分配到 j^{**} 区，并对 j^{**} 区的相似系数之和 $S_{j^{**}} = \sum_{e \in Z_{j^{**}}} N_{ea_t}$ 进行更新；令 $S_{j^*} = \min_{1 \leqslant j \leqslant m} S_j$，将 a_t 分配到 j^* 区。

Step6：如果所有的品类都分配到了适当的区，停止；否则，转 Step4。

上述过程中，当两个以上区具有相同的 S_{j^*} 或 $T_{j^{**}}$ 时，将 a_t 或 b_t 优先分配到当前品类数较少的区。当各区已分配的品类数相同时，则任选一个区进行分配。

4. 系统利用率评价

设 Z_j 表示存储在 j 区的品类集合，则订单 i 中分布在 j 区的被拣品项数量可以表示为 $d_{ij}=\sum_{e \in Z_j} Q_{ie} x_{ie}$，这里 Q_{ie} 为订单 i 订购品项 e 的数量，令 $d_i = \max_{1 \leqslant j \leqslant m} d_{ij}$。设每个拣货员一次拣取动作的标准时间为 t，则拣取订单 i 时，j 区的设备和人员的利用率可以表示为 $u_{ij} = \dfrac{d_{ij}.t}{d_i.t} = \dfrac{d_{ij}}{d_i}$。

系统的平均利用率 $U_i = \dfrac{1}{m} \sum_{1 \leqslant j \leqslant m} u_{ij} = \dfrac{1}{m} \sum_{1 \leqslant j \leqslant m} \dfrac{d_{ij}}{d_i}$。由于 u_{ij} 和 U_i 均小于等于 1，因此，当 U_i 越接近 1 时，空闲时间越少，系统利用率越高。

因此，在对产品进行储区分配后，可以根据系统利用率评价函数对分配的效果作出评价，当订单情况变化之后，对储位进行调整时，也可以通过对比调整前后的系统利用率来判断调整是否合理或做出是否应该调整的决策。

当然改进的模型在建立过程中虽然考虑了多数量的同种品项不能一次拣取完成的实际，但对各分区作业人员的技术熟练程度仍然视为相同。如果考虑差异，对于各分区技术熟练程度不同的人可以加上一定的系数，安排熟练工在订购品项多的区，非熟练工在订购品项较少的区，这样就可以达到时间上的同步，而在劳动强度上却显示出了差异，使得人员工作量并不均衡，这在一定程度上偏离了模型本身的目标。而且一旦熟练工因事不能上岗，顶替的员工又不能达成本岗位技术要求，则使事先的工作量均衡分区并不能发挥应有的作用。

5.2.3　算例

假设某配送中心经营销售 16 种产品，从客户订购情况来看，这些产品中的某些产品经常被某些客户一起订购。有关产品订购的详细资料如表 5-2 所示。客户订单所需产品采用多名人工从不同的货架上拣出，再由输送机送至货架端面的集中与分类系统，在集中与分类区由工作人员汇总打包，每个巷道由一名工作人员负责，所有产品分布在三个不同的区，拣货区形式如图 5-4（m=3）。现在要求将这些产品分配到不同的货架区，使各工作人员的拣货工作量大致相当，人员和设备得到充分利用。

表 5-2 一个季度内产品被客户同时订购的次数与平均订购数量比

产品	1	2	3	4	5	6	7	8	9	10	11	12	13	14	15	16
1	—	2/3	4/4	1/2	2/5	2/4	1/5	4/4	4/4	4/7	3/5	3/6	2/5	2/5	2/7	3/6
2	23	—	3/4	1/3	3/6	1/5	1/5	2/3	5/6	3/3	2/2	5/8	3/4	3/6	4/4	4/8
3	8	7	—	2/2	1/2	1/3	2/5	2/7	1/5	2/4	3/4	1/5	5/7	3/6	3/3	3/6
4	12	30	10	—	2/2	1/3	2/6	1/2	3/3	2/2	3/5	4/6	6/8	5/9	6/9	4/5
5	25	36	21	22	—	2/2	3/4	2/5	3/5	2/3	4/6	5/8	4/4	3/3	4/5	4/4
6	24	15	31	13	22	—	3/5	2/2	3/3	2/4	3/6	5/5	3/3	4/5	6/8	2/3
7	51	30	25	16	14	18	—	1/2	2/3	3/7	2/2	2/3	2/6	1/2	1/4	1/2
8	44	32	27	21	15	22	12	—	4/5	2/7	1/3	4/6	2/4	2/4	3/5	4/5
9	44	56	51	4	8	30	32	45	—	2/2	2/8	2/6	5/5	4/6	1/2	4/5
10	47	10	24	6	23	26	27	17	22	—	1/5	3/5	1/4	2/4	1/2	5/6
11	35	22	43	46	46	39	20	13	28	15	—	1/4	6/7	2/2	2/6	5/5
12	63	58	15	32	28	9	32	46	62	35	41	—	2/3	1/7	2/4	5/7
13	25	34	75	28	40	5	18	24	5	14	67	32	—	1/4	3/5	2/2
14	52	36	61	59	30	45	21	24	46	24	22	17	14	—	2/4	2/8
15	27	44	33	19	29	48	51	53	21	12	16	42	53	24	—	4/6
16	36	48	16	8	44	32	21	45	54	65	55	57	20	18	64	—

1. 分区结果

一区：品项 1、2、6、7、10、13。

二区：品项 3、4、5、9、16。

三区：品项 8、11、12、14、15。

2. 系统利用率

假设某订单订购 9 种产品，都是配送中心的畅销品，即被订购次数最多的品项，1、3、9、10、11、12、13、15、16。为保证计算结果不失一般性，假设所订品项中，不在同一区中的产品被同时订购次数最多的基本满足表中的平均订购数量比，品项名及数量分别为：品项 1、3；品项 3、5；品项 9、2；品项 10、5；品项 11、6；品项 12、6；品项 13、7；品项 15、4；品项 16、6。其中品项 1、10、13 位于一区，品项 3、9、16 位于二区，品项 11、12、15 位于三区，则订单 i 中分布在三个区的品项数量分别为各区人员和设备利用率分别为

$$d_{i1}=3\times1+5\times1+7\times1=15$$
$$d_{i2}=5\times1+2\times1+6\times1=13$$
$$d_{i3}=6\times1+6\times1+4\times1=16$$
$$d_i=\max\left\{d_{i1},d_{i2},d_{i3}\right\}=16$$
$$u_1=\frac{d_{i1}}{d_i}=\frac{15}{16}\times100\%=93.75\%$$
$$u_2=\frac{d_{i2}}{d_i}=\frac{13}{16}\times100\%=81.25\%$$
$$u_3=\frac{d_{i3}}{d_i}=\frac{16}{16}\times100\%=100\%$$

系统平均利用率为

$$\frac{1}{3}(u_1+u_2+u_3)\approx91.67\%$$

如果不考虑订购品项的具体订购量，即不考虑 $d_{ij}=\sum_{e\in Z_j}Q_{ie}x_{ie}$ 中的 Q_{ie}，将其取值为 1，则拣取该订单时，各区人员和设备利用率以及系统平均利用率均为 100%。这一数值固然是我们期望的，但与实际不相符，会阻碍我们做出正确的决策。尤其当产品具有一定的重量和体积，拣货人员不能一次拣出多数量的品项，而订单中对不同品项的订购数量差异较大时，会与实际产生更大的误差。因此，如果客户订购的不同品项数量相对比较均衡，也可以设定一个差异值，在此值以内时，可以直接采用订购次数来分配储区，否则必须考虑订购数量的差异，采用当量订购次数来分配储区，以保证决策的正确性。

5.3 以减少能耗为目标的储位分配方法

在上述各种拣货存储策略中，无论是定位储放还是分类储放，都是以产品周转率为依据、以减少拣货行走的时间或距离为目标来对储位进行分配的，一般都假设订单中品项的搬运成本仅与品项所处的位置到出入口的距离有关，很少考虑货物重量对搬运结果的影响。但在实际运作中，货物的重量是影响搬运成本的重要因素。尤其是完全由人工进行搬运操作时，从人机工程学的角度和人类的健康安全方面考虑，货物的重量是一个非常重要的因素。本节研究低层人工拣货系统中，考虑货品重量的储位优化分配方法。

5.3.1 简单往返拣货模型

在低层人至物拣货系统中，对于比较重的货物，通常采用简单的往返拣货方法。拣货时，拣货员从出入口（I/O）位置行走至货物所在的存储位置，取出所需的品项数量，返回出入口。这时，如何分配储位，才能使拣货作业过程中拣货人员的工作量（即所做的功）最小？在人工拣货环境中，除了搬运行走的距离，货物的重量成为评价储位分配优劣的一个重要标准。为解决这个问题，我们将在某些假设的前提条件下，建立人工拣货系统中，简单往返拣货线性规划模型。

1. 模型假设

（1）拣货员只在拣货区和 I/O 之间行走，拣货过程中的工作量只包括货物重量，拣货员自身体重忽略不计。

（2）按简单的往返拣货程序进行拣货，一次只拣取一种品项，一个订单中的某种品项一次拣取完成。

（3）n 个品项分布在货架中的 m 个存储位置。

（4）从存储位置取出产品的工作量为一常数，在模型中忽略不计。

（5）每个货位存放的货物以容积为限而不是以重量为限。

（6）每个位置只存储一种品项，每个位置的容量为常数 C。

（7）补货作业与拣货作业相互独立，拣货过程中不进行补货作业。

（8）符号说明。

m 为存储位置数；

n 为拣货区中已经存储的品项数；

h_{ok} 为从 I/O 到储位 k 的垂直距离；

S_{ok} 为从 I/O 到储位 k 的水平距离；

μ 为搬运器械与地面的摩擦系数；

A_i 为每个订单中品项 i 的平均订购量；

Q_i 为每个周期内订购品项 i 的订单数量；

D_i 为品项 i 的周转周期；

C_{ui} 为存储一个单位品项 i 所需要的容积空间；

M_i 为单位品项 i 的重量，即品项 i 的质量；

C_k 为每个储位 k 的容量空间；

X_{ki} 为储位 k 存储品项 i 的数量；

$$y_{ki}=\begin{cases}1, & \text{品项}i\text{存储在货位}k\\0, & \text{品项}i\text{不存储在货位}k\end{cases}。$$

2. 模型的建立

从一个储位取出订单中的某品项，需要消耗的必要能量可以由拣货员行走的能量消耗率与取出操作的期望次数来确定。由上面的假设，可以将一段时期内，

为取出品项 i，对储位 k 的平均访问次数表示为[128]

单位时间订购品项 i 的订单数量×品项 i 存储在储位 k 的比率$=Q_i\times\dfrac{X_{ki}}{A_iD_iQ_i}=\dfrac{X_{ki}}{A_iD_i}$

人对物体所做的功等于外力 F 与物体在力的方向上所移动的距离之积，即为 $W=F\times S$。

假设拣货过程中拣货员匀速行走，其水平方向的力应等于克服地面摩擦的力，而垂直方向的力应等于其重力。这样，一次拣取某个订单所需要的品项 i 时，拣货员在水平方向和垂直方向所做的功可以分别表示为

$$W_s=F_s\times S_{ok}=\mu gM_iA_iS_{ok}=9.8\mu M_iA_iS_{ok}$$

$$W_h=F_h\times h_{ok}=gM_iA_ih_{ok}=9.8M_iA_ih_{ok}$$

那么，一定时期内，从位置 k 取出品项 i 所需要的总功可以用水平方向所做的总功和垂直方向所做的总功两部分之和表示，即

$$\begin{aligned}W_i&=(W_s+W_h)\frac{X_{ki}}{A_iD_i}=9.8(\mu M_iA_iS_{ok}+M_iA_ih_{ok})\frac{X_{ki}}{A_iD_i}\\&=9.8M_i(\mu S_{ok}+h_{ok})\frac{X_{ki}}{D_i}\end{aligned}$$

式中，g 为重力加速度，取 9.8m/s^2，其他计量单位均为相应的国际标准单位。这样，简单往返拣货可以用如下线性规划模型表示为

目标函数

$$\min W=9.8\sum_{k=1}^{m}\sum_{i=1}^{n}\frac{(\mu.S_{ok}+h_{ok})M_i}{D_i}X_{ki}\tag{5-6}$$

约束条件

$$\begin{cases}C_{ui}X_{ki}\leqslant C, & k=1,2,\cdots,m \quad (5\text{-}7)\\ \displaystyle\sum_{k=1}^{m}X_{ki}\geqslant A_iQ_iD_i, & i=1,2,\cdots n \quad (5\text{-}8)\\ \displaystyle\sum_{i=1}^{n}y_{ki}=1, & k=1,2,\cdots,m \quad (5\text{-}9)\\ \displaystyle\sum_{k=1}^{m}y_{ki}\geqslant\left[\frac{A_iQ_iD_iC_{ui}}{\text{C}}\right], & i=1,2,\cdots,n \quad (5\text{-}10)\\ X_{ki}\geqslant 0\text{ 且为整数}, y_{ki}=0\text{或}1, k=1,2,\cdots,m; i=1,2,\cdots,n & (5\text{-}11)\end{cases}$$

模型中，目标函数（5-6）是求解将品项进行储位分配后，使得拣货过程中将各品项移动到 I/O 点所做功的总和最小；约束条件（5-7）表示存储到位置 k 的品项的容积不能大于货位的容量空间；式（5-8）是为了保证品项 i 在周转期内的最大存储水平，防止缺货产生；式（5-9）表示位置 k 只能存放一种品项；式（5-10）

表示品项 i 存储的位置数且向上取整；式（5-11）为变量的取值约束。

5.3.2 比重-周转率索引算法

1. 相关定义

为解上述线性规划模型，引入“比重”“比重-周转率索引（density-turnover index，DTI）”和“有效距离”的概念，分别定义如下。

比重 d：指一段时间内订购品项 i 的总重量与其所需要的占用总容积之比，即 $d=\frac{A_iM_i}{A_iC_{ui}}=\frac{M_i}{C_{ui}}$。

比重-周转率索引 DTI[128]：表示一定时间段内，品项 i 的比重与其平均周转率的乘积，即

$$\mathrm{DTI}=\frac{A_iM_i}{A_iC_{ui}}\times\frac{1}{D_i}=\frac{M_i}{C_{ui}D_i} \tag{5-12}$$

有效距离 E_{ok}：在做功过程中，将物体从位置 k 移动到 I/O 点时，相当于克服物体重力所移动的距离。用公式表示为

$$E_{ok}=\mu S_{ok}+h_{ok} \tag{5-13}$$

E_{ok} 的实际意义是指，当储位具有相同的 E_{ok} 值时，拣出这些位置上质量相同的品项所需要耗费的能量相同。

2. 比重-周转率索引算法

Step1：计算各品项的 DTI 和 E_{ok} 值。

Step2：将品项按 DTI 值降序（非增序）排列。

Step3：将储位按 E_{ok} 值升序（非降序）排列。

Step4：将具有最高 DTI 值的品项 i 存入 E_{ok} 值最低的储位。

Step5：如果一个位置空间不够，则将剩余部分存入下一个最小的 E_{ok} 处。

Step6：重复 Step5，直到该种品项全部都分配到储位。

Step7：将未分配到储位且具有最高 DTI 值的品项 i+1 存入 E_{ok} 值最低的空储位。

Step8：重复 Step5～Step7，直到所有的品项都分配到储位。

3. 定理

采用 DTI 原则得到的储位布置是线性规划模型（式（5-6）至式（5-11））的一个最优解。

证明：要证明 DTI 原则的最优性，只需要证明违背 DTI 原则的储位布置所得

到的目标函数值不小于采用 DTI 原则所得到的目标函数值即可。假设按 DTI 原则，品项 i 位于位置 k 而品项 j 位于位置 p，如果 $\mathrm{DTI}_i \geqslant \mathrm{DTI}_j$，则有 $E_{ok} \leqslant E_{op}$。

那么，对每单位体积的品项 i 和品项 j（即 $X_{ki} C_{ui}=1$，$X_{pj} C_{uj}=1$），交换储位后所带来的功的增量 ΔW 可以表示为

$$\begin{aligned}\Delta W &= W_{kj} + W_{pi} - W_{ki} - W_{pj} \\ &= 9.8M_j(\mu S_{ok} + h_{ok})\frac{X_{ki}}{D_j} + 9.8M_i(\mu S_{op} + h_{op})\frac{X_{pi}}{D_i} \\ &\quad -9.8M_i(\mu S_{ok} + h_{ok})\frac{X_{ki}}{D_i} - 9.8M_j(\mu S_{op} + h_{op})\frac{X_{pi}}{D_j} \\ &= 9.8\left(E_{ok}\frac{M_i}{C_{uj}D_j} + E_{op}\frac{M_i}{C_{ui}D_i} - E_{ok}\frac{M_i}{C_{ui}D_i} - E_{op}\frac{M_j}{C_{ui}D_j}\right) \\ &= 9.8(E_{ok} - E_{op})\left(\frac{M_i}{C_{uj}D_j} - \frac{M_i}{C_{ui}D_i}\right) \\ &= 9.8(E_{ok} - E_{op})(\mathrm{DTI}_j - \mathrm{DTI}_i) \geqslant 0\end{aligned}$$

由此可见，任何违背 DTI 原则的储位布置方法都不会带来总能耗的减少，因此，采用 DTI 原则得到的储位布置是上述线性规划模型的一个最优解，定理得证。

5.3.3　算例

某配送中心现有 4 层 8 列、尺寸相同的货架 6 个，假设每个货格的尺寸为 1×1×1m^3，由于货物较重，拣货员一次只能拣取一个货架中的产品，并将其送至集中与分类区。假设配送中心经营的产品已根据 5.2 节中的储位分区模型分配至各区，现要求将已分配到 2 区的 10 种产品指派至具体的储位（图 5-5），使拣货员拣出这

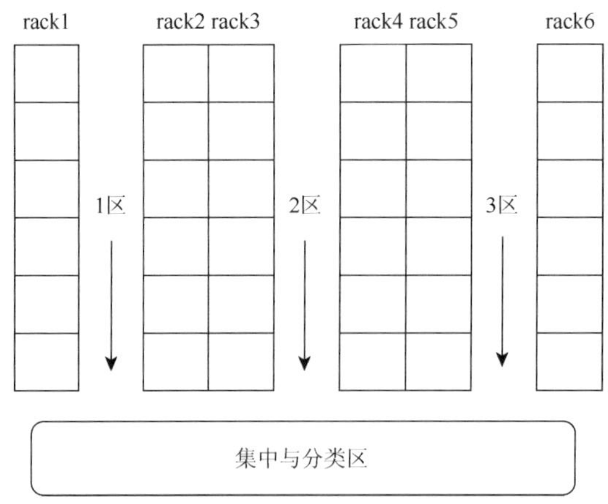

图 5-5　拣货区布置俯视图

些货品时所耗费的体能最小。已知 10 种产品的详细资料如表 5-3，假设拣货车、人与地面的摩擦系数均为 0.8，且不同品项不能占用同一个货位。

表 5-3　算例相关数据

品项	D_i/周	A_i/个	Q_i/个	C_{ui}/$\times 10^{-2}$m^3	M_i/kg
A	2	8	17	2.8	1
B	2.5	6	7	4.05	2
C	3.5	5	4	4.9	3.5
D	1	10	5	5.6	6
E	2	17	2	5.8	1.5
F	0.5	21	4	5.6	2
G	3	18	3	8.5	1
H	2	4	12	3.7	2.1
I	1.5	13	3	4.5	7.2
J	4	5	9	11	10

（1）由式（5-12）计算 DTI 的值并按降序排序如表 5-4。

（2）由式（5-13）计算 E_{ok} 的值并按升序排序，排序结果见图 5-6，图中货格左下角的数字表示货格的序号，右上角方框内的数字表示 E_{ok} 的排序号。

表 5-4　各品项 DTI 值排序表

品项	A	B	C	D	E	F	G	H	I	J
DTI	17.86	19.75	20.41	107.14	12.93	71.43	3.92	28.38	106.67	22.73
排序	8	7	6	1	9	3	10	4	2	5

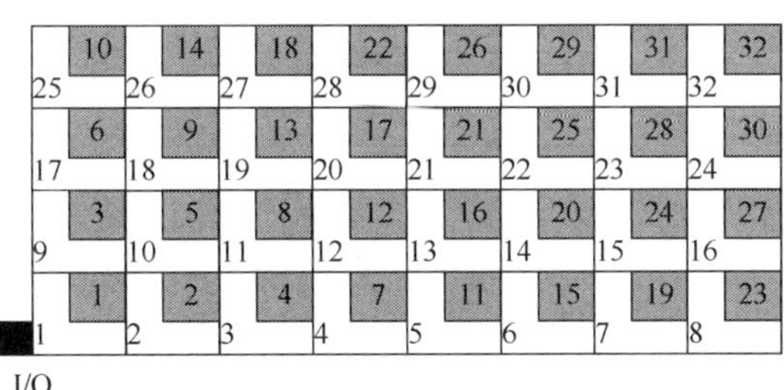

图 5-6　4 层 8 列货架图

（3）按 DTI 从大到小的顺序将各品项按上述货架中方框内的顺序存入相应的储位，考虑各品项的总数和总容积，将 E_{ok} 大的品项处理完后，再考虑下一个 E_{ok}

大的品项。储位分配的最后结果如图 5-7。

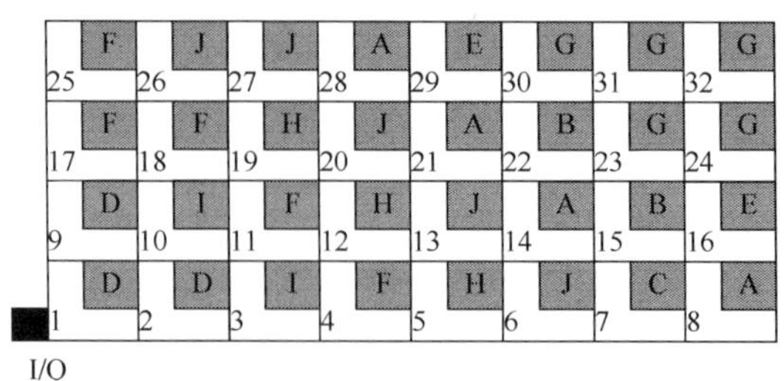

图 5-7　产品储位指派结果图

由计算过程可知，由于 E_{ok} 值与摩擦系数、货架结构及货格尺寸有关，因此，上述数据改变时，各品项的具体储位分布将会变化。另外，此处只考虑了巷道中的一面货架，如果两面同时考虑，可以将货品对称分布于两个货架上，也可以将两个货架上的储位合在一起按 E_{ok} 值大小排序，具体选用哪种方法，可依实际情况而定。简单往返拣货模型虽然是针对人工拣货系统提出的，但单从节省运力、延长堆垛机的使用寿命来讲，同样适用于自动化立体仓库。

5.4　立体仓库自动存取系统的作业周期与储位分区管理

5.4.1　立体仓库概述

自动化仓库（automate storage and retrieval system，AS/RS）也称自动化立体仓库或立体仓库，是在不直接进行人工处理的情况下自动地存储和取出物料的系统。它是采用高层货架储存货物，用专门的仓储作业设备进行货物出入库作业的仓库。由于使用高层货架存储货物，存储区可以大幅度地向高空发展，充分利用仓库用地面和空间，所以节省了库存面积，提高了空间利用率。目前世界上最高的立体仓库高度已达到 50 米，立体仓库单位面积的储存量可达 7.5t/m^2，是普通仓库的 5～10 倍。自动化仓库系统在 20 世纪五六十年代，相继研制和采用了自动导引小车、自动货架、自动存取机器人、自动识别和自动分拣等系统。20 世纪七八十年代，旋转式货架、移动式货架、巷道堆垛机及其他搬运设备都加入了自动控制的行列，但这时只是各种设备的局部自动化并各自独自应用。现代意义上的立体仓库，是物流机械与计算机技术的完美结合，这种结合使物资的控制和管理要求实时、协调和一体化，信息自动化技术逐渐成为仓库自动化技术的核心。计算机之间、数据采集点之间、机械设备的控制器之间以及它们与计算机之间的信息可以及时汇总，仓库计算机及时地记录订货和到货时间、显示库存量，计划人员可以方便地做出供货决策（他们知道正在生产什么、订什么货、什么时间发什么货），管理人员可以随时掌握货源及需求。

自动化立体仓库是现代物流技术、仓储技术、自动化技术与计算机技术高度集成化的产物，它具有存储容量大、占地面积小、作业快速准确、节约人力等优点，已成为工厂物流、计算机集成制造系统和商业流通领域的重要组成部分。

5.4.2　作业周期的计算

固定货架是自动化仓库中应用最为广泛的存储设备，一般由若干巷道组成，每一巷道由一台堆垛机进行服务，堆垛机可在巷道内同时沿水平、垂直方向运行，对巷道两侧货架上的货物进行存取操作，一般具有单元出（入）库和拣选出（入）库两种作业方式。当某一货位的出库量较大时，一般采用单元出库方式，堆垛机将指定货位的货箱整个取出，送至位于巷道口的出库台，由输送系统送至分拣系统，分拣完毕后再由堆垛机将货箱送至原货位。拣选作业时，操作人员携带一只空货箱乘坐堆垛机依次到同一巷道的若干货位进行存取操作，这种方式适用于一次存取的品种较多且数量较少的情况。本书研究单元出入库情况下的作业周期与储位分区管理。

在单元出入库立体仓库中，货物的存取作业有两种基本方式，即单一作业方式和复合作业方式。单一作业方式即堆垛机从出入库台取 1 个货物单元送到选定的货位，然后返回巷道口的出入库台（单入库）；或者从巷道口出发到某一给定的货位取出 1 个货物单元到出入库台（单出库）。复合作业方式即堆垛机从出入库台取 1 个货物单元送到选定的货位，然后直接转移到另一给定货位，取出其中的货物单元，回到出入库台出库。为了提高作业效率，应尽量采用复合作业方式。

1. 单一作业周期的计算

单一作业周期是指堆垛机完成一次入库或出库作业所需要的时间。无论是全库平均单一作业周期的计算还是采用经验法计算平均单一作业周期，其前提是假设仓库中各货位作业概率相同。仓库的出入库台位置也是事先需要考虑的一个限制条件。本书研究的立体仓库的出入库台设在仓库货架的同端，即采用同端出入库形式。这里设定堆垛机运行加速度为一定值，对应着 3 档速度，堆垛机在任何一档速度加速或减速运行时，加速度的大小相等而方向相反。同样，堆垛机的升降加速度也为一定值，它在起升过程中加速或减速时，加速度的大小相等而方向相反。计算作业周期需要用到的参数及符号如表 5-5 所示。

表 5-5　计算某一货位作业时间参数表

变量	含义	变量	含义
l_0	单元货格的长	a_x	堆垛机运行加速度
w_0	单元货格的宽	a_y	堆垛机升降加速度
h_0	单元货格的高	m	货架的层数
v_{x1}	堆垛机运行高速度	n	货架的列数
v_{x2}	堆垛机运行中速度	L_W	巷道宽度
v_{x3}	堆垛机运行低速度	L	货架的长度
v_{y1}	堆垛机升降高速度	H	货架的高度
v_{y2}	堆垛机升降低速度	h_4	单元货格下部垂直间隙
v_z	堆垛机货叉伸缩速度		

1）各运行速度对应的最小距离

对应于每一个运行速度或升降速度，都有一个最小运行距离或最小升降高度，只有当运行距离大于这个数值时，堆垛机才有可能以这个速度运行。由运动学和动力学知识，并考虑到堆垛机运行到货位之前必须有一段低速运行以保证堆垛机停准精度。这里设定这一段低速运行行程为 l_{low}、低速升程为 h_{low}。则有

$$S_{x1\min}=v_{x1}^2/a_x+l_{\text{low}}$$

$$S_{x2\min}=v_{x2}^2/a_x+l_{\text{low}}$$

$$S_{x3\min}=v_{x3}^2/a_x$$

$$H_{y1\min}=v_{y1}^2/a_y+h_{\text{low}}$$

$$H_{y2\min}=v_{y2}^2/a_y$$

式中，$S_{x1\min}$、$S_{x2\min}$、$S_{x3\min}$、$H_{y1\min}$、$H_{y2\min}$ 分别是运行高速度最小行程、运行中速度最小的行程、运行低速度最小的行程和升降高速度的最小升程、升降低速度的最小升程。

2）堆垛机从出入库台到任意货位的运行的时间

m 层 n 列的货架结构见图 5-8。图中，任一单元货 P 所在的货架位置第 j 层、第 k 列，货架宽度和高度分别为 w_0 和 h_0，则 P 点的坐标是 $x_P=w_0\times k$，$y_P=h_0\times j$。堆垛机从 O 点到 P 点的作业的时间 t_{OP} 取决于堆垛机运行距离$|x_P|$所需的时间 t_l 和堆垛机升高$|y_P|$所需的时间 t_h，即 $t_{OP}=\max(t_l, t_h)$。以下列出了$|x_P|$与最小距离及运行速度的关系、$|y_P|$与最小升程及升降速度的关系。

当$|x_P|\geqslant S_{x1\min}$时，堆垛机以速度 v_{x1}、v_{x3} 运行；

当$|x_P|\geqslant S_{x2\min}$且$|x_P|<S_{x1\min}$时，堆垛机以速度 v_{x2}、v_{x3} 运行；

当$|x_P|\geqslant S_{x3\min}$且$|x_P|<S_{x2\min}$时，堆垛机以速度 v_{x3} 运行；

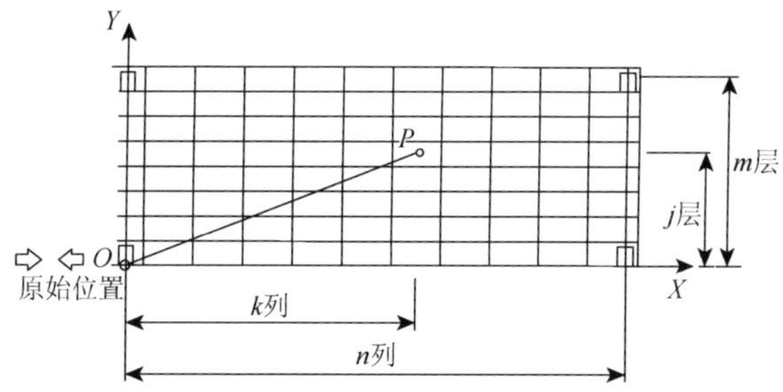

图 5-8　单一作业 m 层 n 列货架结构示意图

当$|x_P| < S_{x3\min}$时，堆垛机以速度 v_{x3} 运行；

当$|y_P| \geqslant H_{y1\min}$时，堆垛机以速度 v_{y1}、v_{y2} 升降；

当$|y_P| < H_{y1\min}$且$|y_P| \geqslant H_{y2\min}$时，堆垛机以速度 v_{y2} 升降；

当$|y_P| < H_{y2\min}$时，堆垛机以速度 v_{y2} 升降。

基于上述设定，当$|y_P| \geqslant S_{x1\min}$时，堆垛机以速度 v_{x1}、v_{x3} 运行，运行速度曲线如图 5-9 所示，图中 t_1、t_2、t_3、t_4、t_5 是堆垛机速度变化各段对应的时间。

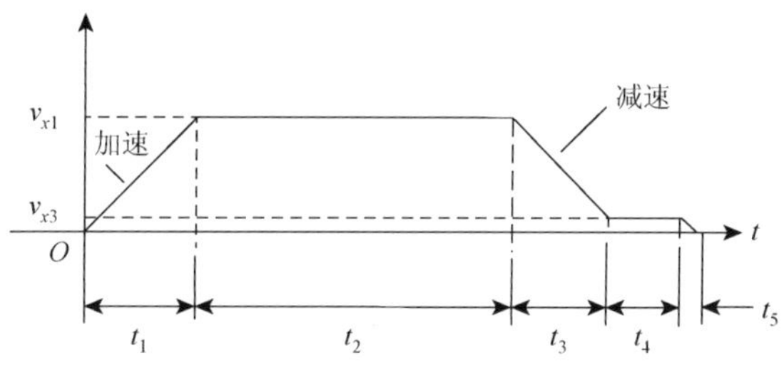

图 5-9　堆垛机高速运行速度曲线

若与各个时间段对应的堆垛机的运行距离分别是 S_1、S_2、S_3、S_4 和 S_5，则有

$t_1 = v_{x1}/a_x$，$S_1 = a_x t_1^2/2 = v_{x1}^2/(2a_x)$；

$S_4 = l_{\text{low}}$，$t_4 = l_{\text{low}}/v_{x3}$；

$t_3 + t_5 = t_1$，$S_3 + S_5 = S_1$；

$S_2 = |x_P| - S_1 - S_3 - S_4 - S_5 = |x_P| - v_{x1}^2/a_x - l_{\text{low}}$，

$t_2 = S_2/v_{x3} = (|x_P| - v_{x1}^2/a_x - l_{\text{low}})/v_{x1}$；

因此，堆垛机从 O 点运行到 P 点的水平运行时间是

$$T_L = t_1 + t_2 + t_3 + t_4 + t_5 = v_{x1}/a_x + (|x_P| - v_{x1}^2/a_x - l_{\text{low}})/v_{x1} + v_{x1}/a_x + l_{\text{low}}/v_{x3}$$

整理后得

$$T_L = 2v_{x1}/a_x + (|x_P| - v_{x1}^2/a_x - l_{\text{low}})/v_{x1} + l_{\text{low}}/v_{x3}$$

当$|x_P| \geq S_{x2\min}$且$|x_P| < S_{x1\min}$时，堆垛机以速度 v_{x2}、v_{x3}运行，这时 T_L 可以表示为

$$T_L = 2v_{x2}/a_x + (|x_P| - v_{x2}^2/a_x - l_{\text{low}})/v_{x2} + l_{\text{low}}/v_{x3}$$

当$|x_P| < S_{x2\min}$时，堆垛机以速度 v_{x3} 运行，t_1 可以表示为

$$T_L = |x_P|/v_{x3}$$

同样的方法可以得出堆垛机升降时$|y_P|$、垂直运行时间 T_H 和升降速度的关系表达式。

当$|y_P| \geq H_{y1\min}$时，堆垛机以速度 v_{y1}、v_{y2} 升降，此时 T_H 表示为

$$T_H = 2v_{y1}/a_y + (|y_P| - v_{y1}^2/a_y - h_{\text{low}})/v_{y1} + h_{\text{low}}/v_{y2}$$

当$|y_P| < H_{y1\min}$时，堆垛机以速度 v_{y2} 升降时

$$T_H = |y_P|/v_{y2}$$

参照以上各种情况下的计算公式，在仓库区内的任意货位，可以根据$|x_P|$、$|y_P|$与各种速度下对应的最小距离最小升程比较，选择不同的公式计算出 O 点到任意货位点 P 堆垛机作业所需的运行时间 T_L 和升降时间 T_H，则 $t_{kj} = \max(T_L, T_H)$ 为从 O 点到 P 点堆垛机的运行时间。

3）计算堆垛机货叉叉取（或存放）作业时间

只要知道货叉伸缩行程和伸缩速度，就能求出堆垛机货叉叉取（或存放）的作业时间。

货叉的伸缩行程=巷道宽度/2+货格宽度/2

$$t_f = 2t_{cs} + t_{cv} = (L_w + w_0)/v_z + t_{cv}$$

式中，t_f为货叉叉取（或存放）的作业时间；

t_{cs}为货叉完全伸出或完全缩回的时间；

t_{cv}为货叉微升（或微降）的时间，即货叉在货格内升起或放下的时间；

v_z为堆垛机货叉的伸缩速度。

4）堆垛机对任意货位点 $P(k, j)$的作业周期

堆垛机从出入库台到货架任意货位点 P 的作业时间由堆垛机往返的行走时间、货叉取出（或存放）货物的时间 t_f及堆垛机作业过程中的一些附加时间 t_a 三部分组成。附加时间包括堆垛机的定位、信息查询及传输等时间。这样，堆垛机对任意货位点的作业周期可以表示为 $t_{mp} = 2t_{kj} + 2t_f + t_a$。

5）全库平均单一作业周期

单一作业周期是指堆垛机完成一次入库或出库作业所需要的时间。作业周期对立体仓库来说是一个影响其吞吐量和评价其效率的重要指标。假设仓库中各货

位的作业概率相等，对具有 *m* 层 *n* 列的仓库来说，其全库平均单作业周期可以表示为 $t_{ms}=\dfrac{2\sum_{k=1}^{n}\sum_{j=1}^{m}t_{kj}}{m\times n}+2t_f+t_a$。

2. 复合作业周期计算

复合作业是从出入库台到指定的货位存货后，随即到另一个货位取货，再返回到出入库库台的全过程，如图 5-10。

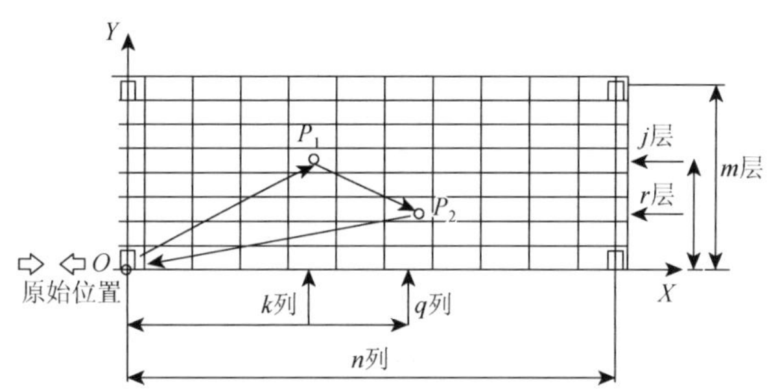

图 5-10　复合作业 *m* 层 *n* 列货架结构示意图

图中，复合作业周期是按 $O\to P_1\to P_2\to O$ 的总作业时间计算的。即 $t_d=t_{op_1}+t_{p_1p_2}+t_{op_2}+4t_f+2t_a$。

5.4.3　基于单作业周期的货位分区方法

1. 货位分区方法

货位分区就是对仓库的货架区按照各货位点出入库作业时间的不同，将货架分成不同的作业区域进行管理和操作。在仓库出入库作业中，优先考虑将货物存放在作业时间最短的区域，或者将作业时间短的区域内的货物优先出库，达到货物出入库速度最快、时间最短的目的。

假设仓库货架具有 N 个单元存储货位，要将其分为 k 个作业周期不等的存储区域，第 i 个区 A_i 中的货位数为 n_i，且 $n_1+n_2+\cdots+n_k=N$。货位分区算法如下：

①计算每个货位的单作业周期 T_j，$j=1, 2, \cdots, N$；

②将作业周期按升序排列即 $T_1\leqslant T_2\cdots\leqslant T_N$，令 $i=1$，$A_i=\varnothing$；

③将作业周期 T_1-T_{ni} 所对应的货位分配给 A_i；

④若 $i<k$，令 $i=i+1$，对余下的作业周期重新按升序排列，将前 n_i 个作业周期

所对应的货位分配给 A_i；

⑤重复步骤④，如果 $i=k$，表示货位已被分成了 k 个区，停止。

2. 货位分区仿真

实例为一个 12 层 30 列的仓库，货架的所有货位被划分成三个区域：A 区、B 区和 C 区。三个区域中货位数分别占全部货位数的 1/3，且三个分区中作业频率分别是：A50%、B30%和 C20%。货架参数及堆垛机的运动参数为 w_0=1000mm，h_0=800mm，v_{x1}=80m/min，v_{x2}=40m/min，v_{x3}=6m/min，v_{y1}=25m/min，v_{y2}=6m/min，a_x=12.5m/s^2，a_y=0.6m/s^2，v_z=0.4m/min，L_W=1200mm，货架高度 H=9600mm，t_a=10s，单元货格垂直间隙 h_4=120mm。变量是单元货格的长度 l0 和因此而变动的货架的长度 L。

根据单作业周期计算公式算出各货位点的作业时间，时间最短的 1/3 货位为 A 区，时间最长的 1/3 货位为 C 区，位于两者之间的 1/3 货位为 B 区。l_0 分别为 200mm、600mm、1400mm、2400mm 的货位分区如图 5-11 所示。从分区结果可以看出，当货架的层和列为固定数时，随着货架长宽比例由小变大，货位分区情况也有着明显的变化。当货架长与宽的比例小于某一数值时，A、B、C 三个分区呈垂直堆叠分布状态，作业时间最短的 A 区分布在最下方，依次是 B 区和 C 区。当货架长与宽的比值逐渐增大时，三个分区的分布也逐渐变化，由垂直堆叠分布逐渐过渡到呈水平平铺分布的状态。

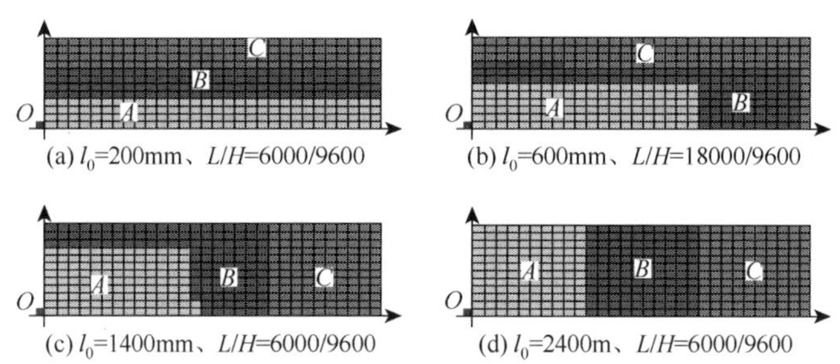

图 5-11　不同货架长度的分区结果图

3. 分区前后作业周期比较分析

为便于比较分析，找出作业周期时间与货架尺寸之间的关系，将各个分区的平均单作业周期、分区前后全库平均单作业周期及分区后全库平均单作业周期的减少量列于表 5-6。并根据表中的数据，绘出货架长度变化对各平均单作业周期的影响，如图 5-12。

由表 5-6 和图 5-12 可得出以下结论。

（1）A 区平均单作业周期最小，B 区次之，C 区最大。

（2）货位分区后的平均单作业周期小于全库平均单作业周期，其减少量的百分比首先随货架长度的增大而减少，当货架长度超过一定的值（如 1300mm）时，平均单作业周期的减少量又慢慢增大，如此反复。

表 5-6　平均单作业周期时间表

l_0/mm	L/m	A 区/s	B 区/s	C 区/s	分区前/s	分区后/s	时间减少/%
200	6	53.05	64.01	79.37	65.48	61.60	5.93
300	9	54.73	64.32	79.37	66.14	62.54	5.44
400	12	56.12	65.42	79.37	66.97	63.56	5.09
500	15	57.24	67.13	79.37	67.91	64.63	4.83
600	18	58.57	69.37	79.41	69.12	65.98	4.54
700	21	59.46	71.26	80.31	70.34	67.17	4.51
800	24	60.51	73.27	81.70	71.88	68.58	4.59
900	27	61.55	74.90	83.90	73.45	70.03	4.66
1000	30	62.49	76.70	86.49	75.23	71.56	4.88
1100	33	63.45	78.24	89.66	77.11	73.13	5.16
1200	36	64.37	79.79	93.02	79.06	74.73	5.48
1300	39	64.92	81.19	96.83	80.98	76.18	5.93
1400	42	65.70	82.73	100.65	83.02	77.80	6.29
1500	45	66.49	84.36	104.48	85.11	79.45	6.65
1600	48	67.23	86.14	108.30	87.23	81.12	7.00
1700	51	67.92	88.05	112.13	89.37	82.80	7.35
1800	54	68.58	89.99	115.95	91.51	84.48	7.68
1900	57	69.33	91.95	119.78	93.68	86.20	7.98
2000	60	69.94	94.09	123.60	95.88	87.92	8.30
2100	63	70.58	96.24	127.43	98.08	89.64	5.93
2200	66	71.23	98.41	131.25	100.30	91.39	5.44
2300	69	71.91	100.58	135.08	102.52	93.14	5.09
2400	72	72.47	102.90	138.90	104.76	94.88	4.83

（3）C 区的单作业周期随货架长度的增大而增大，当货架的长度超过一定的值以后，随着货架长度的增大，C 区的平均单作业周期呈快速增大的趋势。但当货架长度较小时，作业周期随货架长度增大的趋势不明显，而且当货架的长度小到一定限度以后，C 区的单作业周期不再发生变化。主要是因为堆垛机运行高速度对应着一个最小运行距离 $S_{x1\min}$，升降高速度对应着一个最小升降高度 $H_{y1\min}$。

当货架的长高比 L/H 足够小时，堆垛机在货架全长方向的运行时间小于在货架某一高度上的升降时间，这时堆垛机的作业时间取决于后者。在货架高度不变的情况下，分区后的结果如图 5-11（a）所示，长度的变化不再引起货位分区的变化。因此表现出单作业周期不再变化，在图 5-12 中表现为一水平直线。

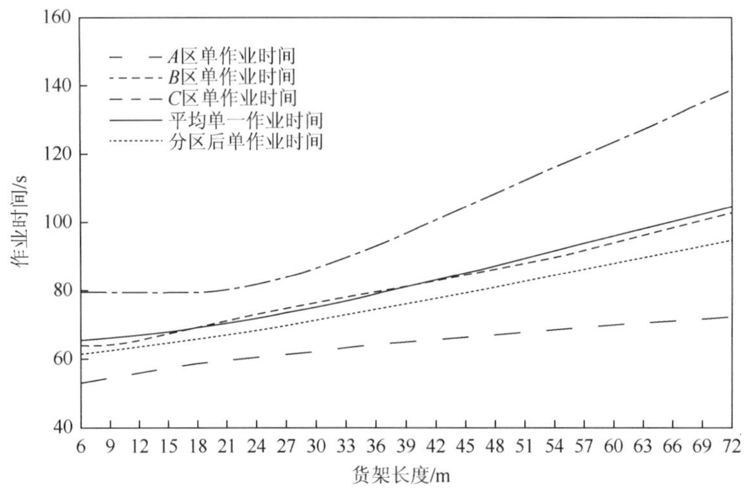

图 5-12　作业时间随货架长度变化曲线图

（4）同样的道理，当货架的长度不变，只改变货架的高度时，也存在着同样的情况，如图 5-13。当高度值小于一定值时，不仅 C 区的单作业时间不再变化，而且 B 区、A 区及平均单一作业时间等都不再变化。由于这种情况下，堆垛机的作业时间仅取决于堆垛机水平运行的时间，而货架长度是一定值，所以出现作业周期不再变化的现象。

5.4.4　结论

自动化立体仓库的作业周期不仅是立体仓库总体设计的一个重要参数，也是衡量其吞吐量和生产效率的重要指标。为缩短作业时间而进行的货位分区及管理，能够在提高堆垛机的作业效率和提高仓库的出入库能力上发挥重要作用。本节通过作业周期的计算和对分区方法的研究，通过数值仿真计算，得出对货位作业周期时间按 ABC 分区的计算机图形显示，使读者能够大体知道在整个库区内，各货位作业时间长短的分布状况，从而对货位分区的实际操作起到一定的指导作用。显然，按作业周期进行的货位分区，能够降低堆垛机进行出入库的平均作业时间，从整体上提高拣货作业的效率。另外，本节的分区结果图 5-13 与文献[48]在分类

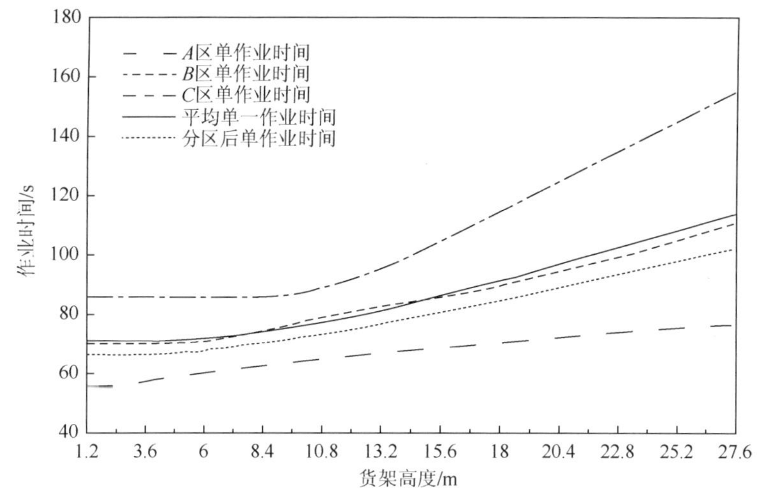

图 5-13　作业时间随货架高度变化曲线图

存储策略和单作业周期模式下，以最小化单一作业行走时间为目标时，时间正方形的货架，*L* 形的分类区域是最优的结论相一致。但以往文献一般都将堆垛机的运行速度视为匀速、货位视为连续，本书考虑了堆垛机运行的加速度，且对货架按真实的离散情况进行处理，因此对实际操作的指导意义更大。

5.5　小　　结

本章在对常用储位指派方法进行归纳总结的基础上，重点研究了基于工作量均衡的储区分配与调整方法，以及以减少能耗为目标的储位指派方法。对基于工作量均衡的同步拣货系统储位分区模型中的相似系数进行了重新定义，根据被拣货物具有一定重量和体积的实际，在充分考虑品项实际订购数量的前提下，提出了当量订购次数的概念、计算公式以及系统利用率评价方法。建立了以减少能耗为目标的简单往返拣货模型，并用简单实用的比重－周转率索引算法来求解模型。为人工拣货系统中从货物到达、储区分配、指派具体储位及日后调整这一决策过程，提供了具有参考价值的规划与管理方法。同时，研究了立体仓库基于作业周期的货位分区方法，按作业周期进行的货位分区，能够降低堆垛机出入库的平均作业时间，从整体上提高拣货作业的效率。

第 6 章　配送中心拣货系统决策模型研究

6.1　拣货作业系统模式的形成

6.1.1　拣货系统模式化的概念

1. 模式化的目的

从许多配送中心的实例研究中发现，凡是业务种类和形态相似、规模相近的配送中心，其拣货作业系统也越相似，其中有一定的规律可循。如果能将这些系统特性做分类研究，掌握到实际的数据或指标，拣货作业系统规划或改善的能力与质量就能得到大幅的提升。模式化是系统分析研究的一种手法，拣货作业系统按可独立分开讨论的部分进行模式划分，划分出来的模式基本上是可各自独立的子系统。各种模式中再按不同的作业方式区分出不同的模式形态。拣货作业系统通过进行模式形态的划分，降低了原来的复杂程度，这时再进行各种形态的特性分析研究，就可以达到事半功倍的效果。

模式形态的特性分析结果，可用于改善现有的拣货作业系统，也可以用于重新规划设计拣货作业系统时选择适合的作业方法提供参考。

2. 模式形态研究的流程（图 6-1）

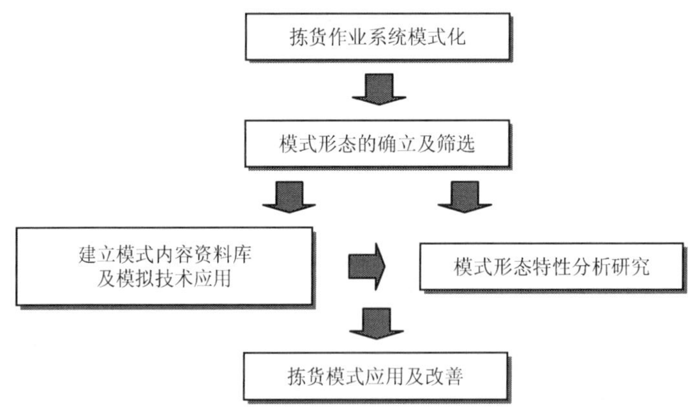

图 6-1　模式形态研究流程

3. 拣货作业系统设计与基本模式运用

基本拣货模式研究结果运用于拣货作业系统规划设计的整体程序如图 6-2。

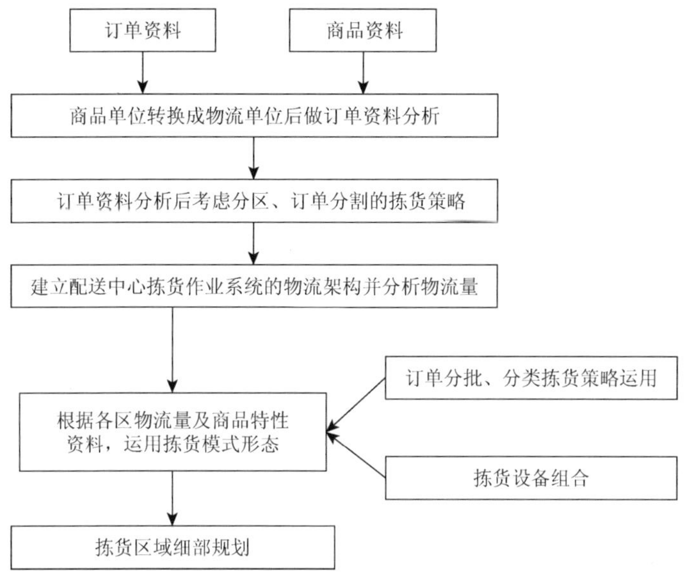

图 6-2　拣货作业系统规划与拣货模式运用

6.1.2　配送中心物流单位的划分

为了分析配送中心内部物流量的大小，首先必须统一物流单位，由于要与实际的储存搬运等物流设备或作业方法的种类相配合，所以将一般的物流单位划分为以下三种，如表 6-1。

表 6-1　物流单位的划分

物流单位	代号	体积范围	重量范围	搬运方式
托盘	P	$1m^3$ 以上（单边长不超过 2 米）	50kg～3t	只能以机械化方式搬运
箱	C	$10cm^3$～$1m^3$（单边长不超过 1m）	1～50kg	人工必须用双手或用辅助工具搬运
单品	B	$10cm^3$ 以下（单边长不超过 20cm）	1kg 以下	人工可以单手搬运

用来订购商品的单位并不一定等于物流单位，在做订单资料分析之前各类商品的单位最好能转换成一致的物流单位，以便为物流架构分析提供可靠的判断。

6.1.3　物流架构（模式）分析

物流架构的建立基本上有两种不同的方式，第一种方式是按拣货作业系统规划的步骤，在商品、订单资料的收集，商品单位转换成物流单位后做订单分析，再考虑分区、订单分割的拣货策略等。第二种方式是对直接观察到的现存作业系统的描述。

利用上述三种物流单位将其中的拣货作业部分单独来看，可作出以图 6-3 所示的物流结构分析图，由入库单位、储存单位、拣货单位组成。

6.1.4　基本拣货模式

图 6-3 的拣货作业物流结构中若将不同的储存单位及拣货单位组合独立分离出来，可得到图 6-4 所示的基本拣货模式。这七组基本拣货模式可以组合成复杂的拣货作业系统如表 6-2，也可以单独形成简单的拣货作业系统。

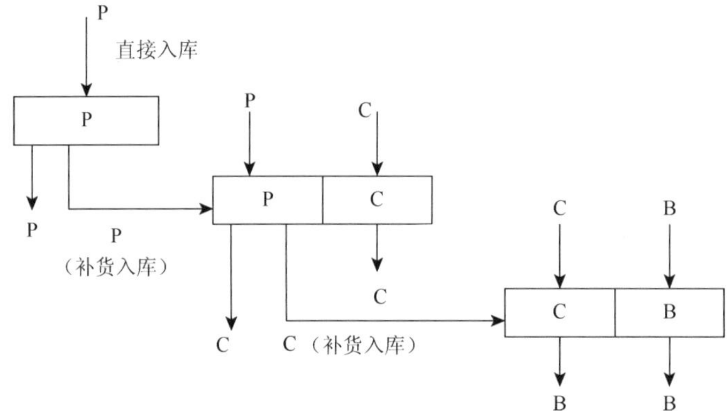

图 6-3　拣货作业物流结构分析图

表 6-2　基本拣货模式

模式编号	储存单位	拣货单位	记号
1	托盘	托盘	P→P
2	托盘	托盘＋箱	P→P＋C
3	托盘	箱	P→C
4	箱	箱	C→C
5	箱	单品	C→B
6	箱	箱＋单品	C→C＋B
7	单品	单品	B→B

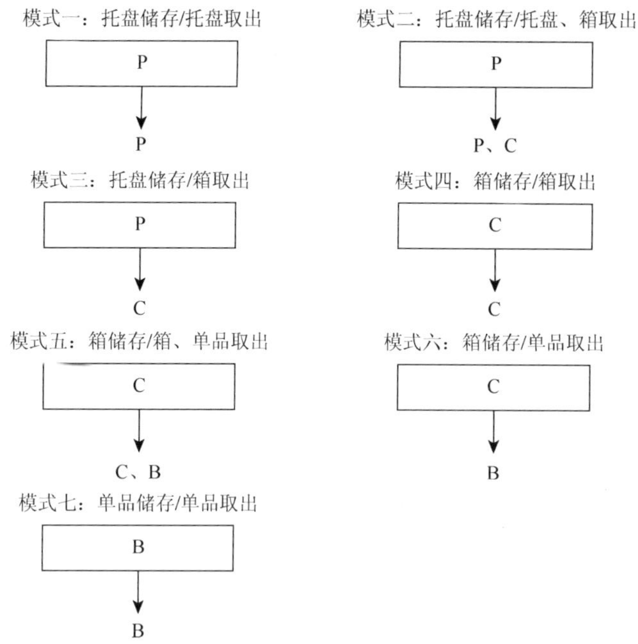

图 6-4　基本拣货作业模式

6.1.5　模式形态的划分

模式形态是对各种基本拣货模式范围内作业方法的描述，以便能对不同的作业方法进行效率、成本等方面的分析比较。为了使这些描述与分类系统化，必须抽象出作业方法的主要内容，进行归纳总结，并予以层次化和格式化。

一个完整的模式形态应包括拣货策略方式、储存及拣货设备、分类设备、储存策略、储位指派方式、拣货信息、使用容器等，划分得越细，其种类数量也越繁多。为了使模式形态数量不至于太庞大，又使各种模式形态具有代表性，我们选定分批分类策略及拣货设备，作为模式形态的主要内容。

1. 形态内容分项一：分批分类拣货策略

决定拣货策略的四个主要因素分别为：分区、订单分割、订单分批和分类。而分区和订单分割的决定是在建立拣货作业物流架构之初完成的，因此在模式形态内容中拣货策略部分需要决定的就是订单分批及分类。分批分类拣货策略可分成以下三种不同的方式（表 6-3）。

表 6-3　分批分类拣货策略

编号	分批分类拣货策略	记号
1	订单拣取（single-order-picking）	SOP
2	批量拣取时分类（sort-while-picking）	SWP
3	批量拣取后分类（sort-after-picking）	SAP

2. 形态内容分项二：拣货设备

拣货设备按操作方式的不同有如下三种（表 6-4）。

表 6-4　拣货设备

编号	拣货设备	记号
1	人至物拣货设备（man-to-part）	MP
2	物至人拣货设备（part-to-man）	PM
3	自动拣货设备（automatic pick）	AP

3. 形态内容整合

由分批分类拣货策略和拣货设备所组成的形态种类数，理论上应该有九种，但实际上自动拣货设备皆采用订单方式拣取，因此有以下七种组合（表 6-5）。

表 6-5　形态内容组合表

形态编号	内容分项一	内容分项二	记号
1－1	订单拣取	人至物拣货设备	SOP/MP
1－2		物至人拣货设备	SOP/MP
1－3		自动拣货设备	SOP/AP
2－1	批量拣取时分类	人至物拣货设备	SWP/MP
2－2		物至人拣货设备	SWP/PM
3－1	批量拣取后分类	人至物拣货设备＋分类设备	SAP/PM +sort
3－2		物至人拣货设备＋分类设备	SAP/PM +sort

注：大批量拣取后的作业方式必须有分类设备的配合，B-sort 代表单品分类系统，C-sort 代表箱分类系统

4. 基本拣货模式与形态的整合

由上述七种基本拣货模式和七种形态可以组成 49 种模式形态，但在国内外配

送中心运用的实际情况中常用的拣货模式形态为数更少，国内外常见的 25 种有实际运用的模式形态如附表 5。

6.2　配送中心拣货方式决策模型

拣货作业是配送中心必不可少而又十分重要的一个环节，接受客户订单后以何种方式进行拣货作业将直接影响配送中心的作业效率和作业成本。配送中心最基本的拣货作业方式一般有单个订单拣取和批量拣取两种，采用哪种拣货方式效率更高成本更低，需要通过定性和定量分析后最后确定。3.3 节中的定量和定性分析只能对拣取方式作出初步决定，其定量结果只是一个数据范围，且多数数据需要根据过去的或预计的订单资料及出货量做订单品项数量分析（EIQ 分析）。一旦实际订单与预测不符，原有的拣货方式很可能导致拣货作业效率低下，从而影响配送中心的拣货成本和服务水平。为此，本书依据实际需要拣取的品项数及货品在库区的分布情况建立了一个确定拣货方式的数学模型，能明显地比较出同一批订单采用哪种拣货方式拣货效率更高。

6.2.1　拣货方式决策模型

1. 模型假设

如图 6-5 所示，假设拣货区由一定数量的等长巷道组成，巷道两侧的货架上存放着要拣取的品项。人推着拣货车在巷道中行走进行拣取作业。拣货车在巷道中能在两个方向来回移动，且能很容易地改变方向。每张订单上都包含分布在多个巷道中的诸多品项，且订单处理及拣货过程满足以下条件：

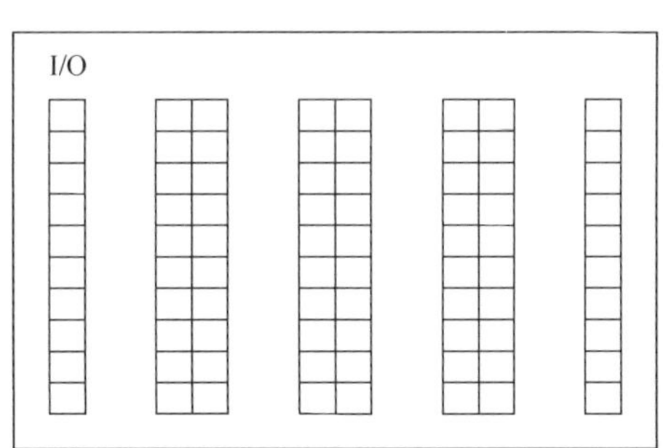

图 6-5　配送中心拣货区平面布置示意图

（1）拣取的商品均以箱为出货单位；
（2）订单所订购的商品均不缺货；

（3）根据拣货指示走到储位附近后寻找并确认货品储位的时间为定值；

（4）抓取一箱货品所耗费的时间为定值；

（5）拣货人员按拣货指示行走到货品放置处的速度与拣取完后搬运行走到暂存区的速度均为定值；

（6）批量拣取 N 张订单时往复行走的时间等于订单别拣取相同订单数量时每张订单往复行走时间的平均值；

（7）批量处理 N 张订单的时间等于分别处理 N 张订单时间的平均值。

2. 模型的建立

为了确定正确有效的拣货方式，我们选择拣货作业所需的总时间作为目标函数，并设：

N 为订单的数量，整数；

t_i 为处理第 i 张订单形成拣货指示所需的时间，$i=\{1, 2, \cdots, N\}$；

t_n 为拣取第 n 张订单时，行走往复所花的时间，$n=\{1, 2, \cdots, N\}$；

t_x 为寻找货品储位的时间，为定值；

t_z 为抓取一箱货品所需的时间，为定值；

t_f 为批量拣取后的分类时间，可以根据经验估计，也可以给定一个期望的分类时间；

I 为 N 张订单的品项总数（为整数），不包括重复品项数，即各订单中品项相同的商品计为一种品项；

I_n 为第 n 张订单中商品的品项数，$n=\{1, 2, \cdots, N\}$，$I_n=\{1, 2, \cdots, I\}$；

Q_{nj} 为第 n 张订单中第 j 个品项的数量（箱数），$j=\{1, 2, \cdots, I_n\}$；

K_{IJ} 为 I 品项中第 J 个品项的订单件数，$J=\{1, 2, \cdots, I\}$；

T_1 为按订单方式拣取 N 张订单所耗费的总时间；

T_2 为批量拣取 N 张订单所耗费的总时间。

则目标函数可以表示为

$$Z=\min\{T_1, T_2\} \tag{6-1}$$

由拣货作业过程时间的组成可得

$$T_1=\sum_{i=1}^{N} t_i+\sum_{n=1}^{N} t_n+t_x \sum_{n=1}^{N} I_n+t_z \sum_{n=1}^{N} \sum_{j=1}^{I_n} I_n Q_{nj} \tag{6-2}$$

$$T_2=\frac{\sum_{i=1}^{N} t_i}{N}+\frac{\sum_{n=1}^{N} t_n}{N}+t_x\left[\sum_{n=1}^{N} I_n-\sum_{J=1}^{I}(K_{IJ}-1)\right]+t_z \sum_{n=1}^{N} \sum_{j=1}^{I_n} I_n Q_{nj}+t_f \tag{6-3}$$

6.2.2 算例分析

为了检验模型的效果，举一个简单的例子进行说明。假设满足模型要求的配送中心将到达的 4 张订单进行一次订单处理，各张订单的订购情况分别为订单 1={*A*，*B*，*C*}，订单 2={*A*，*C*，*D*，*E*}，订单 3={*A*，*B*，*D*，*F*}，订单 4={*A*，*C*，*E*，*F*，*G*}，且各品项订货量均为 2 箱。假设处理每张订单的时间及拣取每张订单行走往复的时间均与其所订购的品项数成正比，订单处理时间分别为 3 秒、4 秒、4 秒和 5 秒；根据拣货区的布置情况设拣取时行走往复所花的最大时间第一张订单为 90 秒，其他订单为 120 秒；走到储位附近后寻找确认的时间为 4 秒，期望分类时间为 4 分钟。

由式（6-1）和式（6-2）可得

$$T_1 - T_2 = \left(\sum_{i=1}^{N} t_i - \sum_{n=1}^{N} t_n\right)\left(1 - \frac{1}{N}\right) + t_x \sum_{J=1}^{I}(K_{IJ} - 1) - t_f$$

=[(3+4+4+5)+(90+120+120+120)(1−1/4)]+4[(4−1)+(2−1)+(3−1)+(2−1)+(2−1)+(2−1)+(1−1)]−4×60=145.5 秒=2.425 分。

由计算结果可知，$Z=T_2$ 即采用批量拣货作业时间更短，效率更高。对订单数量大，拣货频繁的配送中心来说，这种决策方式的优势会更加明显。

配送中心在对拣货系统进行规划时，可根据文献[2]对拣货方式作出初步确定。在实际的拣货作业开始前，必须对客户的订单进行处理，为确保拣货作业合理高效，可利用上述数学模型，在订单处理过程中及时算出两种拣货方式的作业时间并进行比较。如果 T_1、T_2 相差不大，可以按预定的拣货方式进行拣货，如果相差悬殊，则按模型确定的拣货方式进行拣货作业。

6.2.3 结论

以拣货作业时间为目标函数，用数学模型的形式为配送中心拣货方式的选择提供了量化依据。由算例可知这种方法计算并不复杂，订单资料输入后，只需要通过简单的运算即可得出结果，计算机实现非常方便易行，对配送中心为争取作业时间，提高对客户的服务水平和质量，具有重要的理论意义和现实意义。模型在建立的过程中只考虑了时间因素，对影响拣货效率的路径优化问题及影响拣货成本的设备和人员利用问题均未作考虑，有待于进一步探索研究。

6.3 配送中心拣货系统分区策略

配送中心的作业分区主要有储存分区和拣货分区两大类。在进行拣货作业系统的分区设计之前，必须先对储存分区进行了解、规划，才能使系统整体的配合更加完善。图 6-6 是进行分区设计时的程序，每个分区考虑的因素和重点都不尽相同，本节主要对拣货分区策略进行研究。

图 6-6　储存与拣货的分区

6.3.1　拣货单位分区策略

拣货单位是根据订单分析的结果来作决定的，如果订货的最小单位是箱，则不需要以单品为拣货单位，库存的每一种货品都需要通过以上的分析判断出拣货单位。一种货品有时可能需要有两种以上的拣货单位，因此一个配送中心的拣货单位通常在两种以上。例如，AS/RS 自动仓储及托盘货架都是以托盘为储存单位，AS/RS 自动仓储又以托盘为取出单位，而托盘货架则以箱作为拣货单位。因此，在分区设计时还必须参考拣货方式。如果按订单拣取，则拣货分区可完全按拣货单位决定的结果。若按批量拣取方式，则拣货单位必须依订单分批后合计量的结果进行修正。拣货单位划分清楚后，可以用在配送中心物流结构的分析上，如图 6-7 所示。

6.3.2　拣货方式分区策略

拣货方式分区除有批量拣取和订单别拣取的分别外，还包括搬运、拣取机器设备等差异，如想在同一拣货单位分区之内，采取不同的拣货方式或设备时就必须考虑拣货方式的分区。通常拣货方式分区中要考虑的重要因素是商品被订购的频率（IK）以及订购量（IQ）。通过 EIQ 分析可以不仅了解订单上的内容，即客户订购了何种物品、多少数量、各订单订购品项的频率及重复情况等，还可以了解客户的订货特性和配送中心的接单特性、入库特性、保管特性等，从而确定出与物流系统特性配合的物流设备，还可用于分析系统所需的作业人员及作业时间等。

假设某处理邮购的物流中心，根据 EIQ 分析绘出的 EN、IK 分布统计图如图 6-8 和图 6-9 所示。

由图 6-8 可以看出，订单的品项数（EN 值）绝大多数都小于其最小值 EN_l，说明订单订购的品项数不算多，由图 6-9 可以看出，订单的 IK 值大都分布在 IK_h

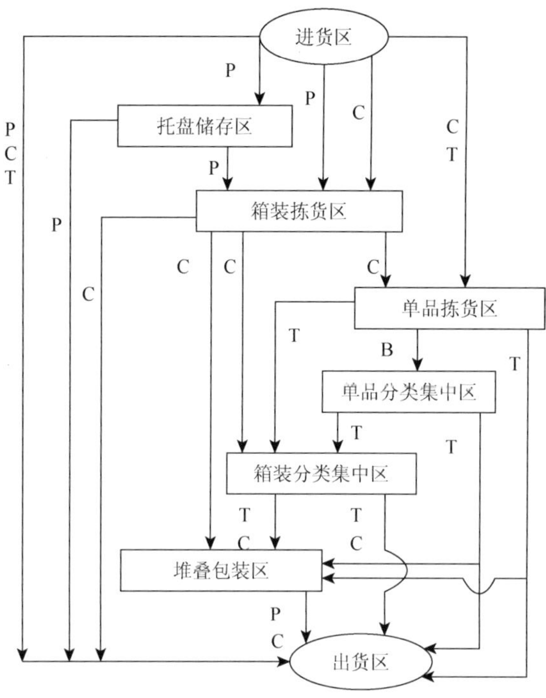

图 6-7　配送中心物流结构图

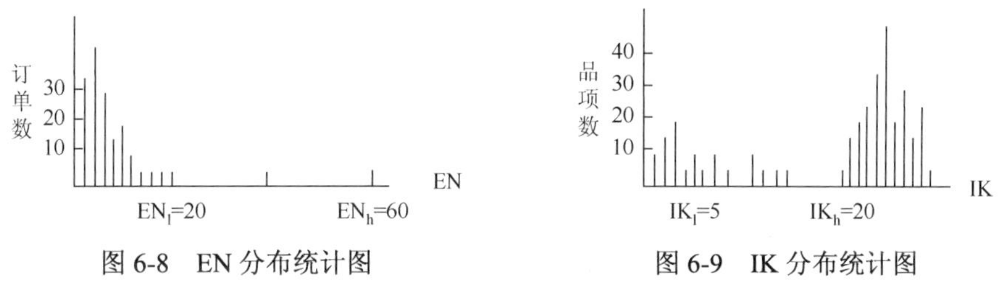

图 6-8　EN 分布统计图　　图 6-9　IK 分布统计图

以上，说明同一品项被订购的频率很高，故宜采取批量拣取。但值得注意的是，当 EN、IK 的分布具有两极化的倾向时，可将不同的作业方式分区进行。如一批订单中只有少数几种商品订购频率极高且数量较大，而其余品项数多，但数量不大且重复订购的频率较低，这时可结合订单分割策略，将这批订单中订购频率高的少数几种商品采用批量拣取，而将其余品项按订单拣取，批量拣取和订单拣取分别在不同的分区同时进行。

6.3.3　工作分区策略

工作分区就是在相同的拣货方式下，将拣货作业场地再作划分，由一个或一组固定的拣货人员负责拣取某区域内的货品。如图 6-10 的输送带拣货区内就有四个工作分区。在进行分区之前，应先规划出工作分区的组合情况并预计其产能，再计算出所需的工作分区数。工作分区数=总拣货需求产能÷单一工作分区预估产能。

如某一拣货系统每天需处理 12000 张订单，每张订单平均订购品项数约 5 项，因此每天系统需拣取 60000 点数，若单一工作分区内使用水平旋转仓储约可拣取 6000 点，则可能需要 10 个类似的工作分区共同来完成每日的拣货作业。这只是一个参考数据，最后的结果应根据实际情况的“顶峰系数”和“作业时间带”来加以调整。

各种拣货分区可同时存在于一个配送中心内，或单独存在，配送中心可根据自己的实际情况灵活运用拣货分区策略，以达到成本最低、效率最高。图 6-10 是某配送中心拣货分区示意图，包含了两种以上的分区策略。

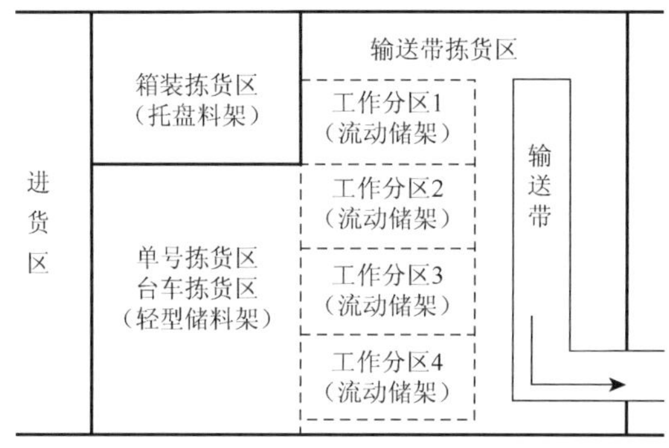

图 6-10　拣货分区示意图

6.4　配送中心订单拣货路径优化策略

订单拣货就是根据客户的订单，将物品从仓库的库存储位中取出，并进行出库作业。为了提高拣货的效率，减少作业人员在仓库内的行程，需要精心设计拣货策略和路线。拣货效率的提高取决于多方面的因素，如仓库的布局、相应的硬件设施、运作策略等。其中订单拣取路径的缩短与优化作为一项提高拣货效率的运作策略，多年来一直受到企业家和学者的关注。

一般来说，订单的拣取过程是配送中心中所有作业中最费力的，其劳动量占配送中心中所有作业量的 60%。尤其是在配送时限要求越来越短的配送中心，拣取活动通常要在有限的时间内完成，从而导致配载和订单拣取的难度大大增加。因此，现在许多配送中心采用了电子标签和 RF 手持终端机等无纸化的订单拣取系统来代替原来包含拣取位置的拣货单。无纸化订单拣取一个最明显的优点就是被拣取品和储存位置通过配送中心的信息系统联系在一起，信息系统能告知当前准确的库存信息，反应异常情况，并进行进度控制。而且，拣取者不用离开存货位置就能获得拣取和存储指令，因而能大大减少拣货错误，提高拣货效率，但是需要配备费用高昂的订单拣取设备，对配送量不大的中小型配送中心来说不能做到物尽其用，是一种设备上的浪费。

即使是利用传统电子标签辅助拣货，虽然实现了无纸化作业，能减少拣货时间，但必须依靠货架上的指示灯来指示拣货，必须遍历拣货区的所有巷道和货位，而拣货路径未必最短。而且，如果拣货品项越少，分布的巷道数越少，其弊病就表现得越明显。

因此，在其他条件相同的情况下，提高拣货效率的有效方法，就是优化拣取路径，缩短行走距离。

6.4.1　影响拣货路径长度的因素

1. 仓库的结构与布局

在订单拣货中，布置设计主要涉及两个方面：一方面是包含拣货系统的设备布置，另一方面是拣货系统内部的布局。前者涉及不同功能区域的位置决策（收货、拣货、存储、分类、出货等）通常通过考虑各区域之间的关系来完成，目标是搬运成本最小化，在很多情况下表现为行走距离的线性函数。后者涉及区块数量的确定，每个拣货区中巷道数量、长度和宽度的确定，目标是在给定的约束条件和需求情况下对某个确定的目标函数，找到一个最好仓库布局，最普遍的目标函数就是行走距离。仓库中的拣货路径问题相当于一类特殊的旅行商问题，仓库的结构与布局如货格的宽度与深度、仓库出入口位置及横向通道的数量等都是影响拣货路径长短的重要因素。

2. 存储策略

存储策略是指如何给存货单元分配存储位置，主要分为随机存储、基于体积—订单指数存储和分类存储三类。随机存储策略因其使用简单，可以节约存储空间而被广泛使用。由于存储位置是随机的，被拣取品几乎分布在所有通道中，对拣货路径的减少没有帮助。基于体积—订单指数的存储策略（COI）是将储存货物所需的平均空间与该货物的日平均订单数量的比值小的放置在靠近出入口的位置。在一个拣货通道内，这种存储策略能大大减少通道内拣货行走的时间，但和随机存储相比，其信息精确度要求高，不容易管理。分类存储是将物品按拣货频率的高低分类，将流量大的品项存放在离出入口近的地方。文献[1]的研究表明分类存储比随机存储节约 12%～26%的拣货时间，节约的程度取决于拣货单上被拣品数量的多少，大的拣货单比小拣货单节约的时间少。一般来说，如果不考虑拣货区的数量和拣货单的大小，采用基于体积－订单指数的存储策略就比随机存储策略的拣货路径短。

3. 拣货方式策略

拣货方式策略确定拣货单上应拣取哪些货物单元，再由拣货员从其储位上取出。订单别拣货是最普遍的策略，拣货员按一定的拣货路径从仓库中取出一个订单上的所有物品。这种拣货方式能保证订单的完整性且比较容易实现，因而应用较多。另一种拣货策略就是将多个订单集合成一批进行批量拣取。分批方式有固定订单量分批、总合计量分批、时窗分批和智能型分批等。无论哪种分批方式，在减少拣货行走距离方面都优于先到先服务的订单别拣货策略。这种拣货方式能保证订单的完整性且比较容易实现，因而应用较多。

4. 路径策略

路径策略就是对给定存储位置的品项确定拣取先后顺序，从而决定拣货员的行走路线，拣货员按路径策略指定的顺序依次拣取物品，以保证拣货行走距离最短。在实际的操作中，路径问题的解决方法主要是启发式方法。由于启发式方法简单易懂，又能形成比较接近最优的路径，企业普遍愿意接受这种方法。在低层人至物拣货系统（拣货员沿着巷道行走到拣取位置拣取相应的物品）中，无论出入口位于仓库中间还是在仓库的一角，其拣货路径策略概括起来主要有基本路径策略、启发式路径策略和最优路径策略三类。

6.4.2 订单拣货路径问题的描述及假设

考虑到目前绝大多数的配送中心仍属劳力密集型产业，与拣货作业直接相关的人力占整个配送中心人力的 50%以上，作业时间也占整个物流作业时间的30%～40%，其拣货信息也大都采用拣货单的形式，本书将研究一种具有普遍性、比较典型的传统宽巷道的托盘货架拣货区的拣取路径问题，并在优化拣取路径的同时，充分考虑减少拣货车的载货行走时间。

拣货区一般都是由一定数量的等长巷道组成的，巷道两侧的货架上存放着要拣取的品项。人推着拣货车在巷道中行走进行拣取作业。拣货车在巷道中能在两个方向来回移动，且能很容易地改变方向。每张订单上都包含分布在多个巷道中的诸多品项。我们假设一张订单的诸多品项能够在一条路径上被拣取，巷道的改变在其两端进行。这种情况下，拣取路径的起始点和终止点是事先已知的。为了确定拣取路径的最小长度，并考虑拣货车的载货行走时间，我们设定一个在同端出入库的拣货区，其布局及货位编码（巷道—货位号）情形如图 6-11 所示。图中方格表示商品货位，蓝色方格表示要拣取的物品所在的货位。

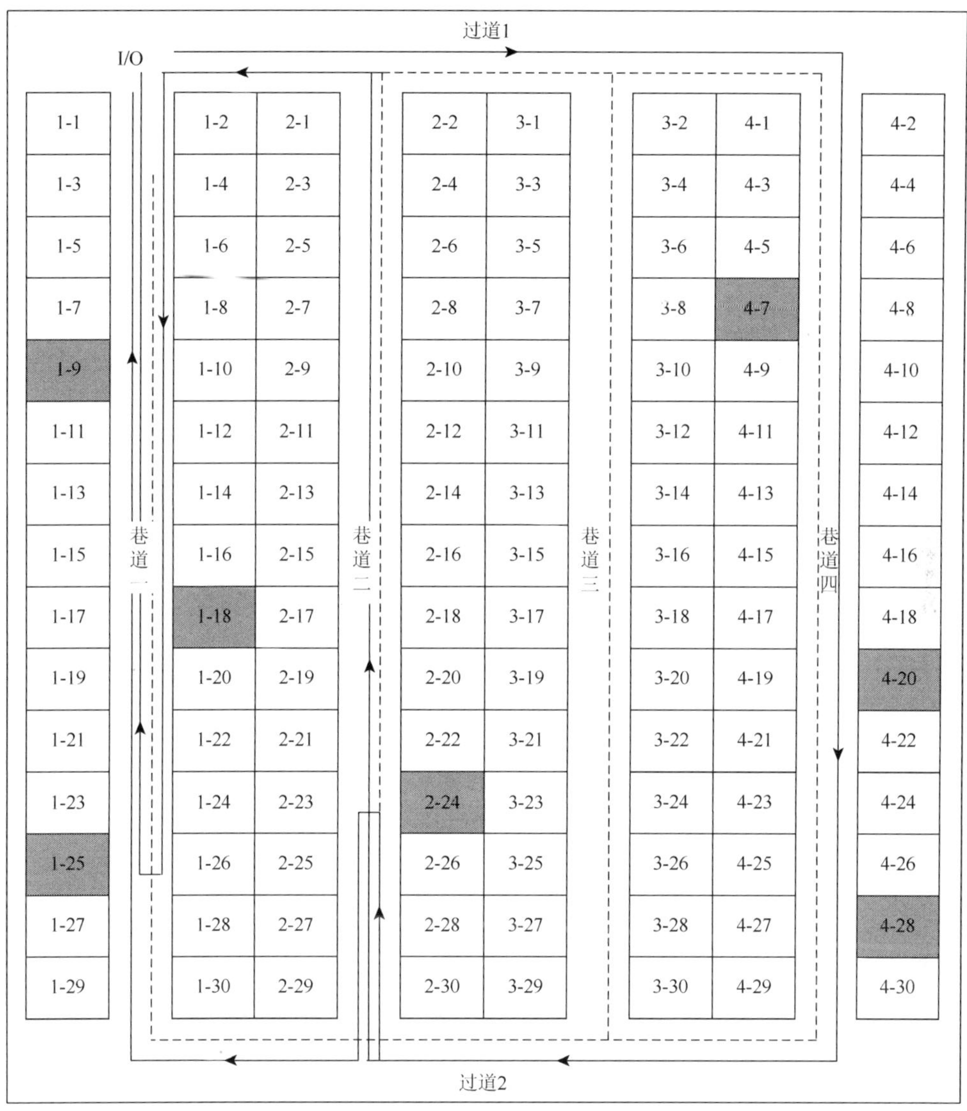

图 6-11 拣货区布局及货位编码

假设货位宽、巷道宽及过道宽均为 1 个单位长，为了尽量减少拣货车的载货行走时间，采取由远而近的拣取顺序，即最先拣取离出入口最远的巷道上商品，再分别拣取离出入口较近的巷道上的商品，最后返回出入口。且假设拣货人员及拣货车总是在巷道和过道的中间行走，拣货时，人员和拣货车也是停在货位的正中间。

6.4.3 优化拣货路径的 S 形启发式策略

1. S 形启发式策略确定拣货路径的基本原理

启发式方法是寻求解决问题的一种方法和策略，也可以是面向某种具体问题的一种求解手段。启发式方法建立在经验和判断的基础上，体现了人的主观能动作用和创造力。利用 S 形启发式方法所得的拣货路径也许并不是最优的，但对配送中心来说能得到满意解已经足够。考虑拣货车的载货行走情况，仍然采用由远而近的巷道顺序进行拣货，各巷道中的拣货顺序则根据具体情况灵活掌握。仍以图 6-11 为例，确定拣货路径的具体流程如图 6-12。

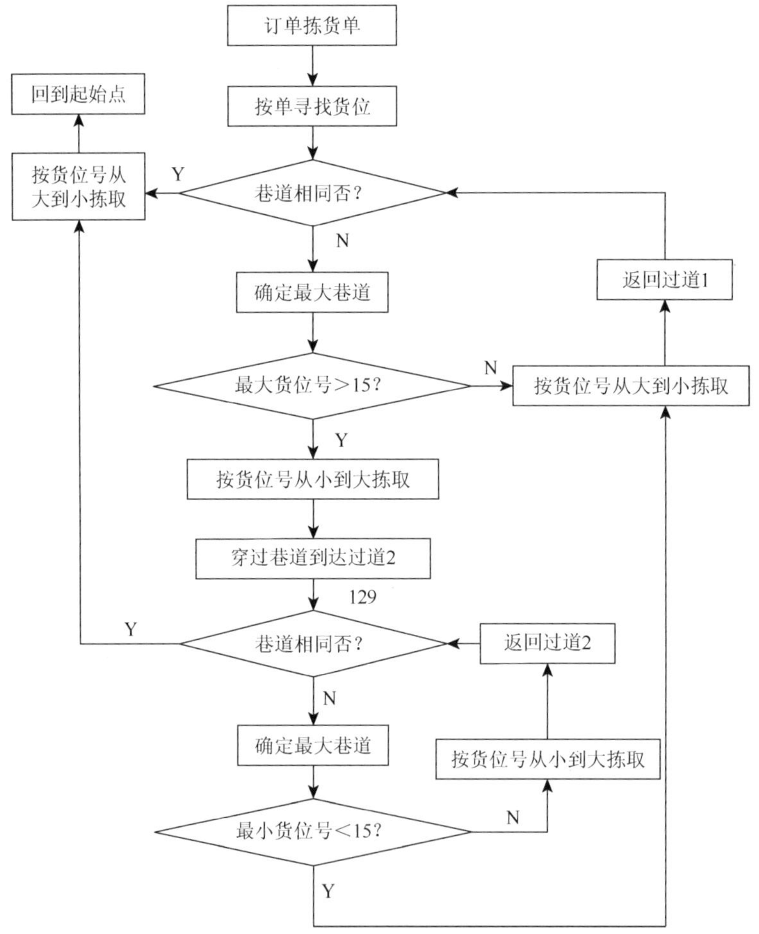

图 6-12　S 形启发式策略确定订单拣货路径流程图

下面分别计算数字显示拣货、传统拣货单拣货及 S 形启发式策略拣货单拣货的移动距离。

（1）数字显示拣货是利用数字显示器与人工配合的一种拣货方式，作业人员必须走动而商品固定不动，拣货人员只要依据灯号及数字显示，就可将商品拣出，是一种无纸化的拣货。这种作业方式除了数字显示外其余与人工作业方式相同。由于这种拣货方式没有显示下一个要拣取的商品位置，拣货人员必须遍历所有的货位，才能将商品完全拣出。所以拣货人员拣货移动的距离应该是图中所示的虚线部分即 82。

（2）传统拣货单拣货是一种“摘果式”的拣货方式，拣货人员必须走动而商品固定不动，拣货人员根据拣货单上的指示将商品拣出，且拣货单上的商品未按储位编排顺序，拣货人员只能靠记忆和经验拣货。图中的红线是传统拣货单经常采用的一种行走路线。其移动的距离为 76。

（3）改进的 S 形启发式方法确定拣货路径，然后制作拣货单，将拣货路径以最简洁的形式打印在拣货单上，拣货人员只需按拣货单上的路径行走，按货位排列的顺序进行拣货，没有经验的新手也可顺利拣货。图中蓝线即为这种情况下的拣货路径，需要行走的距离为 58。

由上面的计算可以明显地看出，这种情况下的三种路径中，利用改进的 S 形启发式方法确定的拣货路径是最短的。在其他情况下，拣货路径会因拣取货位的不同而不同，但用 S 形启发式方法确定的拣货路径拣货时要移动的距离最多只可能与（1）中的拣货路径算出的移动距离相等，不可能比它更大。当被拣取的品项分布的巷道数越多或越集中在货架的同端时，用改进的 S 形启发式方法确定拣货路径，其优越性就表现得越明显，其节约的行走长度是传统拣货单拣货无法相比的。

2. 包含拣货路径的拣货单

仍以图 6-11 为例，拣货路径确定后，再将要拣取的商品按货位到达的先后按顺序打印在拣货单上，拣货人员即可按拣货单上的路径和货位顺序进行拣货。这种包含拣货路径的拣货单清楚明了，即使是新手也能顺利拣货，能有效提升拣货效率。拣货单格式（表 6-6）如下。

3. 结论

对自动化程度不高的配送中心来说，采用改进的 S 形启发式方法来确定拣货路径，不仅可以克服原来拣货路径单一、行走距离长的缺点，得到比较满意的解，而且即使对使用传统电子标签和 RF 终端机辅助拣货的配送中心，如果能按 S 形启发式策略事先确定拣货路径，拣取一个货位之后，随时提示拣货人员下一货位的行走路线，那么拣货效率会大幅度提高。因此用 S 形启发式方法确定拣货路径，无论是订单别拣取还是批量拣取都具有以下的显著优点。

表 6-6　拣货单格式

订单编号：　　客户名称：　　拣货日期：　　拣货员：

序号	货位编码	商品名称	商品编号	数量（箱）	备注
1	4-7	…	…	…	
2	4-20	…	…	…	
3	4-28	…	…	…	
4	2-24	…	…	…	
5	1-25	…	…	…	
6	1-18	…	…	…	
7	1-9	…	…	…	

拣货路径

1

2

4

（1）一单一路径，有效缩短行走距离，提高拣货效率。

（2）充分考虑拣货车的载货行走距离，减少拣货人员负载，延长拣货车寿命。

（3）拣货路径打印在拣货单上，清楚明了，无需记忆，新手也能顺利拣货，为配送中心的旺季作业和招聘临时工提供保障。

（4）简单方便快捷，实际应用中切实可行。

6.4.4　优化拣货路径的一种动态规划方法

1. 模型假设

传统拣货方式一般是拣货人员凭经验和记忆按商品分布的巷道顺序进行拣取，由于未对被拣商品按路径优化顺序进行编排，不同的商品分布几乎都按同一模式进行拣取，致使拣货路径较长且效率不高，新手更是无法胜任。为了优化拣货路径，在传统拣货模式的基础上作如下分析并提出建立模型的假设条件。

如图 6-13 所示，仓库及货位尺寸同 6.4.3 节，对于在同端出入库的拣货区，为了拣取分布在拣货区各巷道内的商品，分两种情况：①从被拣取商品离出入口最近的最小号巷道开始按顺序逐渐向最大号的巷道进行拣取；②从离出入口最远的被拣商品所在的最大号巷道开始按顺序逐渐向最小号的巷道进行拣取。因为如果从其中间的某一巷道开始进行拣取，也有两种情况，其一是有迂回（横向行走的路径长度大于被拣商品的最大巷道与出入口之间横向距离的 2 倍），如图中从巷道 2 开始，再依次拣取巷道 1 和巷道 4 内的商品的情形，这种情况下的拣货路径显然不是最优的。其二是没有迂回（横向行走的路径长度等于被拣商品的最大巷道与出入口之间横向距离的 2 倍），这种情况下，对拣货路径的纵向优化实际上属于①②的情形之一。如图中从巷道 2 开始，再依次拣取巷道 4 和巷道 1 内的商品的情形。基于此，特对动态规划模型作如下假设。

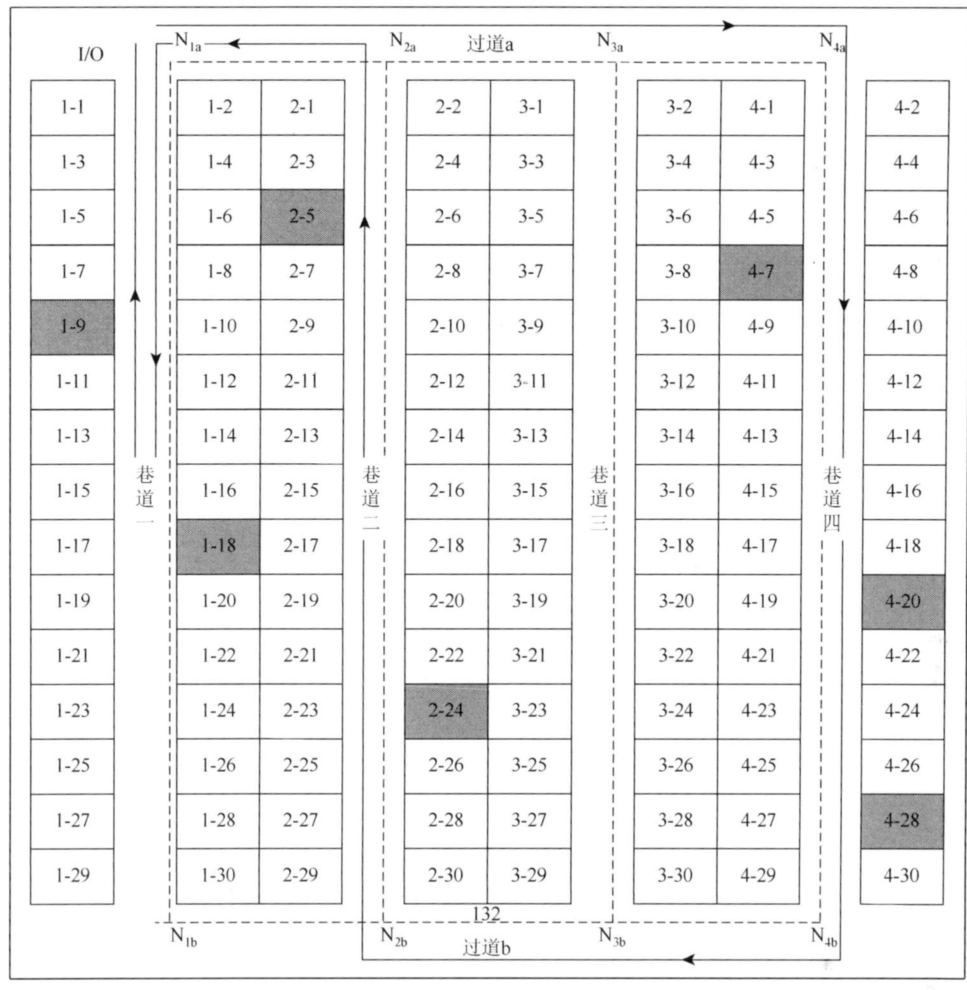

图 6-13　拣货区布局及货位编码

（1）不失一般性假设拣货区由 n 个巷道组成，其货位宽、巷道宽及过道宽均为一个单位长。

（2）为减少拣货车载货行走的距离，按情形②的拣取顺序确定拣货路径，即最先拣取离出入口最远的巷道上的商品，再依次拣取离出入口较近的巷道上的商品，最后返回出入口。（也可以采取①的顺序，由于①②均属于没有迂回的情形，且距离没有方向性，其纵向优化的结果是一致的。）

（3）由于起点和终点在同一位置，在无迂回情况下，拣货路径长度中横向行走的距离总是等于被拣商品的最大巷道和出入口之间横向距离的 2 倍，为一定值。为简化计算，建模过程中不考虑横向行走的距离，只计算沿巷道方向行走的距离。

（4）假设拣货人员及拣货车总是在巷道和过道的中间行走，拣货时，人员和拣货车也是停在货位的正中间。

（5）每张拣货单上的商品都能一次拣取完成。

2. 模型的建立

1）拣货路径网络图

若同一巷道中被拣取的商品有多个，则有两种决策方式。要么从最小货位号到最大货位号，要么从最大货位号到最小货位号。道理同巷道的拣取顺序。从一个巷道到下一个巷道的拣取也有两种决策方式，即原路返回或穿过巷道从另一端到达。因此选择从一个巷道转入下一个巷道的必经点 N_{ia}、$N_{ib}(i=1, 2, \cdots, n)$为状态点，根据假设可以得出具有 n 个巷道拣货区的 n 个巷道内均有被拣商品时的拣取路径网络如图 6-14。

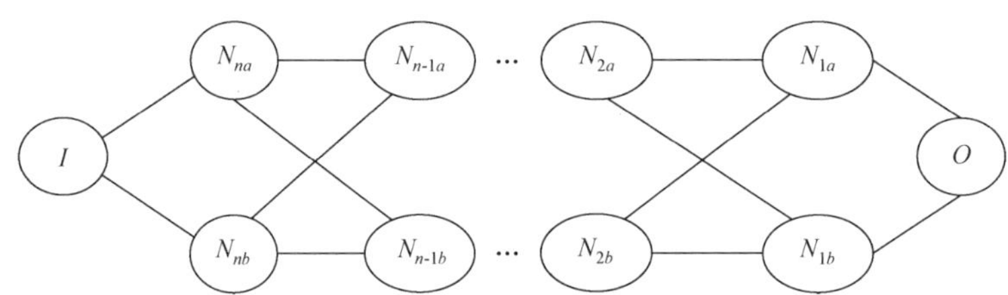

图 6-14　n 个巷道均有被拣商品时的拣取路径网络图

网络图中的状态点 N_{ia}、$N_{ib}(i=1, 2, \cdots, n)$表示拣取完一个巷道内的商品后回到货架两端时的位置，即巷道 i 与过道 a、b 的交点。如 N_{3b} 表示巷道 3 与过道 b 的交点，N_{4a} 表示巷道 4 与过道 a 的交点。

$N_{ia}–N_{ja}(i=1, 2, \cdots, n;\ j=1, 2, \cdots, n;\ i>j)$ 表示从巷道 i 通过过道 a 到达巷道 j 拣取完巷道 j 内的商品后回到 N_{ja}，$N_{ia}-N_{jb}$ 表示从巷道 i 通过过道 a 到达巷道 j 拣取完巷道 j 内的商品后穿过巷道 j 到达 N_{jb}，其他依次类推。各段距离的计算方法如下：

IN_{na}=第 n 巷道中被拣取的最大货位号到 N_{na} 纵向的距离的 2 倍；

$N_{qa}O=0$，$IN_{nb}=N_{qb}O$=巷道长 L，q 为被拣取商品所在的最小巷道号；

$N_{ib}\,N_{jb}=j$ 巷道中被拣取的最小货位号到 N_{jb} 纵向距离的 2 倍；

$N_{ia}\,N_{ja}=j$ 巷道中被拣取的最大货位号到 N_{ja} 纵向距离的 2 倍；

$N_{ia}\,N_{jb}=N_{ib}\,N_{ja}$=巷道长 L，i，$j=1, 2, \cdots, n$；n 为巷道数，且 $i>j$。

$$d_{ha}=\begin{cases}\dfrac{m+1}{2}, & \text{货位号}m\text{为奇数}\\ \dfrac{m}{2}, & \text{货位号}m\text{为偶数}\end{cases} \tag{6-4}$$

$$d_{hb} = L - d_{ha}$$

式中，d_{ha}，d_{hb} 分别表示货位号为 m 的货位到 a 端和 b 端的距离。

2）动态规划的基本方程

用于衡量所选策略优劣的数量指标称为指标函数，最优拣货路径的指标函数是距离。要求解上述最优拣货路径，只要求出从 I 到 O 的最短距离即可。递推逐段求解的基本方程为

$$\begin{cases} f_k(s_k) = \min\limits_{u_k}\left[d_k(s_k,u_k) + f_{k+1}(s_{k+1})\right] \\ f_{k+1}(s_{k+1}) = 0 \end{cases}, \quad k = n+1, n, \cdots, 1$$

式中，k 为阶段变量，n 为被拣商品分布的巷道数，s_k，u_k 分别为第 k 阶段的状态变量和决策变量。

3. 算例分析

以图 6-13 为例，根据被拣取商品的货位，用式（6-4）分别算出网络图中各段的纵向距离如下。

IN_{4a}=第 4 巷道中被拣取的最大货位号 4-28 到 N_{4a} 的距离的 2 倍=2×28/2=28（表示从起始点出发经 N_{4a} 依次拣取第 4 巷道中货位号 4-28、4-20、4-7 处的商品后返回 N_{4a} 时的纵向距离）。

IN_{4b}=巷道长=16 表示从起始点出发经 N_{4a} 依次拣取第 4 巷道中货位号 4-7、4-20、4-28 处的商品后到达 N_{4b} 时的纵向距离）。

$N_{4a}N_{2a}$=第 2 巷道中被拣取的最大货位号 2-24 到 N_{2a} 距离的 2 倍=2d_{ha}=2×24/2=24（表示拣取完第 4 巷道中的商品后经过道 a 进入巷道 2，拣取完第 2 巷道中的商品后返回 N_{2a} 时的纵向距离）。

$N_{4a}N_{2b}$=巷道长=16（表示拣取完第 4 巷道中的商品后经过道 a 进入巷道 2，拣取完第 2 巷道中的商品后到达 N_{2b} 时的纵向距离）。

$N_{4b}N_{2a}$=巷道长=16（表示拣取完第 4 巷道中的商品后经过道 b 进入巷道 2，拣取完第 2 巷道中的商品后到达 N_{2a} 时的纵向距离）。

$N_{4b}N_{2b}$=2 巷道中被拣取的最小货位号 2-5 到 N_{2b} 距离的 2 倍=2×[(L−d_{ha})]=2×[16−(5+1)/2]=26（表示拣取完第 4 巷道中的商品后经过道 b 进入巷道 2，依次拣取 2-5、2-24 处的商品后到达 N_{2b} 时的纵向距离）。

同理可得 $N_{2a}N_{1a}$=18，$N_{2a}N_{1b}$=16，$N_{2b}N_{1a}$=16，$N_{2b}N_{1b}$=22，$N_{1a}O$=0，$N_{1b}O$=16。

由此按模型假设的拣货规则可得拣取路径网络图 6-15。

图 6-15 表示按既定拣货规则拣取图 6-13 中各商品的拣货网络图，拣货路径共 8 条，要求最优拣货路径，只需求出从 I 到 O 的最短距离即可。求解的递推方程为

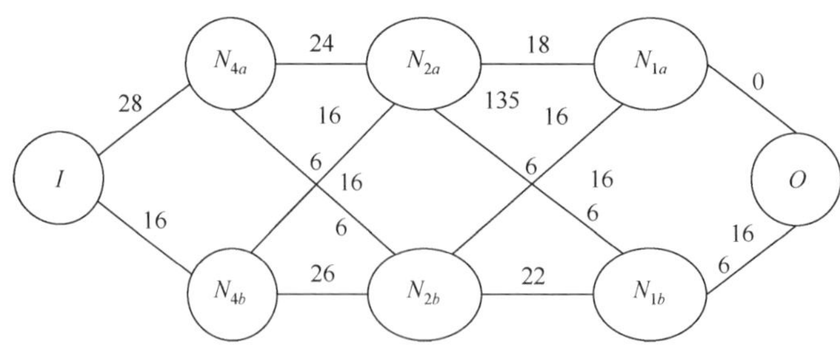

图 6-15　拣取路径网络图

$$\begin{cases} f_k(s_k)=\min\limits_{u_k}\{d_k(s_k,u_k)+f_{k+1}(s_{k+1})\} \\ f_5(s_5)=0 \end{cases},\quad k=4,3,2,1$$

采用逆序解法得最优决策序列$\{u_k\}$为 $u_4^*(N_{1a})=O$，$u_3^*(N_{2a})=N_{1a}$，$u_2^*(N_{4b})=N_{2a}$，$u_1^*(I)=N_{4b}$。因此最优拣货路径为 $I\to N_{4b}\to N_{2a}\to N_{1a}\to O$。其具体含义为：拣取者从 I 出发到达巷道 4 按从小到大的顺序拣取商品，拣取完后到达 N_{4b}，然后经过过道 b 到达巷道 2，按从大到小的顺序拣取商品，拣取完后到达 N_{2a}，再经过道 a 到达巷道 1，按从小到大的顺序拣取商品，拣取完后返回 N_{1a}，回到出入库点 O。最优拣货路径表示如图 6-11 中带箭头的线所示。

4. 结论

本动态规划方法是优化配送中心订单拣取路径的一种新的思路和方法，其巧妙之处在于状态点的选择。文章不是简单地以被拣商品的自然位置为状态点，而是以从一个被拣巷道到下一个被拣巷道的必经点为状态点，使模型大为简化，计算量大大减小。从算例可以看出，本动态规划方法中，由于拣取商品时，同一巷道中的商品都是按一定顺序依次拣取完成的，所以不存在“串巷”现象，拣取路线的多少只与商品分布的巷道数有关，仅为 $2^3=8$ 条。如果以被拣商品的自然位置为状态点，则图中的每个被拣商品都可能被最先拣取，即从起始点出发就有 7 条分支，接下来依次为 6，5，4，3，2，1。即拣取上述 7 个货位的商品有 7×6×5×4×3×2×1=5040 条路线（如考虑从一个巷道到另一个巷道又可以分别从巷道的两端到达，则行走路线会更多）。如果拣取的商品数量达到几十上百乃至成百上千，其计算量将成几何级数增加，模型也会变得异常复杂致使订单处理速度大大降低。再者，如果求出的最优拣货路径中，商品巷道排列杂乱无章，就会导致拣货过程中拣货人员来往穿梭，甚至相互影响，虽然路径实现了理论最优，却可能造成拣货效率极低。因此，在实用性和现实意义方面，本书提出的优化配送中心订单拣货路径的动态规划方法，具有相当的优越性。

6.5 小　　结

在对拣货作业系统模式进行剖析的基础上，对配送中心拣货系统的分区策略进行了研究，合理的分区设计和规划，可以缩短拣货行走的距离，减少寻找和拣取物品的时间，降低拣错率，合理利用拣货设备，大幅度提高配送中心拣货作业效率。建立了以时间最小化为目标函数的配送中心拣货方式决策模型，用数学模型的形式为配送中心拣货方式的选择提供量化依据。最后，提出了优化订单拣货路径的简单实用的启发式动态规划方法和改进的 S 形启发式方法，可以有效减少拥挤，缩短行走距离，大大提高拣货效率。

第 7 章　配送中心订单分批拣货模型及算法

配送中心拣货作业中的订单分批是为了提高拣货作业的效率而将多张订单合并成一批，进行批次拣取作业，其目的在于缩短拣取时平均行走搬运的距离及时间。若再将每批次订单中的同一品项加总后进行拣取，然后把货品分类至每个不同的顾客，就是所谓的批量拣取。这样不仅缩短了拣取时平均行走搬运的距离，也减少了重复寻找储位的时间，进而提升拣货效率。批量拣取特别适合于品项数少而订单数量庞大的系统，越是少量多次的配送，批量拣取就越有效。但如果每批的订单数量太大，则必须耗费较多的分类时间，有时甚至需要强大的自动化分类系统支持。

对于采用分批拣货方式时，如何决定订单分批的原则、批量大小等，就需要确定订单分批的策略。

7.1　订单分批方式

订单分批的特点各有不同，适用条件也有差异，因此规划订单分批策略的第一步就是先根据实际情况找出比较合适的订单分批方式。分批方式选定之后，再对分批的细节作进一步的规划决策。

1. 总合计量分批

这种分批方式较为简单，只需将所有客户需求的商品数量统计汇总，由仓库中取出各项商品需求总量，再进行分类作业即可。

2. 固定订单量分批

订单总数÷固定量（FN）=分批次数

每批中包含的订单数量也就是固定订单量的决定，必须与分类系统一起考虑。固定订单量与分类系统的处理量应相符合。如使用分类输送机有 40 道出口，则固定订单量 FN=40，若一天订单总数为 200 张，则可分 5 批处理，若使用计算机拣货台车拣取，台车一次可处理 8 张订单，则 FN=8。

通常固定订单量分批方式是采取先到先处理（FCFS）的原则，按订单到达的先后顺序作批次安排。较先进的方法是利用智能分批的原则，将订货项目接近的订单同批处理，以缩短拣取移动的距离。

3. 时窗分批

作业总时间÷时窗（TW）=分批次数

该分批方式的重点在于时窗大小的决定，决定的主要因素是客户的预期等候时间及单批订单的预期处理时间。这种拣货方式是为了适应客户的紧急需求，因此时窗的大小不应过长，且每批订单处理的时间在拣货系统的设计中也应尽可能地缩短。静态时窗分批通常会因为工作量的不平衡导致作业的等待，因此，可以根据实际情况适当采用动态时窗分批，来解决因时窗分批不平衡引起的停滞时间和作业等待问题。

4. 智能型分批

智能型分批方式是技巧性较高的一种分批方式，适合仓储面积较大，储存商品项目多的拣货区域。订单通常在前一天汇集之后，经过计算机处理，将订货项目相近或拣货路径一致的商品分为同批，以缩短拣货寻找的时间及移动的距离。

要做到智能型分批，最重要的就是商品储放位置和储位编码的相互配合，使得订单输入商品编号后就可凭借商品储位编号了解商品储放位置的情况，再根据拣货作业路径的特性，找出订单分批的法则。本章研究的订单分批模型及算法即属于智能型分批。

7.2　订单分批拣货问题及其数学模型

订单分批拣货问题是指将订单按照适当的方式进行分批并确定批量拣取路径以使目标函数达到最优。批量拣取的基础目标有两种[72]：①减少拣货行走的总时间；②减少拣货行走的距离进而提升产能和改善交货期。除了可以通过缩短拣货路径来减少行走时间外，还可以通过配备电子标签、手持终端机等技术设备来减少错误、减少储位寻找的时间等，从而实现拣货总时间的减少。因此在某些情况下，两种拣货目标均可以看作通过订单分批使拣货行走的总距离达到最优。下面以最小化订单总的行走距离为目标，建立订单分批的数学模型。

1. 相关定义与假设

1）相关定义

【订单大小】指一个订单中包含的品项数的多少。

【一批】指由一个拣货员（或拣货机器）一次拣取完成的订单集合。

【批量大小】指一批订单中包含的订单个数。

2）模型假设

（1）一个订单至少包含一个品项。

（2）每批订单都必须在一条拣货路径上一次完成。

（3）每个订单中品项的总容积和总重量均不超过拣货车的容量和载重量。

（4）保持订单的完整性，不允许分割。

（5）不存在缺货和紧急插单情况。

（6）订单数据及品项存储位置已知。

2. 符号说明

n 为需要拣取的订单总数；
V 为拣货车的容量；
Q 为拣货车的载重量；
q_j 为第 j 个订单中所有品项的总重量；
v_j 为第 j 个订单中所有品项的总容积；
O_j 为订单 j；
l_j 为订单 O_j 的储位总数；
S 为需要拣取的订单集合，$S=\{O_1, O_2, \cdots, O_n\}$；
L 为形成的路径总数，等于订单的批数；
T_j 为路径 j，即拣取第 j 批订单的路径；
D_j 为按路径 T_j 拣取第 j 批订单的行走距离。

3. 模型的建立

根据上面定义与假设，可以将订单分批问题描述为：假设有 n 个订单 $O_i(i=1, 2, \cdots, n)$需要拣取，每个订单中包含若干品项，第 i 个订单中所有品项的总重量为 q_i，总体积为 v_i。现要求，在不分割订单的情况下，对 n 个订单进行分批拣取，每批订单的拣取在一条路线上一次完成而使拣取所有订单的总行走距离最小。这样，订单分批问题的数学模型可以表示为

目标函数：
$$\min\sum_{j=1}^{L} D_j \tag{7-1}$$

约束条件：
$$\sum_{j=1}^{L} x_{ij}=1 \quad i=1,2,\cdots,n \tag{7-2}$$

$$\sum_{i=1}^{n} q_i x_{ij} \leqslant Q, \quad j=1,\cdots,L \tag{7-3}$$

$$\sum_{i=1}^{n} v_i x_{ij} \leqslant V, \quad j=1,\cdots,L \tag{7-4}$$

$$x_{ij} \in \begin{cases} 1, & o_i \in T_j \\ 0, & o_i \notin T_j \end{cases} \tag{7-5}$$

模型中目标函数式（7-1）是求解将订单分批后，各批订单拣取路线行走距离总和最小。如果给定每个 x_{ij} 的值，就可以根据相应的路径策略求出各批订单行走的距离。约束条件式（7-2）表示一个订单只能在一条路径上完成，即一个订单只能分配到一批中。式（7-3）和式（7-4）分别表示每批订单包含的品项数总重量和总容积不超过拣货车的载重量和容量。

7.3　订单分批拣货模型算法研究

上述模型当每批中的订单数≥3 时，属于 NP 完全问题，其求解一般很复杂，很难精确求出其最优解。因此，有关订单批量问题的精确优化算法极少，在查阅的近百篇外文文献中，只有两篇文章属于此类。文献[129]以最小化总的拣货时间为目标对半自动化的拣货系统提出了一个混合整数规划模型，并采用 benders 分解法进行了求解；文献[71]以最小化订单批量的最大前置时间为目标建立了订单分批问题的数学模型，并采用分枝定界法来求其最优解。由于订单分批问题属于配送中心的运作决策问题，不仅决策频繁，而且还要求在比较短的时间内做出决策，能否在有效的时间内对订单进行合理的分批显得尤为重要。因此，如何在规定的时间内找到相对最优解，做出又快又好的分批决策，更具有现实意义。

7.3.1　种籽算法

所谓“种籽”就是订单分批过程中，每批订单中第一个被选出来的订单。种籽算法（seed algorithm）构造订单批量主要分两步进行：①种籽订单的选择。从所有待分批订单中选择一个作为批量的初始订单；②订单相似性度量。在不超过拣货车容量的前提下，将尚未分批的订单按一定的“标准”加入到种籽订单中与种籽订单结合形成一批，这里的“标准”即指订单在某些方面的相似性。种籽订单的选择方式不一样，分批过程中集结订单的度量标准不同，分批结果也不一样。

1. 种籽订单的选择

种籽订单的选择标准有很多，具体操作过程中可以根据情况任选其一。

（1）在所有订单中任选一个。

（2）品项存储位置与出入口距离最远的订单。

（3）品项分布的巷道数最多的订单。

（4）拣货行走时间最长的订单。

（5）品项的巷道分布最广的订单。

（6）包含储位数最多的订单。

（7）包含储位数最少的订单。

（8）包含品项数量最多的订单。

（9）包含品项数量最少的订单。

种籽订单的选择还有更多的其他标准，大量研究表明，“最大、最长、最远”的原则总是优于“最少、最短、最近”的原则。种籽订单的随机选择通常作为其他选择方式的一个标杆。

种籽订单在实际应用过程中又有两种不同的选择原则，即初始订单模式和累积订单模式。初始订单模式就是在整个分批过程中，所有订单的加入都以最初的种籽订单为标准，分批过程中不需要对种籽订单进行更新。累积订单模式是指每加入一个新订单后，对种籽订单进行更新，将当前已形成的批量看作一个新的种籽订单，后面订单的加入，以更新后的种籽订单为标准。文献[78]的仿真研究表明，多数情况下，累积订单模式优于初始订单模式。

2. 订单相似性度量

在选定种籽订单后，后续工作就是要在所有待分批的订单中选择“最合适”的订单加入到种籽订单中形成批量，什么是“最合适”？这就涉及一个对订单相似性的度量问题。订单相似性度量的原则主要有[39，78，83，84]：

（1）两个订单中品项的共同储位数最多。

（2）两个订单中品项的总储位数最多。

（3）加入订单的重心与种籽订单重心距离最小。

（4）订单加入后，增加的访问巷道数最少。

（5）加入订单后形成的批量拣取路线比按订单别拣取节约的行走距离（或时间）最多。

（6）两个订单中品项的共同货位面积最大。

由于小订单比大订单更容易加入到批量中，所以在选择加入订单时，一般将品项数多的订单优先加入。上述有关“距离”的度量方法可以采用两种方式：①两个品项之间的距离指两个品项所在巷道号之差的绝对值；②两个品项之间的距离指两个品项之间最短的可能行走距离。

3. 算法步骤

考虑到在订单分批过程中种籽订单的选择有两种方式，种籽算法订单分批的步骤可以概括如下。

Step1：初始种籽订单的选择。按种籽订单的选择标准之一，确定一个初始种籽订单形成初始批量，将该订单从待分批订单中移走。

Step2：订单相似性度量。以种籽订单为基准，将待分批订单和种籽订单进行相似性计算，并按由大到小或由小到大的顺序进行排序（根据度量标准选择降序排列或升序排列）。

Step3：新订单加入。分两种情况。

（1）初始订单模式。在满足拣货车容积和载重限制的条件下，按排序先后将新订单加入到初始批量中，直到不能满足拣货车容积载重。此时的当前批量即为已经完成分批的订单。

（2）累积订单模式。①在满足拣货车容积和载重限制的条件下，将排序中的第一个订单加入到初始批量中，形成新的批量。如果所有订单都不满足加入条件，则当前批量即为已经完成分批的订单，转 Step4。②将当前批量从待分批订单中移走，以当前批量为种籽订单转 Step2。

Step4：将已经完成分批的订单从待分批订单集合中移走，如果所有的订单都已分批，停止。否则对余下的订单转 Step1。

种籽算法在订单分批的启发式算法中是最基本的算法，后面的其他算法都直接或间接与种籽算法的原理相似。从种籽算法中种籽订单的选择标准和订单相似性度量原则可以看出，不同的组合方式可以形成不同的具体算法，组成的算法中有些仅适用于高架立体仓库、有些仅适用于多巷道的低层仓库，有些则两者均适用，具体运用时，应注意算法的适用条件。

7.3.2　节约算法

节约算法（savings algorithm）最早由 Clarke 和 Wright 在 1964 年提出，主要用于解决车辆的配载与调度问题。其基本思想是在车辆载重容量允许的情况下，将配送中心分别向各个客户送货改为由一辆车同时向多个客户送货，使得每次节约的里程数最大。根据这一思想，如果有一个配送中心分别向 N 个客户配送货物，在车辆载重能力允许的情况下，每辆车的配送线路上经过的用户个数越多，则配送线路越合理，总配送距离越小。借鉴节约法的思想，文献[85]提出了四种订单分批节约算法。

1. C-W 算法

订单分批的 C-W 算法是车辆路径问题中的节约算法在订单分批中的应用，就是将订单 i 和订单 j 合并成在一条路线上进行拣取，使得合并后的行走距离（行走时间）比分别拣取订单 i 和订单 j 具有最大的节约量。节约量 $S_{ij}=d_i+d_j-d_{ij}$。在订单分批问题中，订单相当于车辆路径问题中的城市，订单合并后产生的行走距离（行走时间）节约量相当于城市合并配送后节约的里程数。两者本质的不同在于合并的订单中，存在具有共同存储位置的品项。对这些品项的拣取，只需要访问一次就能同时满足多张订单的要求。另外，由于车载车容的限制，并不是每一张订单都能与其他订单合并成一批进行拣取。具体的算法步骤见文献[130]。

2. EQUAL 算法

EQUAL 算法的实质也是种籽算法，只不过是在初始种籽订单的选择上有所不同。种籽订单不再是一个订单，而是将待分批订单中具有最大时间（距离）节约量的两个订单合并在一起作为种籽订单。对余下的订单，每次以最大潜在节约量为标准进行新订单的加入，直到不满足拣货车的容重，订单加入过程中种籽订单的选择采用累积订单模式。一批订单分批完成之后，将已分批订单从待分批订单中移出，重新选择种籽订单，重复上述过程，直到所有的订单都被分批。

如果在订单加入过程中，出现两个候选订单节约量相同的情况，则先进行试分批比较。分别将两订单加入当前批量中，计算各自总的行走时间，将行走时间小的批量作为最终的分批。

3. SL（small-large）算法

SL 算法除了在订单分批之前将订单分为“大订单”和“小订单”两类，订单分批过程的处理与 EQUAL 算法类似。由于每个订单中品项的总数量是事先知道的，所以当订单中品项的总数量小于某一特定的值时，就称为“小订单”。将所有的小订单按降序排序，所有的大订单按 EQUAL 算法进行初始分批，接着在不超出拣货车容量的情况下，将最大的小订单加入到已经存在的具有最大时间节约的批中。以上过程重复进行，直到所有的订单都分批。文献[85]将划分最小和最大订单的特定值定义为拣货车容量的百分比，并通过仿真得出结论：当将小订单定义在拣货车容量的 10%～35%范围内时，可以得到近似最优解。

4. MAXSAV 算法

MAXSAV 算法需要利用旅行商算法求出每种可能组合的节约值。从订单的两两组合开始，所有可能的两两组合完毕后，将订单加入到组合中形成三个订单的组合，然后是四个订单的组合，依次类推，直到所有的订单都处理完，限制条件就是拣货车的容量。当每种组合（两个订单、三个订单、四个订单等）的节约值都求出来后，将节约值最大的订单组合作为一批。将已分批的订单从订单集合中移走，对余下的订单重复上述过程。如果出现两个节约值相同的情况，则取目标函数值（行走时间）最小的组合作为一批。那些不能与其他订单组合形成一批的订单则自成一批。

节约算法的基本原理本质上仍然是种籽算法，只不过无论采取上述哪种具体算法，其集结订单的标准都是距离或时间的最大节约值，在种籽订单的选择和相似性度量方面的标准都比较单一。自动化立体仓库和多巷道的低层仓库都可以采用节约算法对订单进行分批处理。

7.3.3　包络算法

有效的订单批量必须同时考虑订单品项所在的位置及拣货设备的容量。如果不考虑品项的位置，则订单分批问题可以简化为装箱问题。即在满足客户需求的情况下，使订单拣取批次最小。装箱问题是一个 NP 完全问题，很难精确求解，目前求解方法主要是一些近似算法，如 NF（next fit）近似算法、FF（first fit）近似算法、FFD（first fit decreasing）近似算法等。尽管已经开发出了很多的启发式算法，但这些算法中最好的一种是 FFD，其基本思想是：将物品按体积大小降序排列，然后依该秩序来对各个物品装箱；对某一物品，它总是装到第一个能装下它的箱子中。

订单分批的 FFD 实现方法：①将订单按品项数多少降序（非增序）排列；②将排列的第一个订单作为一批，然后将顺序列表中的订单逐个加入到该批中，直到所有订单的加入都不满足拣货设备的容量；③将不能分配至第一批中的第一个订单作为新的一批，对未分批的订单重复上述步骤，直到所有的订单都处理完。

基于包络算法的订单分批（first fit-envelope based batching，FF-EBB），是综合考虑了订单品项位置和拣货车容量的装箱启发式算法。这里以一个区的窄巷道人至物拣货系统为例来对订单包络进行定义和编号。订单包络[83]是指一个订单中品项存储位置所在的最小编号和最大编号巷道所覆盖的巷道数，可以用其巷道编号表示为$[N_{\min}, N_{\max}]$。则不同包络的数量 E 是仓库巷道数 M 的函数，具体表示为

$$E=\binom{M}{2}+M=\frac{1}{2}(M^2+M) \tag{7-6}$$

如果仓库的拣货巷道数为 8，则订单包络数为 36。订单包络完整描述了拣出具有相同包络的订单时，在横向通道中的行走距离（与拣货巷道垂直的巷道）。

在 FF-EBB 的实现过程中，订单分批原理与 FFD 相同，只是排序的标准不同而已。在 FF-EBB 算法中，按订单包络编号从 1 到 E 的顺序进行考虑，具有相同包络的订单则按订单中品项数的降序（非增序）排列。编号连续的订单包络，最有可能分配到一批中，因此订单包络的编号方法会对算法的效果产生影响。订单包络编号 k 值的确定方法[83]如下。

假设各相邻拣取巷道之间的间隔相等，无论采取何种路径策略，在前后横向通道中的实际行走距离都只与订单包络和巷道中心距离有关。由于巷道中心距离为常数，为简便起见，这里直接用订单包络代替横向通道中的行走距离（相当于巷道中心距离为 1）。设 C_k 表示从订单包络 $k(k=1, 2, \cdots, E)$中拣取所有的品项，需要在横向通道中行走的距离，则

$$C_k=(N_{\max k}-N_{\min k})$$

$N_{\max k}$，$N_{\min k}$ 分别表示订单包络 k 的最大和最小巷道编号。对于一批订单中的两个订单，其横向通道中的行走距离 $C_{kk'}$ 可以表示为

$$C_{kk'}=\max(N_{\max k},N_{\max k'})-\min(N_{\min k},N_{\min k'})$$

注意到一批订单中至少有一个订单包络，其横向通道中的行走距离会比另一个大（否则其订单包络相同），其增加量可以表示为

$$\delta_{kk'}=\max[(C_{kk'}-C_k),(C_{kk'}-C_{k'})]$$

可以看出，$\delta_{kk'}$ 的最小值为 1。$\delta_{kk'}=1$ 的充分条件是订单包络 k 和 k'满足下列条件之一。

条件 1：订单包络的巷道编号形成两个连续的整数序列（如[2　2]和[3　3]）。

条件 2：两个订单包络具有一个共同的巷道，余下的两个巷道编号形成连续的整数序列（如[2　3]和[1　3]或[2　4]和[2　5]）。

从最小化行走距离方面考虑，条件 2 中由于两个包络具有共同的巷道，是我们更希望的情况。在包络集合的编号设计中，通常是要保证对每对连续编号满足 $\delta_{kk'}=1$。这样就可在订单包络编号和包络中的巷道号之间建立某种关系。计算公式[93]如下：

$$k=\begin{cases}\dfrac{N_{\max}^2+N_{\max}}{2}-N_{\min}+1, & N_{\max}\text{为偶数}\\[2ex] \dfrac{N_{\max}^2+N_{\max}}{2}-N_{\max}+N_{\min}, & N_{\max}\text{为奇数}\end{cases} \tag{7-7}$$

式中，$N_{\max}$ 和 $N_{\min}$ 分别表示订单包络所在的最大和最小巷道号。

考虑到条件 2 要求两个连续包络具有一个共同的巷道，编号设计要保证满足条件 2 时，其共同的巷道必须是两个包络中编号最大的巷道，而且余下的巷道编号必须是连续的整数。不难看出，具有相同最大编号巷道的订单包络数等于巷道的最大编号，如 $N_{\max}=1$，也就是（[1　1]）；$N_{\max}=2$，即（[1　2]，[2　2]）等。表

达式 $\frac{N^2_{\max}+N_{\max}}{2}$ 的值其实就是从 1 到 $N_{\max}$ 的自然数之和。因此，对所有 $N_{\max}=1$ 的包络最先考虑，接着考虑 $N_{\max}=2$ 的包络，依次类推。

为了满足条件 2，连续订单包络的最小巷道号必须是连续的整数，具有共同最大编号巷道的订单包络序列的第一个或最后一个要么是[$N_{\max}$　$N_{\max}$]，要么是[1　$N_{\max}$]。编号设计时，为了保证两个连续订单包络的编号差值为 1，包络的排序方法须满足：当最大巷道编号为偶数时，订单包络序列以[$N_{\max}$　$N_{\max}$]开始，[1　$N_{\max}$]结束。而当最大巷道编号为奇数时，订单包络序列以[1　$N_{\max}$]开始，[$N_{\max}$　$N_{\max}$]结束。这样，就可以在订单包络与包络编号之间建立一一对应的关系了。例如，根据上面的包络编号设计方法，对于一个具有 5 个巷道的仓库，根据式（7-6）算出其订单包络数为 15，则其订单包络的编号在 1 到 15 中取值。具体对应如下排序。[1　1]，[2　2]，[1　2]，[1　3]，[2　3]，[3　3]，[4　4]，[3　4]，[2　4]，[1　4]，[1　5]，[2　5]，[3　5]，[4　5]，[5　5]。将订单包络数据代入式（7-7）可算得对应的订单包络编号序列为（1，2，…，14，15）。

FF-EBB 算法步骤如下。

（1）根据每个订单中品项所在的巷道，建立订单包络 $O_j[N_{\min j}\quad N_{\max j}]$，$j=1, 2, \cdots n$，记下包络编号与订单包络之间的对应关系。

（2）根据式（7-7），分别算出各订单包络的编号，并按由大到小的顺序排列，具有相同包络编号的订单则按订单中品项数的降序（非增序）排列。

（3）对包络编号序列执行 FFD 算法。由于订单包络是一个订单中品项存储位置所在的最小巷道号和最大巷道号的函数，在接收订单的时候，只要查询一下订单中品项所在的储位，就可以很方便地确定。而且，其算法的时间复杂度为 $N\log N$，对于数以千计的订单分批问题，在普通计算机上只需要数秒就可以完成。包络算法相当于考虑了品项分布位置后的装箱算法，包络编号与品项分布的巷道范围紧密相关，适用于多巷道的低层人工拣货系统中的订单分批。

7.3.4　基于聚类分析的启发式算法

聚类分析又称群分析，它是研究（样品或指标）分类问题的一种多元统计方法。所谓类，通俗地说，就是指相似元素的集合。严格的数学定义比较麻烦，在不同问题中类的定义是不同的。聚类分析已被广泛应用于各种工程的科学领域，如心理学、生物学、医学、数据分解、模式识别、成组技术及生产流程分析等。

订单分批问题的聚类就是通过一定的聚类准则，将订单分成不同的类别、然后对每一类订单进行批量拣取作业。分类的目的是最小化拣取所有订单的行走距离。问题的关键在于选取聚类准则和类间的相似性度量。

1. 特征向量

相似度的测量可以通过特征向量来进行定义。文献[79]在研究自动化仓库拣货中的订单处理时，为了定义订单之间的相似性，定义了两个特征向量。根据其特征向量的具体含义，我们将其称为订单品项的储位特征向量和坐标特征向量。

1）储位特征向量

文献[79]首先将货架面分成多个储位群，每个群由给定的 m 行 n 列组成，群中的储位编号从 1 到 p（$p=mn$）。设 I_k 为订单 O_k 中品项的索引集合，VA_k 为订单 O_k 的位置特征向量，则定义 $\mathrm{VA}_k=(X_{1k}, X_{2k}, \cdots, X_{pk})$。

其中
$$X_{ik} \in \begin{cases} 1, & I_k\text{中有一个元素属于储位群}i \\ 0, & \text{否则} \end{cases}$$

从其特征向量的定义可以看出，X_{ik} 并没有定义订单 O_k 中品项的具体位置，而只是表示有一个品项位于第 i 个 $m\times n$ 的储位群中。为了使向量能表示订单 O_k 中品项的具体位置，并不限于自动化仓库，这里对 VA_k 重新进行定义如下。

设拣货区共有储位 p 个，各储位按一定的顺序从 1 到 p 进行编号，定义订单 O_k 的位置特征向量

$$\mathrm{VA}_k=(X_{1k}, X_{2k}, \cdots, X_{pk})$$
$$X_{ik} \in \begin{cases} 1, & \text{订单}O_k\text{中的品项位于储位}i \\ 0, & \text{否则} \end{cases}$$

这样就将订单 O_k 的品项全部定义在了某个具体的储位上，而不是某一储位范围，而且对于非自动化仓库也适用。

2）坐标特征向量

设 a_k 和 b_k 分别为订单 O_k 中所有品项的最大坐标值，即

$$a_k = \max_{i\in I_k} x_i, \quad b_k = \max_{i\in I_k} y_i$$

x_i 和 y_i 分别为订单 O_k 中 i 品项的坐标值

这样坐标特征向量即可定义为 $\mathrm{VB}_k=(a_k, b_k)$。

2. 相似性度量

两个对象之间的相似度（similarity）是指两个对象相似程度的数值度量。两个对象越相似，它们的相似度就越高。在任何聚类分析中，相似性度量的选择都是非常重要的。目前用得最多的方法有两个。一种方法是用相似系数，性质越接近的样品，它们的相似系数的绝对值越接近 1，而彼此无关的样品，它们的相似系数的绝对值越接近于零；比较相似的样品归为一类，不相似的样品归为另一类。另一种方法是将一个样品看作 p 维空间的一个点，并在空间定义距离，距离越近

的点归为一类，距离较远的点归为另一类。

1）相似系数

对订单分批问题，借鉴种籽算法中的相似性度量原则，分析总结出以下几种相似系数的计算公式。

（1）储位相似系数。两个订单中品项的共同储位数的比例可以用两个订单的储位特征向量表示如下：

$$s_{ij}=\frac{\mathrm{VA}_i\mathrm{VA}'_j}{\mathrm{VA}_i\mathrm{VA}'_i+\mathrm{VA}_j\mathrm{VA}'_j-\mathrm{VA}_i\mathrm{VA}'_j}$$

VA'_i 表示 VA_i 的转置。这里的相似系数类似 tanimoto 系数[79]，具有“距离”的性质。在订单分批问题中，表示两个订单具有的共同储位数与两个订单总储位数的比。

（2）面积相似系数。面积相似系数可以由订单的坐标向量来表示。

$$s_{ij}=\frac{\min(a_i,a_j)\min(b_i,b_j)}{a_ib_i+a_jb_j-\min(a_i,a_j)\min(b_i,b_j)}$$

其实质就是订单 O_i，O_j 的共同储位面积，与两个订单储位面积的并集之比。用坐标来表示就是由点（0，0），[0, min(b_i, b_j)]，[min(a_i, a_j), min(b_i, b_j)]及[min(a_i, a_j), 0]组成的矩形面积与订单 O_i，O_j 所组成的两个矩形面积并集之比，即图 7-1 中划斜线部分面积与整个阴影部分面积之比。

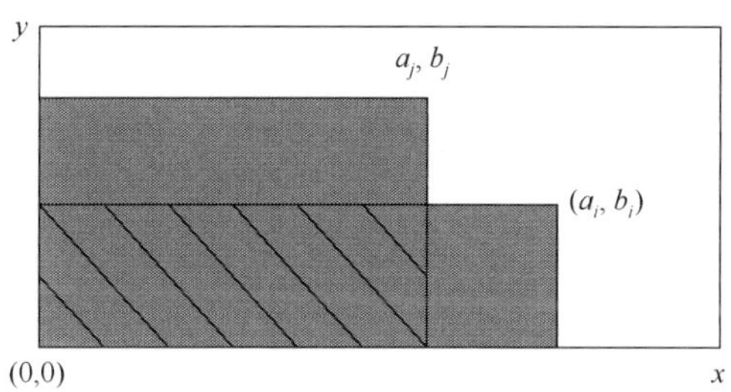

图 7-1　面积相似系数几何示意图

（3）巷道相似系数。判断两个订单的相似程度，除了上述根据两个订单拥有的共同储位和品项分布的共同面积来度量，在多巷道的仓库中，还可以根据两个订单拥有共同巷道数的多少来进行度量。

设 A_k 表示订单 k 中品项分布的巷道集合，则巷道相似系数可以用两个订单拥有的共同巷道数与两个订单的总巷道数之比表示为

$$s_{ij}=\frac{|A_i\cap A_j|}{|A_i\cup A_j|}$$

2）距离

如果把 n 个样品（X 中的 n 个行）看成 p 维空间中 n 个点，则两个样品间相似程度可用 p 维空间中两点的距离来度量。两个样品 X_i 与 X_j 的距离通常用 d_{ij} 表示。在订单分批问题中，两个订单之间的距离根据不同的聚类标准分别代表不同的含义。此处主要定义三种不同的距离。

（1）附加最小巷道距离。在种籽启发式算法的相似性度量中，在加入订单时，可以采用附加的访问巷道数最少来进行度量。这里以附加巷道数作为度量两个订单之间距离的标准。考虑两个订单 i 和 j，其品项分布的巷道集合分别为 A_i 和 A_j，如果将订单 i 和 j 合并拣取相对于订单 j 单独拣取，定义其附加巷道为$(A_i \cup A_j)\backslash A_j$。在此基础上，进一步将附加最小巷道距离定义为

$$d_{ij} = \min\left[\left|(A_i \cup A_j)\right|A_i\right|,\ \left|(A_i \cup A_j)\right|A_j\left|\right]$$

（2）重心距离。重心距离的选择思想源于设施选址中常用的重心选址模型。设 I 为订单 i 的品项集合，a_k 为包含品项 k 的巷道索引号，订单 i 的重心 g_i 定义如下：

$$g_i = \sum_{k \in I} \frac{a_k}{|I|}$$

则两个订单 i、j 的重心距离可以表示为 $d_{ij} = \left|g_i - g_j\right|$。

在上述的距离公式中，d_{ij} 越大，表示订单 i 中的品项与订单 j 中的品项储位越分散，不宜分配在同一批中拣取。d_{ij} 越小，表示两个订单中的品项存储位置相距越近，若分配在一批中拣取，拣货行走距离将会减少越多。

（3）包络距离。我们将包络距离定义为两个订单包络编号之差的绝对值。对于任一给定的订单，通过查询其在仓库中的储位编码，可知订单中品项所在的最大巷道号和最小巷道号，再根据式（7-7）算出订单的包络编号。假设订单 i 和订单 j 的包络编号分别为 k_i 和 k_j，则两个订单 i、j 的包络距离可以表示为

$$d_{ij} = \left|k_i - k_j\right|$$

$d_{ij}=0$，表示订单 i 和订单 j 中的包络号相同，即订单 i 和订单 j 中被拣品分布的最小巷道和最大巷道一致，至少有两个公共的储道，若分配在一批中拣取，不但横向通道中的行走距离不会增加，而且拣货通道中的行走距离也因被拣品有共同的储道而有所减少，应尽量分配在一批中拣取。d_{ij} 越大，表示订单 i 中的品项与订单 j 中的品项储道越分散，不宜分配在同一批中拣取。d_{ij} 越小，表示两个订单中的品项所在的储道越邻近，若分配在一批中拣取，拣货行走距离将会减少越多。

3. 订单分批问题的聚类模型

根据上面的分析，以相似系数为标准，建立订单分批问题的聚类模型。设

$$X_{ij} \in \begin{cases} 1, & 订单i分配到第j批 \\ 0, & 否则 \end{cases}$$

$$y_j \in \begin{cases} 1, & 当订单j被选为第j批的种籽订单 \\ 0, & 否则 \end{cases}$$

目标函数：
$$\max \sum_{i=1}^{n}\sum_{j-1}^{n} s_{ij}x_{ij} \quad (7\text{-}8)$$

$$或 \min \sum_{i=1}^{n}\sum_{j=1}^{n} d_{ij}x_{ij} \quad (7\text{-}9)$$

约束条件：
$$\sum_{j=1}^{n} x_{ij} = 1 \quad i = 1,2,\cdots,n \quad (7\text{-}10)$$

$$x_{ij} \leqslant y_j \quad j = 1,\cdots,n \quad (7\text{-}11)$$

$$\sum_{i=1}^{n} q_i x_{ij} \leqslant Q, \quad j = 1,\cdots,n \quad (7\text{-}12)$$

$$\sum_{i=1}^{n} v_i x_{ij} \leqslant V, \quad j = 1,\cdots,n \quad (7\text{-}13)$$

$$x_{ij}, y_j = 1或0 \quad i = 1,\cdots,n, \quad j = 1,\cdots,n \quad (7\text{-}14)$$

式中各符号的含义同 7.2.2 节。目标函数保证形成批量的订单中，两两相似系数之和最大或距离最小。约束条件式（7-10）表示一个订单只能分配到一批中。式（7-11）是为了保证只有当第 j 批订单已经存在的情况下，订单 i 才能分配到第 j 批。式（7-12）和式（7-13）分别表示每批订单包含的品项数总重量和总容积不超过拣货车的载重量和容量。

4. 启发式算法

由于模型中存在拣货设备的载重能力限制，使得订单分批问题不同于一般的聚类问题，也就不能仅根据相似系数来对订单进行分批。上述聚类模型是一个 0-1 整数规划，可以转化为具有能力约束的设施位置问题，而该问题又是 NP 难题，因此对大规模问题不可能要求最优[76]。下面结合前面的算法研究，给出模型的几种启发式算法。

1）算法 1

根据种籽算法的步骤，首先选择种籽订单。种籽订单的选择标准有很多，不同的选择标准对应不同的算法。这里以储位最多的订单作为种籽订单为例，表述

基于聚类分析的订单分批种籽算法。具体步骤如下。

Step1：令 t=1；S=(O_1, O_2, …, O_L)；$B_t = \varnothing$ 。

Step2：选择储位数最多的订单 O_s 作为种籽订单，即

$$O_s \in \left\{O_i \middle| \max l_k,\quad O_k \in S\right\}\quad (l_k\text{为订单}O_k\text{的总储位数})。$$

Step3：$B_t = B_t \cup \{O_s\}$ ；$S = S - \{O_s\}$；$\mathrm{RC} = Q - q_s$（RC 为拣货设备剩余载重）；$\mathrm{RS} = V - v_s$（RS 为拣货设备剩余空间）。

Step4：令 $P = \left\{O_i \middle| O_k \in S,\quad q_K \leqslant \mathrm{RC}\text{且}v_K \leqslant \mathrm{RS}\right\}$

若 $P = \varnothing$ ，转 Step6。

Step5：选择与种籽订单有最大相似系数的订单 $O_x \in P$ 加入到 B_t 中，则

$B_t = B_t \cup \{O_x\}$ ；$S = S - \{O_x\}$ ；$\mathrm{RC} = \mathrm{RC} - q_x$ ；$\mathrm{RS} = \mathrm{RS} - v_x$ ；

若 $S = \varnothing$ ，转 Step6。

若 RC＞0 且 RS＞0，转 Step4。

Step6：按一定的路径方法求解 B_t 中订单的行走距离 D_t。

Step7：若 $S = \varnothing$ ，停止。否则 t=t+1，$B_t = \varnothing$ ，转 Step2。

2）算法 2

算法的基本思想类似于前面的节约算法，只不过分批的依据是最大相似系数（或最小距离）而不是最大节约量。

Step1：计算所有可能分在一批的订单组合 i，j 的相似系数 S_{ij}（或距离 d_{ij}）。

Step2：将相似系数 S_{ij} 按降序（非增序）排列或 d_{ij} 按增序（非降序）排列。

Step3：将 S_{ij} 最大（或 d_{ij} 最小）的两个订单作为一批，如果有多个相同的 S_{ij}（d_{ij}），则选择品项数多的一组形成新的一批，如果各组的品项总数也相同，则任选其一。判断是否满足拣货设备能力限制，即约束条件式（7-12）和式（7-13）。如果不能同时满足，则选择下一个 S_{ij}，如果所有的 S_{ij} 都不可行，转 Step5。

Step4：将已合成一批的订单 i，j 看作一个新的订单，对新的订单集合重新计算相似系数 S_{ij}（或距离 d_{ij}），转 Step2。

Step5：对未分批的每一个订单单独作为一批，停止。

由上面的算法可以看出，基于聚类分析的启发式算法其实质仍然是种籽算法，只是目标函数的形式发生了变化。基于聚类分析的启发式算法中，目标函数已转换成求相似系数之和最大，或聚类距离之和最小，最终目标仍然是订单分批拣取时的总行走距离最小。也就是说，基于聚类分析的启发式算法是通过求相似系数之和最大，或聚类距离最小，来达到使分批后的订单拣取总行走距离最小的目的。以上相似系数或距离的定义均适用于多巷道的低层拣货系统，有一部分适用于自动化的立体仓库，如储位相似系数和面积相似系数。该算法的适用性取决于相似系数或距离的适用性，应用时要注意分辨。

5. 算例

为便于比较分析，仓库结构、订单数据及品项分布情况取自文献[76]和文献[84]，如图 7-2 所示，方格中的数据表示订单编号。仓库结构为长方形，出入口位于仓库的一角，第一个巷道的中心处，共有 7 个拣货巷道，货架为低层固定货架，每排货架上沿巷道方向有 15 列存储位置，图 7-2 为仓库货架二维平面图。已知货架长 15 个单位，巷道中心距离为 4 个单位，拣货车的容量 C 为 8。现有 7 个需要拣取的订单，包括五种不同的品项。订单订购的品项数分别为：订单 1，4 品项；订单 2，6 品项；订单 3，4 品项；订单 4，2 品项；订单 5，3 品项；订单 6，5 品项；订单 7，1 品项。应如何分批才能使完成所有订单拣取的总行走距离最小？

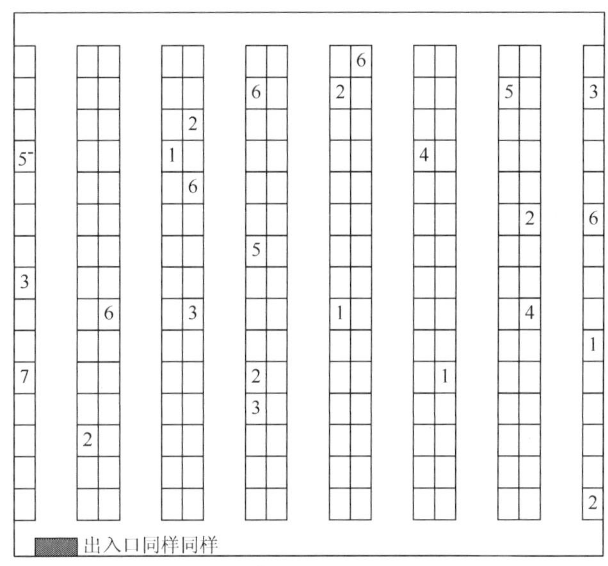

图 7-2　仓库结构及订单品项分布

1）聚类分批过程

（1）将所有的订单两两组对，如果 $q_{ij} \leqslant C$（$i=1, \cdots, 7$；$j=1, \cdots, 7$；$j \neq i$），则计算其巷道相似系数 $S_{ij}=S_{ji}$，如表 7-1 所示。

（2）选择相似系数最大的 4、6 组合，形成一批。将（4，6）看作一个新订单。

（3）计算新的订单集合{1，2，3，（4，6），5，7}的巷道相似系数如表 7-2。

（4）订单组合（3，5），（3，7），（5，7）均具有相同的最大相似系数 1/3，选择品项数最多的一组（3，5）形成新的一批，将（3，5）看作一个新订单。

（5）计算新的订单集合{1，2，（3，5），（4，6），7}的巷道相似系数如表 7-3。

表 7-1　订单巷道相似系数表

订单	1	2	3	4	5	6	7
1	-						
2	×	-					
3	1/6	×	-				
4	1/5	1/5	1/4	-			
5	1/6	×	2/6	0/5	-		
6	×	×	×	2/4	1/6	-	
7	1/5	1/4	1/3	0/3	1/3	0/5	-

注：×表示不符合组合条件，其他各表意义相同

表 7-2　订单 4、6 合并后的相似系数表

订单	1	2	3	（4，6）	5	7
1	-					
2	×	-				
3	1/6	×	-			
（4，6）	×	×	×	-		
5	1/6	×	2/6	×	-	
7	1/5	1/4	1/3	0/5	1/3	-

（6）订单组合（2，7），{（3，5），7}具有相同的最大相似系数 1/4，选择品项数多的一组{（3，5），7}形成新的一批，将（3，5，7）看作一个新订单。

（7）新的订单集合{1，2，（3，5，7），（4，6）}中，已没有符合条件的订单组合如表 7-4。此时将没有分配到任何批中的订单 1、2 分别自成一批，得分批结果为（1），（2），（3，5，7），（4，6）。如表 7-4。

表 7-3　订单（4，6），（3，5）分别合并后的相似系数表

订单	1	2	（3，5）	（4，6）	7
1	-				
2	×	-			
（3，5）	×	×	-		
（4，6）	×	×	×	-	
7	1/5	1/4	1/4	0/5	-

表 7-4　订单（4，6），（3，5，7）分别合并后的相似系数表

订单	1	2	（3，5，7）	（4，6）
1	-			
2	×	-		
（3，5，7）	×	×	-	
（4，6）	×	×	×	-

2）比较分析

由于分批的目的在于最小化订单拣取的行走距离，所以为了比较分批的效果，就必须求出分批问题的目标函数值，而同样的分批结果，不同的路径策略所求得目标函数值也会有差异。因此，对分批效果的比较必须建立在相同的路径策略基础上。为便于比较分析，本书采用与文献[76]和文献[84]相同的穿越策略。例中，拣货员推着拣货车从出入口出发，按 S 形路径策略从仓库中一次拣出一批货物，最后返回出入口，再开始下一批的拣货。

在拣货作业中，对订单进行分批最简单的一种经验方法就是遵循先到先服务原则。显然，在受拣货车容量约束的条件下，算例按先到先服务的原则分批结果为（1），（2），（3，4），（5，6），（7）。文献[84]中的 C-W 分批算法和文献[76]中的聚类分批结果均为（3，5），（4，6），（2，7），（1）。下面采用 S 形启发式路径策略计算不分批和各种分批情况下的行走总距离，即订单分批模型中目标函数的值。

不分批：$D=D_1+D_2+D_3+D_4+D_5+D_6+D_7=108+108+106+78+98+108+10=616$

先到先服务分批：$D=D_1+D_2+D_{34}+D_{56}+D_7=108+108+108+138+10=472$

文献[76]、文献[84]的分批：$D=D_{35}+D_{46}+D_{27}+D_1=108+108+108+108=432$

聚类分批：$D=D_{357}+D_{46}+D_1+D_2=108+108+108+108=432$

从计算结果可以看出：不分批行走距离最长；聚类分批结果和文献[76]、文献[84]的分批结果目标函数值相同且最小；先到先服务的效果介于两者之间。分批结果虽然与文献[76]、文献[84]的结果不一样，但具有相同的目标函数值，即达到了异曲同工的效果。由于聚类过程只与订单品项在仓库中的分布有关，而与路径策略无关，所以与以往的方法相比，在分批过程中不需要进行行走距离的计算，只在分批完成后才计算总的行走距离，使得算法过程得以简化。

7.3.5　基于包络解码的遗传算法

1. 染色体编码方法

遗传算法解决问题的第一步，就是定义染色体的编码形式，具体到订单分批

问题，才刚开始涉及。在查阅的100多篇中外文献中，只有文献[75]运用遗传算法并采用整数编码方法对染色体进行编码。例如，（1，2，3，2，1，3）表示订单1和订单5分为第一批，订单2和订单4分为第二批，订单3和订单6分为第三批。从其编码含义来看，必须事先知道订单的批量数。其实该方法是将所有订单需求之和除以拣货车的容量得到最少批数，然后进行求解。实际上属于批数确定的订单分批问题，而且由于不允许对订单进行分割，使得求出的最小批数未必就是真正的最优批数。另外，目前并没有理论证明批量数最小，拣货行走的总距离就一定最小（如果是，则订单分批问题可以简化为装箱问题）。所以本书采用 7.3.3 节的包络编号对染色体进行编码，并在解码过程中充分利用FF-EBB算法优于其他启发式算法的优点，对包络号相近的订单优先分批。具体方法如下。

把所有需要拣取的订单按式（7-7）计算其包络编号，这样每个订单都对应一个包络号，然后随机生成一个序列，从而组成一个染色体，染色体长度为拣取的订单个数 n。染色体表示为基因序列即（$e_1, e_2, \cdots, e_n$），e_1 为第 i 个订单的包络编号。这种编码方法并未把订单批量编入染色体中，染色体的结构仅和订单的包络号有关。

2. 可行化过程

将染色体的编码向量映射为满足全部约束条件的可行解的过程，称为可行化过程。该过程受到拣货车容积和载重限制，初始群体和进化过程中都可能会产生一些无效染色体，这些染色体所表示的分批方案中，某些批量订单的物品体积或重量均超出拣货车容重限制，从而使得运算效率降低。为了提高遗传算法的运行效率及解的质量，必须剔除那些无效的染色体，保证参加运算的染色体为可行解。具体过程如下。

（1）按照订单包络号由大到小的顺序确定订单的优先关系，即被分批的订单次序。

（2）在一个染色体中，按照从左到右的顺序，满足优先关系的基因段确定为一批，例如，由7个订单的包络编号构成的染色体为：（8，5，12，7，4，9，3），这个染色体共有3个基因段满足优先关系，它们分别是：（8，5）、（12，7，4）和（9，3）。因此该染色体表示将订单分为3批进行拣取。

（3）对照优先关系确定的各个基因段，检查是否满足车辆容量约束和载重约束，若满足，则该染色体对应问题的一个可行解；否则，该染色体对应不可行解，拒绝接受。按相同的方法重新产生一个新的染色体，如果产生的染色体可行，就接受它作为种群的新成员。这个过程反复进行，直到找到满足条件的可行解。

3. 适应度评价函数

本算法使用比例选择算法来确定群体中每个个体遗传到下一代群体中的数量。为正确计算不同情况下每个个体的遗传概率，要求所有个体的适应度必须为正数或零，不能是负数。根据仓库布局及路径策略的相关信息，可以确定订单拣取的行走距离。由于分批模型的目标是最小化拣货行走的距离，所以不能直接利用目标函数作为适应度函数，必须进行相应的转化。为了满足适应度取非负值的要求，将适应度函数定义为

$$F_i = D_{\max} - D_i$$

式中，$D_{\max}$ 为当前可行解中最大行走距离，D_i 为可行解 i 的行走距离，F_i 为可行解 i 的适应度值。

4. 遗传操作

（1）染色体选择。采用改进的轮盘赌选择法。在选择新个体时，首先在当代中选择最佳个体直接进入下一代（若有多个，则随机选取一个），然后对其他个体按适应值大小采用轮盘赌方法进行选择。例如，设当前代的个体数量为 M，各染色体的适应值为 $F_1, F_2, \cdots, F_M$。则各染色体被选择的概率为

$$P_t = F_i \Big/ \sum_{i=1}^{M} F_i$$

（2）染色体交叉。在每代种群中，以一定的交叉概率对染色体进行交叉操作，在此引入一种新颖的交叉算子[131]，这种交叉算子的最大特点是：当两父代相同时，仍能产生新的个体，这就减弱了对种群多样性的要求，能够有效地避免传统遗传算法“早熟收敛”的缺点，这是以往交叉算子所不具备的。举例说明其操作：随机在父代个体中选择一个交配区域，如两父代个体及交配区域选定为：A=51|2438|679，B=96|1243|578；将 B 的交配区域加到 A 的前面，A 的交配区域加到 B 的前面，得 A'=1243|512438679，B'=2438|961243578；在 A'、B'中自交配区域后依次删除与交配区相同的自然数，得到最终的两个个体为 124358679，243896157。与其他交叉方法相比，这种方法在两父代个体相同的情况下仍能产生一定的变异效果，这对维持种群的多样性有一定的作用。

（3）染色体变异。物种变异的可能性较小，因此在遗传算法中变异操作只起辅助作用，对每代种群以一定概率变异。本算法采用倒位变异方式，即将个体编码串中随机选取的两个基因座之间的基因逆序排列，产生新个体，完成突变。例如，有变异前个体 A=51|2438|679，随机选取两个基因座之间的基因 2438 进行逆

序排列，得到变异后的新个体 A'=51|8342|679。

5. 算法实施步骤

在描述遗传算法实施步骤前，先对算法涉及的有关术语进行定义如下。

PopSize 表示种群大小；t 表示进化代数；T 表最大进化代数；$P(t)$表示第 t 代种群。遗传算法的实施步骤如下。

Step1：依次输入每个订单的品项数和最大最小巷道编号，并按式（7-7）计算其包络号。如果有多个相同的包络号，如有 3 个包络号为 8 的订单，就比较这些订单中品项数多少，将其包络号按品项数由多到少的顺序的依次记为 8_1，8_2，8_3，并统计订单总数 n。

Step2：设置进化代数 t←0，最大进化代 T。随机产生一个初始种群，种群大小为 PopSize。

Step3：针对当前种群进行可行化处理。

Step4：针对当前种群内每个解计算目标函数值。

Step5：针对当前种群内每个解计算适应值。

Step6：选择运算。将选择算子作用于种群 $P(t)$。

Step7：交叉运算。将交叉算子作用于种群 $P(t)$，并验证解的可行性。如果两个后代均可行，则用它们代替其父代，否则，保留其中可行的（如果存在），然后产生新的随机数，重新进行交叉操作，直到得到两个可行的后代或循环给定次数。总之，仅用可行的后代取代其父代。

Step8：变异运算。对 $P(t)$做倒位变异运算，并验证可行性。如果变异产生的后代可行，则用它代替其父代，否则，产生新的随机数，重新进行变异操作，直到找到可行的后代。群体 $P(t)$经过选择、交叉、变异运算之后得到下代群体 $P(t+1)$。

Step9：终止条件判断。若 $t \leqslant T$，则令 $t=t+1$，转 Step4；若 $t>T$，则以进化过程中得到的具有最大适应度值的个体作为最优解输出，终止计算。

6. 算例

为验证算法对中大规模订单分批问题的有效性，此处以 5 种规模的订单（简称为 $P_1 \sim P_5$）为例来进行测试，数据设计参照文献[75]和文献[83]，客户订单数量、产品品项数（或存放位置数），所有订单品项的总容积、拣货设备的容量及最小可能的批量数(最小可能批量数=所有品项总容积÷拣货设备容量)，如表 7-5。订单大小按泊松分布随机产生，按最少品项数为 1，最大品项数为 5，平均品项数为 $\frac{被拣品项数}{订单数}$ 生成，各品项的平均体积为对应问题的总体积与被拣品项数之比。仓库形状是由多个平行拣货巷道组成的矩形，出入口（I/O）位于仓库的一角。拣货时，拣货员或拣货机器从出入口出发，采用 S 形启发式路径策略从各个存储位置取出订单上的物品，然后返回出入口。仓库布局和货位编码如图 7-3 所示，拣货员进入并越过每一个存在拣取品项的巷道，当被拣品分布的巷道数为偶数时，最后一个拣取巷道不用穿越，直接返回。在分批计算之前，先作如下假设。

表 7-5 算例基本数据

项目 \ 问题	P_1	P_2	P_3	P_4	P_5
订单数	40	80	100	200	250
被拣品项数	80	160	200	300	400
总容积	970.3	1550.5	1928.2	7231.6	14638.3
拣货车容量	100	100	100	200	500
最小批量	10	16	20	37	30

（1）所有的订单数据事先已知。

（2）保持订单的完整性，不允许订单分割。

（3）订单品项拣取限于水平方向的移动，不考虑垂直方向的移动，即仓库为二维平面仓库。

（4）拣货员在巷道中同时拣取货架两边的物品。

（5）拣货设备在巷道中能从两个方向行驶穿越，并能在货架两端转向从一个巷道进入另一个巷道。

（6）每个订单都必须在一条拣货路径上一次完成。

（7）每个订单中品项的总容积不超过拣货车的容量。

（8）每个存储位置只存储一种品项，即拣货区有 400 种货品。货格尺寸为 $1\times1\times1\text{m}^3$，巷道宽度为 2m。

（9）不存在缺货和紧急插单情况。

由于所查阅的文献在数字计算中，及拣货设备的能力约束方面均只考虑了一个约束条件（容积约束或载重约束），为便于比较，这里也只考虑容积约束，而将拣货设备的载重量设为无限大。

与算法有关的参数设置如下。种群大小为 20，最大繁殖代数为 500，交叉概率 0.6，变异概率 0.05。

由于初始种群是随机产生的，所以运行 10 次来进行验证。运行结果如表 7-6，括号中的数表示 10 次运行中所得到的各项目的最小和最大值。

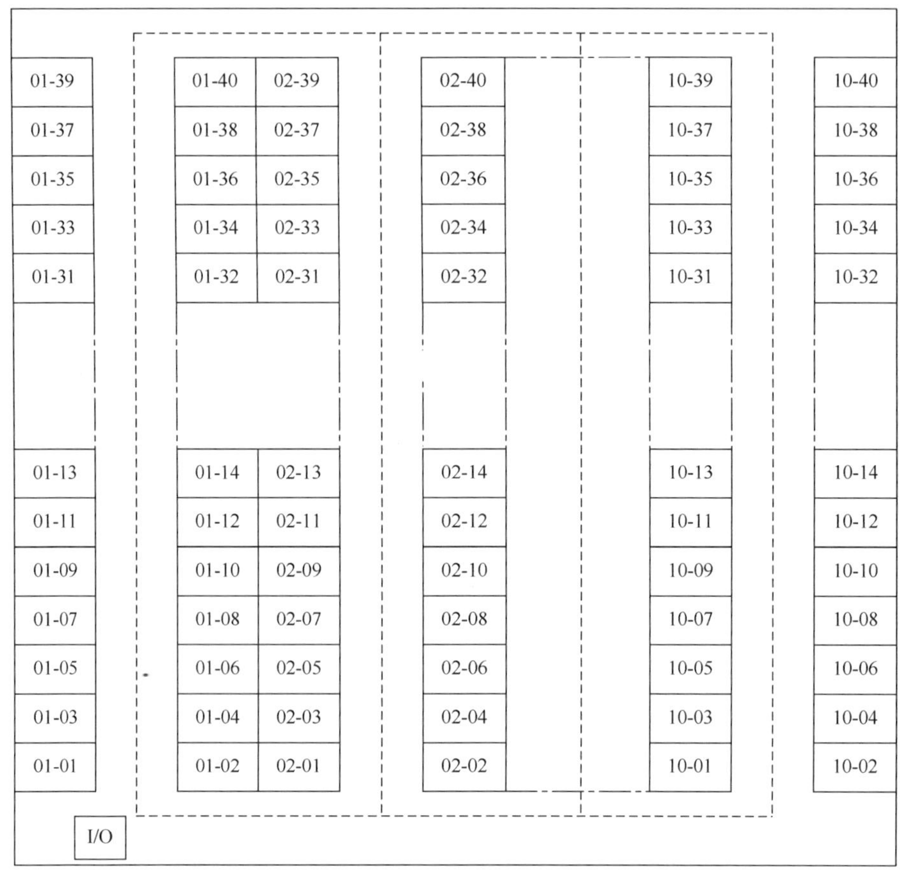

图 7-3　拣货区布局及货位编码

表 7-6　基于遗传算法的订单分批结果

	P_1	P_2	P_3	P_4	P_5
分批数	[10，10]	[16，16]	[20，20]	[37，37]	[30，30]
总行走距离	[1065，1078]	[2712，3281]	[4104，5023]	[7083，8379]	[7865，9290]
平均距离	[106.5，107.8]	[169.5，205.1]	[205.2，251.2]	[191.4，226.5]	[262.2，309.7]
距离标准偏差	[7.6，8.8]	[9.0，9.2]	[14.2，20.6]	[17.8，24.3]	[25.6，32.8]
设备使用率	[97.0，97.0]	[96.9，96.9]	[96.4，96.4]	[95.0，95.0]	[97.6，97.6]
设备使用标准偏差	[2.8，4.6]	[2.6，2.6]	[2.4，4.6]	[3.8，8.1]	[2.1，3.0]
CPU 时间/秒	31.52	273.44	3932.96	2819.84	2403.68

由计算结果可以看出，遗传算法的优点是不仅总能得到最小的分批数，而且能有效减少拣货行走的距离。缺陷是距离标准偏差的值较大，表明各分批中，在

行走工作量的平衡方面并不理想，但从设备使用率的标准偏差来看遗传算法得到的分批结果，每批订单中不仅设备的利用率较高，而且也比较平均。虽然从计算时间上看，随着问题规模的增大，计算时间大幅增加，不能及时快速得出分批结果，但在实际操作过程中，仓库管理者和决策者通常是根据一定的订单分批原则，在前一天对订单进行日常的处理。因此，基于包络解码的遗传算法求解订单分批问题，能充分地运用到实际操作中。遗传算法的原理不仅适用于低层人工拣货系统，而且也适用于自动化的立体仓库。如果染色体编码不涉及仓库形状，则遗传算法能解决任何类型仓库的订单分批问题。

7.4　小　　结

在配送中心，为了提高对客户的服务水平，仓库的管理者都致力于又快又经济地拣取客户的订单。其中订单分批拣取就是一种提高拣货效率的有效方法。本章在对前人相关分批策略进行综合研究的基础上，以拣货行走的总距离最短为目标，构造了拣货作业中订单分批问题的数学模型，对模型的求解方法进行了详细的研究，比较分析了各种算法的适用条件，并以种籽算法和节约算法为基础，在对基于聚类分析的启发式算法研究中，提出了多种相似系数的计算方法。最后，对订单分批模型设计了基于包络解码的混合 GA 求解算法。

第 8 章　配送中心单品拣货模型及应用

过去，配送中心搬运大量的货物都是以整托盘和整箱为单位的，单品拣取，作为一种需要大量资源的操作，只占配送中心运作中非常少的一部分。近年来，情况发生了巨大的变化，主要表现在两个方面：①预订订单减少，即时订单增加；②整箱订单减少或消失，拆箱拣取单品成为正常。尤其是服务于零售商的配送中心正面临着订单模式的根本改变。大多数零售商的订单中品项数量不足一箱，通过这种少样多量多批次的订单模式以实现准时制库存。一些投资于电子商务的公司发现，新的网上客户订单主要是单品，几乎没有整箱的品项。

单品拣取与整箱拣取的差异在于，整箱拣取只需要较少的资源就能拣取多个 SKU（stock keeping unit），单品拣取则是劳力密集性的，拣取少量的商品就需要大量的拣取资源。在这种情况下如何兼顾配送中心的效率和顾客满意成为配送中心的管理者无法回避的现实问题。因此，合理选择拣货方法与拣货模式，对提高配送中心的作业效率和服务水平具有决定性的影响。

8.1　拣货作业的关键目标

拣货作业设计的关键目标主要是提高生产力，减少周期时间，提高准确率。这些目标通常会相互冲突，集中于生产力的方法可能无法提供短的周期时间，或者说一个集中于准确率的方法可能是以牺牲生产力为前提的。因此在具体的操作过程中，我们必须根据实际情况作出取舍，以保证决策的正确性。

生产力：拣货作业中的生产力是用拣取率来衡量的。单品拣货通常用每人每小时拣取的品项数表示，而整箱拣货则用每小时拣取的箱数和品项数表示。托盘拣货的生产力用每小时实际拣取的托盘数表示。由于不管采用何种拣货方式，从某个位置取出产品的总时间是固定的，所以生产力的提高有赖于行走时间的减少。

周期时间：是指从订单进入到将产品运至出货月台所需的总时间。近年来，客户都期望产品当天送达，其周期时间从整天降到小时甚至以分钟计算，给企业增加了很大的压力。订单的快速处理，及对大订单中订购品项提供同步拣货都可以减少周期时间。

准确性：不管采用什么运作模式，准确性都是一个关键的目标。事实上，仓库的构建对拣货的准确性是有影响的，从产品的数量计划到产品标签的设计，产品包装、拣货单的设计，储位数量安排，存储设备，灯光条件，所使用的拣货方法等都会对拣货的准确性产生影响。能够增加拣货准确性的技术有亮灯拣货系统、计数器、条码扫读仪。除拣货作业设计外，人员培训、跟踪、责任心都是提高准确性的方法。

8.2　单品拣货的基本方法

单品拣货又称拆箱拣货，就是从整箱的货物中拣取需要的不足一箱的品项。无论是订单别拣取还是批量拣取都涉及单品拣取问题。对人工操作的配送中心而言，高频度的单品拣取意味着更多的劳力需求。当劳动力成本达到难以接受的程度，或当基础设施难以满足客户订单的拣货要求而导致拣货人员拥挤时，配送中心不得不考虑采取其他的运作模式。

8.2.1　订单别拣货

订单别拣货是最基础的拣货方法，产品存储在静态货架或托盘货架的固定位置，一个拣货员一次拣取一个订单上的产品；拣货员通常会使用某种类型的拣货车沿着一定的路线在巷道中来回行走，直至订单上的所有产品全部被拣出。这种拣货方法的拣货流程设计必须是拣货出口离进口很近，拣货单上的拣取位置必须和拣货流程中的存储顺序一致，快速流动的产品必须存放在靠近主横向通道的位置，容积比较大的物品必须安排在拣货流程的最后。其适用于订单数量较少而每个订单上需要拣取的品项数较多时。当每个订单上需要拣取的数量较少时，会产生过多的行走时间。当每个订单上需要拣取的数量较多时，就会因在同一个拣货区中的拣货员过多而产生拥挤导致拣货过程延长。

8.2.2　批量拣货

在批量拣货中，将多个订单集合成一批进行拣取。拣货员通常使用带有多个容器的拣货车或在车上为每个客户放置一个拣货箱依据合并后的拣货单一次拣取批量中的所有订单。每次拣取的批量大小视每小时平均拣取数量的具体情况从 4 到 12 张订单不等。批量拣取系统可以使用逻辑程序来合并订单中的相同品项。当每张订单中需要拣取的数量较少时，批量拣取可以大大减少拣货行走的时间。在繁忙的时候，批量拣货常与分区拣货和自动化的拣货设备联系在一起。在批量拣取中，为了获得最大的生产力，系统必须对订单进行收集，直到类似的拣取品项达到一定数量。这种订单收集造成的延迟不适用于需当天送达的配送环境。

8.2.3 分区拣货

分区就是将拣货区域分成多个小的拣货分区，拣货员被分派到指定的拣货分区，仅负责拣取自己区域内的品项。一个区的拣货完成后，利用输送系统将拣货单从一个区传到另一个区（也叫接力拣货）。在分区拣货中，为保持拣货的连贯性，可使各个拣货分区的拣取数量保持均衡。分区大小通常以提供一个或两个拣货员拣货为宜。在分区拣货中，将快速流动的货品存放在靠近输送机的地方对提高生产力是很有必要的。在存货单元数量巨大，订单总数多，而每订单的拣取数量少时，分区拣货非常有效。每个分区都配有专用的拣货技术，如有的采用自动搬运系统而有的采取人工搬运的形式。

8.2.4 波次拣货

与批量拣货和分区拣货不同的是，波次拣货（wave picking）不是将订单从一个区传送到下一个区进行拣取，而是所有的分区同时拣货，然后将所拣的品项按订单进行分类合并和运输。波次拣货是多品项订单最快的拣货方法，其周期时间短，但需要进行灵活的分类和合并。对存货单元总数高，每订单拣取数量中等以上的作业特别适合波段式拣货。在波次拣货中，订单必须按运载工具、拣货路线或拣货分区等进行分割。如表 8-1 所示。

表 8-1 拣货方式及适用情况

订单别拣货	订单总数：少 每订单拣取数：中、高
批量拣货	订单总数：低、中、高 每订单拣取数：少
分区拣货	订单总数：中、高 每订单拣取数：低、中
波次拣货	订单总数：低、中、高 每订单拣取数：中、高

8.3 单品拣货模式及效能分析

单品拣货属劳力密集性作业，过程繁杂、耗时长、占用成本多，因此，其设备选择也就成为物流中心建设的一项重要决策。很多单品拣取技术集中在批量拣取以缩短行走时间，在高度自动化的存取系统中，可以实现高速、准确的拣货作业，且订单的批量数可达 2000 订单以上。但这种系统需要相当大的初期投资，而且由于不同商品各自具有的物流特性，对某些商品实现完全的自动化拣货并不合理和经济，且缺乏灵活性，这里不予考虑。为便于分析，本书针对设定的具有代表性的拣货系统，介绍几种低成本单品拣货模式并从生产力指标和人员配置两个方面对其效能进行分析。

8.3.1　拣货系统设定

为便于分析，我们设定一个单品拣货系统如下。

（1）平均每小时 150 订单，每订单覆盖 5 条拣货线，每条拣货线上平均 1.5 品项。

（2）12000 个可供拣货的 SKU，存放在流动货架和静态货架组成的拣货区。巷道总长度为 2000 英尺（1 英尺=0.3048 米），SKU 较小，拣货人员可以徒手操作，不用借助其他工具。

（3）每箱中的单品数平均为 20 个。

（4）拣货系统中的产品流通遵循 80-20 规则，即 20%的畅销品占 80%的作业量；同时，5%的最畅销品占 50%的作业量。如图 8-1 所示。

（5）配送中心采取两班工作制，每周五天。

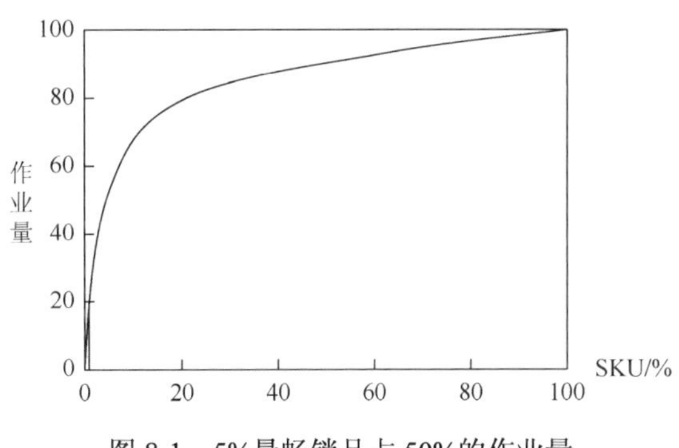

图 8-1　5%最畅销品占 50%的作业量

8.3.2　时间参数指标

将单品拣货过程时间分为三类：行走时间，拣取时间（包括寻找储位、从储位上取出所需数量的货品，将拣取的货品放入拣货容器内，和其他一些附加任务），订单的组织与完成时间（释放拣取完毕的订单开始一张新的订单）。

时间参数估计最好的方法是使用实际运作过的软件日志和与日志相应的录像带。日志以电子方式提供了大量的标本数据，录像对于解释完成相同任务时日志记录与其他记录的偏离是非常有帮助的。人们也许会质疑所使用时间参数，即使很容易否认估计的时间，但电子记录和录像却不容易被否认。以下的计算中，时间值是根据经验估计的，但它们也是真实系统的一种反映。

8.3.3 单品拣货模式及效能分析

1. 附拣货单的订单别拣货

这是一种最简单的拣货模式，一个拣货员一次拣取一个订单上的货品且走完整个巷道以完成订单的拣取。这是一种容易产生错误、生产力低下的操作方式，只能作为一个比较的基础。

1）时间参数

单位行走时间=0.5 秒/英尺，拣取时间=12 秒/拣货线，单位容器处理时间=5 秒/容器。

2）结果

容器处理总时间=5 秒/容器×1 容器=5 秒；

行走总时间=2000 英尺×0.5 秒/英尺=1000 秒；

拣取总时间=5 条拣货线×12 秒/拣货线=60 秒；

拣货总时间=5+1000+60=1065 秒；

生产力=3600×5/1065==16.9 条拣货线=25.4 品项/小时·人；

拣货员总数=150×5×2/16.9=88.8 人（两班制）。

2. 附拣货单的批量拣货

这种模式中采用一辆能承载 6 张订单数量的拣货车。6 张订单使用一张拣货单，一次拣取完成。拣货员推着装有 6 个容器的小车在巷道中行走拣取货品，由于拣取者需要时间判断拣取的品项应该装入哪个相应的容器，所以和附拣货单的订单别拣货模式相比，每英尺的步行时间增加，每条线上拣货处理时间也增加。这种模式能节省巨大的人力且在设备的投资上非常少（每辆 300～500 美元），但还是不能解决出错问题。

1）时间参数

单位行走时间=0.6 秒/英尺，拣取时间=13 秒/拣货线·容器，单位容器处理时间=5 秒/容器。

2）结果

容器处理总时间=5 秒/容器×6 容器=30 秒；

行走总时间=2000 英尺×0.6 秒/英尺=1200 秒；
拣取总时间=5 条拣货线×6 容器×13 秒/拣货线·容器=390 秒；
拣货总时间=30+1200+390=1620 秒；
生产力=3600×5×6/1620==66.7 条拣货线≈100 品项/小时·人；
拣货员总数=150×5×2/66.7≈22.5 人。

3. 手持扫描终端机的批量拣取

这种模式采用手持扫描终端机代替拣货单，从而消除了纸单作业。手持终端机通过对被拣取货品和相应的容器进行扫描来确保完成拣取任务。虽然拣取者需要时间对被拣货品和相应的容器进行扫描，使得每条线上拣取时间增加，每容器的处理时间增加，但是这种模式仍然能大幅度减少劳力且基本消除拣货错误。设备上的投资，每个手持终端机加上通信系统在 1500～2000 美元。最初的手持终端机是绑在拣取者的手上，后来这种装置又增加了一些能附着在拣取者手腕和手指上的附件，能用两个手交替操作。

能发布拣取指令和接受拣取者口头反应的语音终端机能够代替手持终端机。虽然声音技术使得拣取者在拣货过程中手可以闲置，但处理工作比通常在软件和工作者之间的转换更繁重。如额外的搬运。没有扫描器，当拣取者需要读取标签上的数据反馈给软件时，确认工作变得更加烦琐。声音技术对有些场合是非常具有吸引力的选择。

1）时间参数

单位行走时间=0.6 秒/英尺，拣取时间=15 秒/拣货线.容器，单位容器处理时间=6 秒/容器。

2）结果

容器处理总时间=6 秒/容器×6 容器=30 秒；
行走总时间=2000 英尺×0.6 秒/英尺=1200 秒；
拣取总时间=5 条拣货线×6 容器×15 秒/拣货线·容器=450 秒；
拣货总时间=30+1200+450=1680 秒；
生产力=3600×5×6/1680≈64 条拣货线≈96.4 品项/小时·人；
拣货员总数=150×5×2/64≈23.4 人。

4. 智能拣货台车批量拣取

手持终端机提供给拣货者的信息是有限的，配有计算机面板及一个或多个监控器的拣货台车则能给拣货者提供大量的信息。例如，提供台车在巷道中的当前位置；到下一个拣货位置的最优或最短路径；图示巷道布置图中下一拣取通道的位置；完整描述已确认需要拣取的单品的位置、拣取的数量、被拣货品的图片等。一个经过精心设计的系统能给拣货者提供有效信息并减少拣货作业的时间。

订单批量大小从 1 到 6 逐渐增加，能使拣货效率大大提高。但是继续增加会受到其他因素的限制，如手工操作中受拣货车的大小或者拣货车载重量的限制。

智能拣货台车批量拣取通过引入拣货台车，一次拣货的批量大小可以从 6 张订单到 12 张订单。因为台车较大使得每英尺的行走时间增加；由于拣取者必须对所拣货品进行分类并分装到 12 个容器中所以使每条线上的拣取时间增加。

拣货台车能够更大地减少劳动量，精确度可与手持终端机相媲美，且具有能为拣货者完成拣货任务提供所有必须信息的高级界面。具有上述特征的拣货台车价格在 10000～15000 美元。

1）时间参数

单位行走时间=0.7 秒/英尺，拣取时间=16 秒/拣货线.容器，单位容器处理时间=6 秒/容器。

2）结果

容器处理总时间=6 秒/容器×12 容器=72 秒；

行走总时间=2000 英尺×0.7 秒/英尺=1400 秒；

拣取总时间=5 条拣货线×12 容器×16 秒/拣货线·容器=960 秒；

拣货总时间=72+1400+960=2432 秒；

生产力=3600×5×12/2432≈88.9 条拣货线≈133.2 品项/小时·人；

拣货员总数=150×5×2/88.9≈16.9 人。

5. 智能拣货台车虚拟批量拣取

批量拣取中存在一个固有缺陷：已经完成拣取的容器必须一直放在拣货台车上直到所有的品项拣取完毕。当拣货路线很长且每个容器的拣货数量很少的时候，这种情况尤为明显。当每张订单需要一个以上的容器时，所有容器必须历经整个拣货路线。多数解决这类问题的有效方法就是使用虚拟的或者动态批量。当一个订单完成时，软件会通知拣货员容器停止再装未拣的货品，允许拣货员卸下容器换一个空的。卸下的容器可以放在通道上，也可以放到台车顶部的架子上。当台车行走到能够释放容器的某一点如输送机的分叉点时，放在台车顶部的所有容器都可以被释放，这时建立的单一拣货台车拣货区域的概念消失，取而代之的是既没有终点也没有起点的连续拣货环线。

这种模式对生产力的影响体现在完成一个容器拣取所需的实际行走距离减

少。将动态拣货线的长度定义为完成一个容器拣取的期望行走距离，它的值等于拣货线的实际总长乘以两个因子。即为

动态拣货线的长=实际拣货线长×（*N*/（*N*+1））×（1/*M*）

式中，*N* 为每容器访问的拣货线的平均数量，*M* 为每订单需要的平均容器数。

这种拣货模式的效果体现在：容器的释放需要经过两个步骤，每容器的组织处理时间增加。这种模式在不增加任何附加设备投资的情况下，能使劳动量减少 9%。唯一的潜在投资就是软件的支持。

1）时间参数

单位行走时间=0.7 秒/英尺，拣取时间=16 秒/拣货线.容器，单位容器处理时间=8 秒/容器。

2）结果

容器处理总时间=12 容器×8 秒/容器=96 秒；

行走总时间=2000 英尺×（*N*/（*N*+1））×（1/*M*）×0.7 秒/英尺≈1166.7 秒（*N*=5，*M*=1）；

拣取总时间=5 条拣货线×12 容器×16 秒/拣货线·容器=960 秒；

拣货总时间=96+1166.7+960=2222.7 秒；

生产力=3600×5×12/2222.7≈97.2 条拣货线=145.8 品项/小时·人；

拣货员总数=150×5×2/97.2≈15.4 人。

6. 亮灯拣货系统拣取高周转品项、智能拣货台车拣取低周转品项

货品的上架策略会对配送中心的生产力产生影响。在几种上架策略中，可以采用不同的方法将周转快的 SKU 分开存储和拣取。周转快和周转慢的 SKU 表现形式不同，周转快的 SKU 集中存放在一起，拣取时两个品项之间的行走的距离较短。相反，周转慢的 SKU 需要较长的拣货行走距离，这导致拣取周转慢的 SKU 时，行走时间占了拣货时间的很大一部分。

这种拣货模式将占作业量 50%的 5%的最畅销品分离出来，存放到亮灯拣货通道上。亮灯拣货系统能将每条拣货线上的拣选时间减少一半，巷道的长度是 120 英尺。另外的 SKU 则采用智能拣货台车拣货。

亮灯拣货系统的巷道必须被分成几部分，采用每个人负责一部分的接力拣货方式。这个巷道中没有批量拣货。

这种应用似乎并不能从亮灯拣货系统得到好处，不过这种技术对高密度的拣货还是非常具有吸引力的。亮灯拣货技术的成本在每 SKU 125～175 美元。

1）时间参数

单位行走时间=0.5 秒/英尺，拣取时间=5 秒/拣货线.容器，单位容器处理时间=5 秒/容器。

2）结果

（1）高周转品。

生产力=133 条拣货线/小时·人=231 品项/小时·人；

拣货员总数=5.6 人。

（2）低周转品。

生产力=57 条拣货线/小时·人（已知）；

拣货员总数=150×5×20%×2/250=13.1 人。

（3）系统。

拣货员总数=5.6+13.1=18.7 人；

生产力=（133×5.6+57×13.1）/18.7≈80 人。

7. 智能拣货台车拣取高周转品项、旋转货架拣取低周转品项

能消除低周转品拣货区额外行走距离的可行技术就是旋转货架。旋转货架能大大缩短拣取的行走距离，拣货员不必走到储存位置，而是被拣品移动到拣货员面前。当拣货员正在拣取时，货架上其他被拣品则做好被拣取的准备，直到拣货员完成当前的拣货。这样就减少了拣取者在两次拣取之间的空闲时间。采用这种设备，其生产力很容易达到每人每小时 250 条线。

这种拣货方式将占作业量 80%的 20%的畅销品分离出来，采用智能拣货台车进行拣取。快周转品拣货区的巷道长 400 英尺，另外 9600 慢周转的 SKU 从旋转货架中拣取。

旋转货架的使用可以使劳动力显著下降，但要求货架上必须有 9600 个库存单位的存货。这个例子中，旋转货架技术提出了存货量要求而不是存储位置要求。旋转货架的成本在 350000～500000 美元。这种拣货模式被认为是低成本拣货方式中成本最高的一种。

1）时间参数

单位行走时间=0.5 秒/英尺，拣取时间=5 秒//拣货线.容器，单位容器处理时间=5 秒/容器。

2）结果

（1）高周转品。

生产力=154 条拣货线/小时·人=231 品项/小时·人；

拣货员总数=150×5×80%×2/154≈7.8 人。

（2）低周转品。

生产力=250 条拣货线/小时·人=375 品项/小时·人（已知）；

拣货员总数=150×5×20%×2/250=1.2 人。

（3）系统。

拣货员总数=7.8+1.2=9 人；

生产力=（154×7.8+250×1.2）/9≈167 人。

8. 智能拣货台车拣取高周转品项，两步处理拣取低周转品项

另一种在低周转品拣货区中减少额外行走距离的方法就是两步拣取。拣货台车在低周转品拣货区中每次能拣取的批量可以大于 12 个订单。例如，拣货员负责 6 个容器的拣取，每一个容器并不代表一个订单，而是代表在高周转品拣货区中 12 个订单所需的所有品项。在第一步中，货品被混装在每个容器中，拣货完成后，低周转品拣货台车将停靠在高周转品拣货台车的路径上，高周转品区的拣货台车停在混装容器前，做第二步的分类工作，将低周转品拣货台车上单个容器内的货品分装到 6 个不同的容器中。拣货员行走距离的缩短是以两次接触低周转品为代价的。

这种拣货模式采用拣货台车对 20%的畅销品进行拣取，这些拣货台车同时也对来自低周转拣货区的品项做第二步的分类工作。巷道的长度是 432 英尺。2400 个 SKU 占 80%的作业量。

携带 6 个容器的拣货台车负责拣取低周转拣货区的 SKU，每个容器都装有高周转拣货区中批量拣取的 12 张订单所需要的品项。低周转拣货区通道总长 1600 英尺。

通过简单的计算可知：对低周转货物的拣取即使多了一个步骤，这种模式也会使整个系统的生产力增加。额外的投资仅是在高周转拣货区增加一块来自低周转拣货区的拣货台车的停车空间。当然，软件必须能支持这种操作，即在低周转区预先拣取品项，然后引导拣取高周转品的拣货台车到达预先拣取好的品项所在的位置。要发挥这种模式的优势，软件的灵活性是必不可少的。

1）时间参数

单位行走时间=0.5 秒/英尺，拣取时间=5 秒/拣货线，单位容器处理时间=5 秒/容器。

2）结果

（1）高周转品。

生产力=162 条拣货线/小时·人=243 品项/小时·人；

拣货员总数=9.3 人。

（2）低周转品。

生产力=112 条拣货线/小时·人；

拣货员总数=150×5×20%×2/112≈2.7 人。

（3）系统。

拣货员总数=9.3+2.7=12 人；

生产力=（162×9.3+112×2.7）/12≈151 人。

以上提供了 8 种不同的单品拣货模式，并从生产力指标和人员配置两个方面对其效能进行了分析计算。配送中心可根据自己的实际情况酌情选用，也可以改变相应的条件以便更能适应一些特殊的运作要求。

生产力的提高也可以通过增加设备（手持终端机、智能拣货台车、亮灯拣货系统、旋转货架）或增加软件的功能（虚拟批量、两步拣取）来达到，但必须保证能支持这些拣货模式的软件具有足够的灵活性以便操作人员能在最佳条件下从事拣货作业。但软件的开发是昂贵的，它对成本的注入是一次性的，而成本的节约却源于配送中心对软件日积月累的使用。因此软件的灵活性不应该限制在对初始设备的支持上，应该设计成随着时间的推移，当配送中心运作的市场条件改变时，能根据实际情况进行相应的调整和更改。

8.4 单品拣货模型及应用

传统的库存分隔是基于库存单元的周转率。运用这个概念，快速移动的 SKU 通常被存放在拣货作业时所使用的拣货区域，此区域的货品大多在短时期即将被拣取出货，其货品在储位上流动频率很高所以称为动管储区。由于这个区域的功能在于提供拣货的需求，为了让拣货时间及距离缩短、降低拣错率，就必须在拣取时能很方便迅速地找到要拣取的货品所在位置，所以对于储存的标示与位置指示就非常重要，而要让拣货顺利进行及拣错率降低，就得依赖一些拣货设备来完成，例如，计算机辅助拣货系统、自动拣货系统等。但是，这种方法也会产生一些麻烦，例如，我们假设一个 20%的库存单元占 80%活动量的配送中心。如果快速周转单元占配送中心 80%的活动量，它们也就代表了 80%的库存量。如果我们把所有快速周转的存货存放到动管储区，动管储区将需要所有存货 80%的存储能力。

如果我们在小面积的动管储区和大面积的保管储区之间，对快速周转的库存进行分隔，就能解决动管储区所需要的较大的存储能力问题。但为了满足从保管储区到动管储区的补货需求，必须进行二次搬运。

一个配送中心快速流动的 SKU 并不总是相同的。对每个 SKU 活动水平的分类必须经常进行，看它是否仍然属于目前的存储区域（动管储区或保管储区）。如果分类变化，那种 SKU 的所有存货必须移动到其他存储区。

当我们对某个配送中心在一个阶段如 6 个月或者一年的运作数据时进行分析时，不难发现配送中心有一小部分高速流动的 SKU，占配送中心活动的绝大部分。类似地，当我们分析批量作业同样的运作数据时，我们会看到在每一个订单中，有一小部分 SKU 占有整个拣取单位相当大的比例，进一步的分析也是如此。

8.4.1 拣货系统假设

在配送中心的单品拣取中，对不足一箱货品的处理占配送中心活动相当大的比例，其所需资源的比例相当高。单品拣取模型开发了一个基于存储箱数量、整箱或不足一箱的库存分隔策略，从而解决了基于活动分隔库存的复杂性。

定义：拣货区中，存储数量不足一整箱的 SKU 称为单品拣取箱。

（1）一个输送整箱或单品拣取箱的输送分类系统，操作者在分类机上的集货点拣取订单需要的单元。

（2）一个配备传统货架的大容量的保管拣货储区，对整箱的商品具有充足的存储能力。

（3）一个由高吞吐量的 AS/RS 组成的单品存储区域，能将单品拣取箱取出并搬走。对每种单品，至少有一个单品拣取箱的存储能力。

8.4.2 拣货操作原则

（1）需要拣取的 SKU 数量比单品拣取箱中的 SKU 少，所有的单元都能从单品储料箱中拣取，剩余部分随单品拣取箱返回去存储。

（2）如果需要拣取的 SKU 数量与单品拣取箱中的 SKU 相等，所有的 SKU 都能从单品储料箱中拣取，拣空的单品拣取箱则被从流水线中移走。

（3）如果拣取的 SKU 数量比单品拣取箱中的 SKU 多，则先将单品拣取箱中的 SKU 全部拣出，拣空的单品拣取箱则被从流水线中移走。再从批量存储区域输送整箱过来，从整箱中拣取不足的部分直到达到需要拣取的数量。拣空的拣取箱被从流水线中移走。在最后一箱中如果存在未被拣完的商品，这个拣取箱将被送到单品存储区。

8.4.3 单品拣货模型

由于一张订单中每个品项的拣取数量较少，多数单品拣取都采用批量拣取的方式以缩短拣货行走的距离，不失一般性，这里假设采用批量拣取方式进行单品拣取。

假设一批订单的订单数为 m（订单别拣取时 m=1），A_i 表示第 i 品项的满箱装数量，x_{ij} 表示第 j 张订单中 i 品项商品的数量，则一批订单中 i 品项的总数量为 $\sum_{j=1}^{m} x_{ij}$，品项 i 在单品拣取箱中的拣取数量 Q 可以表示为

$$Q=\begin{cases}\operatorname{mod}\left(\dfrac{\sum\limits_{j=1}^{m}x_{ij}}{A_i}\right), & 当\sum\limits_{j=1}^{m}x_{ij}\geqslant A_i\\ \sum\limits_{j=1}^{m}x_{ij}, & 当\sum\limits_{j=1}^{m}x_{ij}<A_i\end{cases}$$

式中，mod 为余数。

假设单品拣取箱中品项 i 的现有数量为 R_i，当 $Q\leqslant R_i$ 时，情况很简单，全部的 Q 都可以从单品拣取箱中一次拣取完毕；当 $Q>R_i$ 时，需要进行两次单品拣取，具体操作按 8.4.2 节中的原则进行。

8.4.4 应用举例

1. 示例 1

假设一批订单中 i 品项商品需要拣取的商品数量=7，整箱商品数量=24，单品拣取箱中 i 品项的商品数量=13。

由于 7＜24，真正的单品拣取只有 7 个单位，又因为 7＜13，所以全部单品拣取一次可完成。具体操作如下：由 AS/RS 机将装有 13 个单位商品的单品拣取箱运送到输送分类机上的集货点，拣货人员从这个单品拣取箱中拣出 7 个单位放到分类机上。拣剩的还有 6 个单位商品的单品拣取箱被返回到单品储存拣货区。

2. 示例 2

假设一批订单中 i 品项商品需要拣取的商品数量=40，整箱商品数量=24，单品拣取箱中 i 品项的商品数量=9。

由于 40＞24，拣取的单元可以换算成一整箱和 16 个单位的单品拣取。即真正的单品拣取为 40/24 的余数，即只有 16 个单位，又因为 16＞9，所以单品拣取不能一次完成，具体操作如下：由 AS/RS 机将装有 9 个单位商品的单品拣取箱运送到输送分类机上的集货点，拣货人员从这个单品拣取箱中拣出 9 个单位放到分类机上。再从保管拣货储区输送两箱商品到分类机的集货点，先拣取一整箱，再从第二箱中拣取 7 个单位放到分类机上，第二箱中拣剩的 17 个单位商品的拣取箱则被返回到单品储存拣货区。

8.5 小　　结

随着配送中心订单模式向少样多量多批次的转变，配送中心的单品拣货成为正常。而单品拣取属劳力密集性的活动，拣取少量的商品就需要大量的拣取资源。

为了兼顾配送中心的效率和顾客满意，本章在对各种单品拣货模式及其效能进行分析的基础上，提出了单品拣取模型。该模型开发了一个基于存储箱数量、整箱或不足一箱的库存分隔策略，从而解决了传统的基于活动分隔库存的复杂性问题。由于每个配送中心都有自己特殊的需要和需求，所以不存在普遍适用的解决方案。但是，单品拣取模型为配送中心改变原有的运作模式提供了一个良好的拣货系统设计基础，而且单品拣取模型非常灵活，足以支持配送中心的特殊需求。例如，如果一个配送中心要求单品存储区从不缺货，可以对拣货系统进行适当的更改，允许单品拣货区的某些货物临时库存多余一箱。

第 9 章　拣货方式、存储策略与路径策略协同研究

拣货作业属于劳力密集性的活动，自动化技术的应用无疑可以大大降低人工成本，但由于受货物形状大小的改变、需求的变动、产品的季节性及高昂的投资费用等因素的影响，多数配送中心仍然采用人工拣货系统。对拣货系统的设计与运作方面的相关问题研究主要集中在三个方面：①采取怎样的拣货方式（订单别拣取或批量拣取）；②如何存储货物；③以怎样的顺序和路线从仓库中取出货物。这些研究大都关注某一个方面的问题，从一个侧面研究其对拣货作业效率的影响从而确定有效的拣货方式、存储策略或路径策略，而对各种策略的相对重要性未作比较分析。那么，是否这三种策略中的最优者组合在一起，对仓库的整体绩效就一定是最优的呢？本章主要研究人工拣货中，拣货方式、路径策略与存储策略对拣货效率的协同作用，确定三种策略的相对重要性，帮助仓库的管理决策人员作出正确的取舍。

9.1　ABC 分类存储模式与拣货路径策略选择

影响拣货效率的因素有多种，如产品的需求模式、仓库的结构、品项的存储位置、拣货方法、拣货路径等。一般认为，通过优化主要的运作策略如订单分批、路径策略及存储策略等可以使拣货效率得到显著改善[4]。但很多文献在对这些策略进行研究时，仅从一个方面对所研究的策略进行优化和评价，对策略之间的相互关联性考虑较少。实际上，各种策略之间并不是独立的，策略之间的匹配对拣货效率的提高发挥的作用更大。本书针对最具典型意义的 ABC 分类存储，结合路径策略，分析分类存储模式与路径策略之间的关系及匹配，以期帮助配送中心的操作、管理人员针对不同存储模式，正确选择与之相匹配的路径策略，提高拣货效率。

9.1.1　存储策略

存储策略就是如何给存货单元分配存储位置。良好的存储策略可以减少出入库移动的距离、缩短作业时间，甚至能够充分利用储存空间。存储策略有很多种，不同的仓库会采用不同的存储策略。各种存储策略的研究，一般都会以达到拣货

作业设计中的某个目标（如路径最短、拣货时间最少等）为出发点，而不是孤立进行的。概括起来，主要有以下几种。

（1）随机储放。每一个货品被指派储存的位置都是随机的，而且可经常改变；也就是说，任何品项可以被存放在任何可利用的位置。随机存储是以增加行走时间为代价来获得高空间利用率的。在很多研究中，都把随机存储策略作为其他存储策略改进程度的标杆。绝对的随机存储仅在计算机控制的环境下工作。其他情况下，随机原则一般是由储存拣货人员按习惯来储放，且通常按货品入库的时间顺序储放于靠近出入口的储位。这样就会造成离出入口近的位置较满而离出入口较远的位置逐渐变空，由于货品没有固定的储位，所以随机存放和靠近出入口存放最后等同于一种情形。

（2）定位储放。每一储存货品都有固定储位，货品不能互用储位。为了最小化行走距离，靠近出入口的储位通常存放出入库频率高且占用空间小的货品。这种存储策略的最初形式就是基于 COI（cube-per-order index，体积订单指数）的存储策略。产品的 COI 是指某个时期存储某产品所需要的总存储空间与该产品的周转率之比。这种方法将 COI 值最小的货品最靠近出入口存放，然后次之，按照这个原则依次分派储位。基于周转率的存储是定位存储的另一种形式，这种方法主要是根据货品的拣取量来分派储位，出入库频率高的货品靠近出入口存放。基于周转率的存储和基于 COI 的存储的区别在于基于周转率的存储只考虑了产品的畅销性而没有考虑其需要占用的空间。COI 存储方法或其他与需求率相关的存储方法，都需要大量的精确信息以对产品进行相关性的分类、排序和储位指派。在某些情况下，由于产品的分类太快而不能建立可靠的统计数据致使这些信息的获取存在很大的困难。

（3）分类储放。在库存控制中，经典的产品分类方法是基于著名的帕雷托方法。其主要思想就是将占存货种类 15%左右而出货量占总出货量 85%左右的产品分为一类进行重点管理。分类存储就是将货物按照一定的标准（COI、周转率等）分为几类（通常是 3～5 类），每一类货品都有固定的存放位置，但在各类的储区内，每个储位的指派是随机的。出入库频率高的货物称为 A 类，次高的称为 B 类，依次类推。分类的数量根据需要而定，通常限制在三类，也称为 ABC 分类存储。

9.1.2　路径策略

有关拣货路径的文献不管是优化方法还是启发式方法都集中在人工拣货的仓库或者自动化的仓库。而这些仓库一般都是矩形类，且进口和出口都位于同一点。大多数的仓库都是利用人工拣货，在这些人工拣货系统中，又以人至物拣货系统

（拣货员沿着巷道行走到拣取位置拣取相应的物品）最为普遍。这里介绍人工拣货系统中常用的一些启发式拣货路径策略[8]。

（1）穿越策略（traversal）。最基本的路径策略之一就是穿越策略，如图 9-1 所示。穿越策略就是一个拣货员从仓库的一端进入拣货巷道，而从该巷道的另一端退出进入下一个包含拣取位置的拣货巷道。拣货员从出入口出发，在返回出入口之前按这种方法遍历所有包含拣取位置的巷道。

（2）返回策略（return）。返回策略是另一个基本的路径策略，如图 9-1 所示，是指拣货员从拣货巷道的同端进入和退出，拣货员只需要进入包含拣取位置的巷道，不包含拣取位置的巷道可以跳过不管。

（3）中点策略（midpoint）。中点策略必须从拣货巷道的中点处将仓库分为两个部分，如图 9-1 所示。为便于描述，将图中与拣货巷道垂直的水平通道分别称作南通道和北通道。拣货员从拣货巷道一端进入，到达一个拣货巷道的最远处就是中点，拣取货物后，从该巷道返回。该巷道中比中点远的拣取位置则从仓库的另一端进入并返回。图中拣货员从出入口出发，按上述策略分别拣取南面 1/2 部分的货品，从最右边的巷道穿越、从南通道进入北通道，再按相同的策略进行北面部分的拣取。拣取完后从北通道退出，穿越第一个拣货通道到达南端返回出入口。

（4）最大间隙策略（largest gap）。最大间隙策略除了在一个通道中到达巷道最远处是按最大间隙而不是中点之外，其他与中点策略相似，如图 9-1 所示。所谓间隙是指同一拣货通道中任意两个相邻拣取位置之间的距离、或第一个拣取位置与南通道的距离、或最后一个拣取位置与北通道的距离。最大间隙就是这三种情况中的最大距离。如果最大间隙在两个拣取位置之间，拣货员采取从巷道两端返回的策略；否则采用从南端返回或北端返回的策略。因此一个巷道的最大间隙就是拣货员未穿越的巷道部分。到达北通道要么从第一个拣货巷道穿越，要么从最后一个拣货巷道穿越。

（5）混合策略（composite）。混合路径策略是返回策略与穿越策略结合最好的例子，其关键在于确定穿越与返回的时机，如图 9-1 所示。混合策略最小化了在两个相邻拣货巷道中最远的拣取位置之间的行走距离。图 9-1 中，从南通道进入的第一巷道中最远的拣取位置在第 2 个储位，从南通道进入的第二巷道中最远的拣取位置在第 8 个储位（由南向北的顺序）。假设每个货格的尺寸为一个单位，以货格的中点为基准，忽略在货架两端行走的垂直距离及在垂直通道内行走的水平距离（因为每种策略中，这部分距离相同），则返回策略中这两个位置之间的距离是 11 个单位，比穿越策略节约了 1 个单位。从第二通道到第三通道则采用了穿越策略，因为它比返回策略节约了 12 个单位的距离。

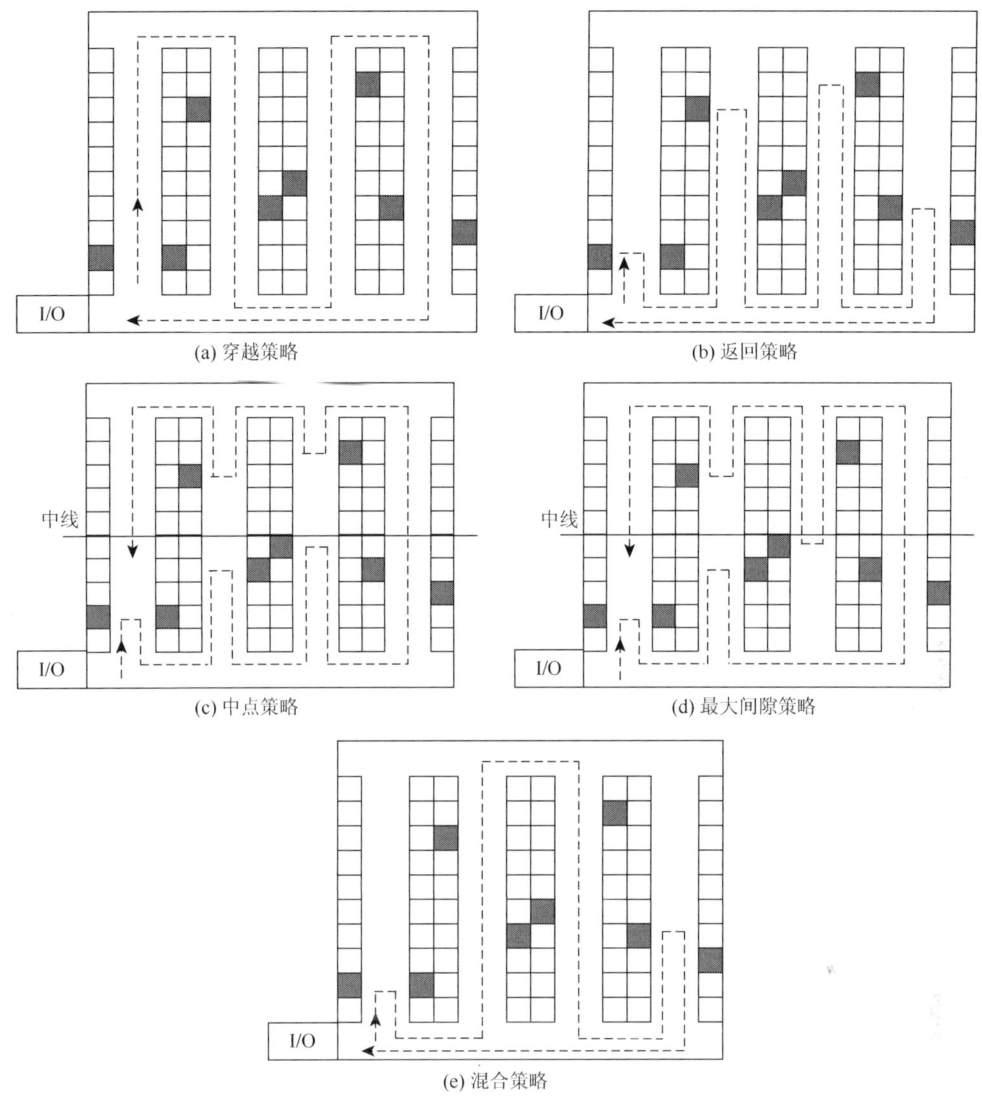

图 9-1　启发式拣货路径策略示例

9.1.3　ABC 分类存储模式下的拣货路径策略选择

分类存储是生产实践中运用最多的存储策略，而 ABC 分类存储是分类存储中最具有典型意义的存储策略。无论分类的标准如何，在拣货系统中有一点是共同的，即“为取而存”。ABC 存储策略在进行具体储位指派时，离出入口的距离是一个非常重要的标准。缩短拣货行走的距离，减少拣货时间几乎是永恒不变的目标。这一点与路径策略的目标是一致的，也是任何拣货系统所追求的目标。因此，在既定的分类存储模式下，如何选择与之匹配的路径策略就显得尤其重要，匹配得当，事半功倍；匹配失当，则事倍功半。

从各种路径策略的行走规则可知，其行走距离主要由两部分组成：存储巷道内的行走距离和南北通道内的横向行走距离。存储巷道内的行走距离与被拣品分布的巷道数量有关，南北通道内的横向行走距离则与被拣品分布的巷道跨度有关。对确定的拣货单而言，其横向行走距离只与被拣品所在最左巷道和最右巷道有关，是一个定值。要最小化拣货行走距离，实际上就是最小化拣货巷道内的行走距离。下面分析不同的分类存储模式与路径策略的优化匹配情况。

1. 巷道内存储模式与穿越策略

当被拣品分布的巷道数为偶数时，穿越策略必须穿越每个具有被拣品的巷道；当被拣品分布的巷道数为奇数时，除最后一个被拣品所在的巷道外，其余巷道均需要被穿越。因此，穿越策略中拣货巷道内行走距离完全取决于被拣品分布的巷道数多少。也就是同样的拣货单，置于三种不同的分类存储模式下，哪种模式下产品分布的巷道数最少，就更适合采用穿越路径策略。

显然，三种模式中，跨巷道分布模式和周界分布模式下，每个拣货巷道具有相同的访问频率，期望访问的巷道数与随机存储策略下的相同，并不能减少被访问巷道的数量。而巷道内分布模式则不同，存储 A 类品项的巷道被访问次数远高于其他两类，而存储 B 类品项的巷道被访问次数又高于 C 类。所以相同的拣货单，巷道内分布模式需要访问的巷道数远小于其他两种模式，采用穿越策略可以大大缩短拣货行走的距离。

2. 跨巷道分布模式与返回策略

采用返回策略，要缩短拣货行走距离，应该使被拣品距离进入巷道的位置尽可能短。也就是说，如果被拣品的分布呈现出向货架一端分布的趋势，其返回过程中的行走距离就越短，采用返回策略就能使总的行走距离越短。在 ABC 分类存储中，A、B 类品项的拣取频率大大高于 C 类，三种存储模式分布情况表明，跨巷道模式中，拣货品项比较集中于南巷道，因而适合采用返回策略进行拣取。

3. 周界分布模式与中点策略

从中点策略的行走规则可以看出，除了最左巷道和最右巷道必须穿越，其他巷道内的行走类似于返回策略。要缩短拣货行走距离，应该使被拣品位置离巷道两端的距离尽可能短。如果被拣品分布呈现出集中于货架的两端，则巷道中返回行走的距离越短，采用中点就能使总的行走距离越短。显然，在周界分布模式中，拣取频率高的 A、B 类品项正好集中分布于货架的两端，最适合采用中点策略进行拣取。

9.1.4　结论

存储策略与路径策略是配送中心两大主要的运作策略，也是影响拣货效率的关键因素。如果存储策略与拣货路径策略相得益彰，能最大限度提高拣货作业的效率。本书通过对低层人至物拣货系统中的三种分类存储模式和拣货路径之间的关联性进行分析，得出巷道内存储模式选择穿越策略，跨巷道分布模式选择返回策略，周界分布模式选择中点策略能提高拣货效率的结论。当然，上述结论是基于概率分布的普遍情况得出的，对于每一次具体的拣货，也可以根据实际情况采用其他两种路径策略。只不过需要对被拣品的具体位置进行分析，确定具体的行走路线。

9.2　拣货系统假设

以某零售商的配送中心人工拣货系统为原型，以其现行的订单别拣取、随机存储和穿越路径策略为基准，在此基础上对各种策略组合进行比较分析，确定哪种策略组合能使得一天之内总拣货时间减少量达到最大。另外，通过敏感性分析得出的结论，为其他环境下的拣货决策提供参考。拣货系统设置如下。

（1）仓库包含 10 个拣货巷道和前后两个横向通道，如图 9-2 所示。拣货员在巷道中可以同时拣取巷道两边货架上的物品和沿巷道的两个方向行走。

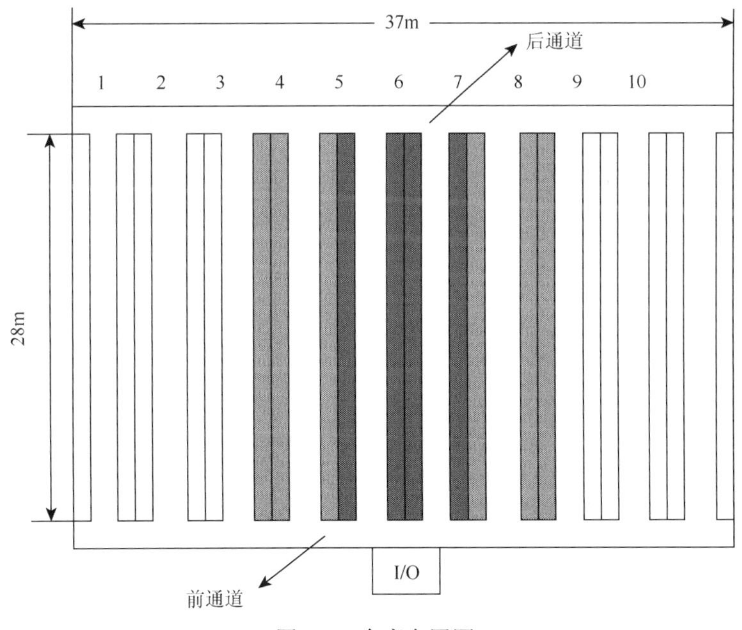

图 9-2　仓库布置图

（2）每条拣货路径的起始和终止位置位于仓库前横向通道中间的 I/O 处，即 d=5.5。

（3）产品的需求遵循 20-80 原则分布，即 20%的货物单元占拣货量的 80%。

（4）拣货区采用箱装货架，货架共有 20 排，20 列，3 层，总计 1200 储位。将货架的第一层作为拣货区，则拣货储位为 400 个，对应 400 个品类。每个储位大小相同，只存储一种类型的产品，且每种类型的产品只存储在一个储位。为便于计算，仅考虑拣货区货位编码，如图 9-3。

01-39		01-40	02-39		02-40		10-39		10-40
01-37		01-38	02-37		02-38		10-37		10-38
01-35		01-36	02-35		02-36		10-35		10-36
01-33		01-34	02-33		02-34		10-33		10-34
01-31		01-32	02-31		02-32		10-31		10-32
	巷道一			巷道二				巷道十	
01-13		01-14	02-13		02-14		10-13		10-14
01-11		01-12	02-11		02-12		10-11		10-12
01-09		01-10	02-09		02-10		10-09		10-10
01-07		01-08	02-07		02-08		10-07		10-08
01-05		01-06	02-05		02-06		10-05		10-06
01-03		01-04	02-03		02-04		10-03		10-04
01-01		01-02	02-01		02-02		10-01		10-02

图 9-3　拣货区编码示意图

（5）拣货员的平均行走速度为 45 米/分，每个货物单元的拣取时间为 18 秒，包括所有的操作与处理时间。这个数值来自于企业对多种拣货作业的观察数据并与相关文献一致。

（6）拣货车容量为 50SKU。如果采用批量拣取，批量大小由拣货车容量确定。为保持订单的完整性，采用拣取时分类模式。

（7）拣货过程中不存在缺货现象，订单大小不超过拣货车的容量。

（8）储位容量足够大，拣取一种品项只需访问一个储位。

（9）假设拣货员在前后过道中的行走是贴着货架面的，其在货架两端过道中的纵向行走距离忽略不计。

9.3　仿真实验设计

9.3.1　策略组合的确定

本实验的目的在于与基准策略相比较，评价各种拣货策略组合的效果以及提供相对于基准策略而言，总拣货时间减少最多的策略组合。基准策略就是公司目前所采用的订单别拣取、穿越式路径策略及随机存储的策略组合。在各个分策略中再分别增加两种策略，则总的策略组合有 27 种。详细情况总括于表 9-1。

表 9-1　实验因素与档次表

策略因素	档数	符号或数值
拣货方式	3	订单别拣取（S），先到先分批（F），种籽算法分批（Se）
路径策略	3	穿越策略（T），中点策略（M），动态规划策略（D）
存储策略	3	随机存储（R），巷道内模式（W），跨巷道模式（A）
平均订单大小	6	5，10，15，20，25，30

拣货方式是订单别拣取（single order picking）、先到先服务分批（first come first service batching）、种籽算法分批（seed algorithm batching）。由于种籽算法[4]分批有很多种，为简便起见，这里以品项分布巷道数最多的订单为种籽订单，以订单加入后，增加的访问巷道数最少为相似性度量原则，订单加入过程中按累积订单模式确定新的种籽订单；路径策略为穿越策略（traversal strategy）、中点策略（mid point strategy）和启发式动态规划策略（dynamic program heuristics）。存储策略为随机存储、分类存储中的巷道内分布模式（within-aisle）和跨巷道分布（across-aisle）模式[5]。分类存储中，货物单元被分为 A、B、C 三种类型，巷道内模式中拣货频率最高的 A 类随机分布于靠近出入口的两个巷道两侧的货架上，B 类分布于 A 类的左右两侧，C 类分布于靠近 B 类货架两侧的剩余货架如图 9-2，黑色为 A 类，灰色为 B 类，白色为 C 类。而在跨巷道模式中，A 类分布于货架前端的所有货架上，B 类按相同的方式分布于紧靠 A 类后面的货架上，剩余部分为 C 类产品的存储空间。ABC 类产品的需求及储位分布情况如表 9-2。

表 9-2　产品类型及储位分布表

产品类型	储位	需求
A	20%	80%
B	30%	15%
C	50%	5%

9.3.2 订单资料处理

1. 订单资料生成

客户订单是产生拣货单的依据，也是配送中心拣货作业得以进行的基础。仿真实验中的订单以配送中心商品库存一览表为依据，根据设定的 20-80 原则按平均订单大小为 5、10、15、20、25 和 30 个货物单元 6 个档次分别由计算机随机产生，每张订单品类数在 1～50，且每张订单大小不超过 50 个 SKU。由于是随机生成，所以同一张订单中可能会产生相同品类的情况，属正常现象，只需将其视为不同的品类存储在同一储位即可。每一档订单构成一个数据集合，每个集合包含由计算机随机产生的 300 个订单，大致相当于目标公司一天的订单处理量。实验中测算的时间是指拣取这 300 个订单所需要的总时间。

2. 拣货资讯处理

拣货资讯是拣货作业的原动力，其主要作用在于指示拣取作业的进行，而其资料的来源是客户的订单。为了使拣货人员在既定的拣货方式之下正确而迅速地完成拣取，拣货资讯成为拣货作业中不可缺少的重要内容。拣货资讯的种类大致可以分为传票、拣货单、拣货标签和拣货电子资讯四种。鉴于拣货单的适用范围较广，本实验采用拣货单指示拣货。

虽然订单别拣取和批量拣取都可利用拣货单作为指示拣货作业的资讯，但两种拣货方式的拣货单处理程序却存在一定的差异。订单别拣货按订单到达的先后顺序依次输入计算机，按确定的路径策略，每张订单产生一张拣货单。分批拣货则将全天的订单汇总后，先按约定的分批策略进行分批处理，分批后的订单再按相应的路径策略产生分批拣货单。两种情况下的拣货单处理程序如图 9-4 和图 9-5 所示。

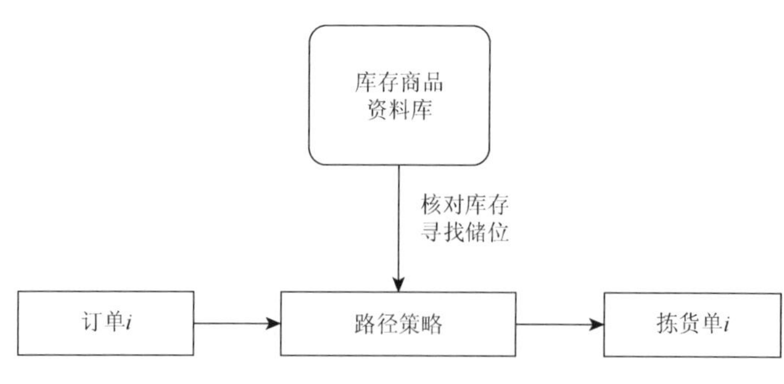

图 9-4　订单别拣货单处理程度

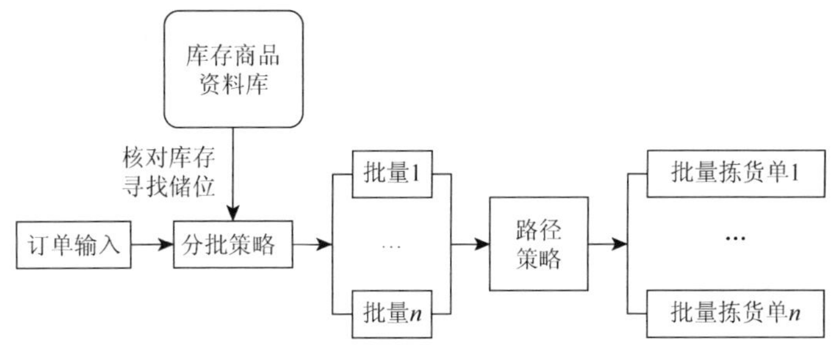

图 9-5　分批拣货单处理程序

9.3.3　拣货路径长度计算

拣货路径长度主要由前后横向通道中的横向行走距离和拣货巷道中沿货架行走的距离两大部分组成。当被拣品数量和位置一定时，无论采取哪种路径策略，与拣货巷道垂直的横向行走距离都只与被拣品分布的最小巷道号 l 和最大巷道号 r 有关，与其具体的储位无关。而与拣货巷道垂直方向上的横向行走距离 D_c 有三种情况：①被拣品全部分布在仓库左半部分即 $r<d$；②被拣品全部分布在仓库右半部分即 $l>d$；③被拣品分布在仓库的左右两边即 $l\leqslant d\leqslant r$。设两相邻巷道中心线之间的距离为 w_a，只要知道被拣品分布的最小巷道号和最大巷道号，各种策略下的横向行走距离可以统一表示为

$$D_c^X=\begin{cases}2w_a(d-l), & l\leqslant b<d\\ 2w_a(r-d), & d<l\leqslant r\\ 2w_a(r-l), & l\leqslant d\leqslant r\end{cases} \tag{9-1}$$

拣货巷道内的行走距离则因路径策略的不同而不同，下面分别讨论策略组合中三种路径策略下，拣货巷道中的实际行走距离。

1. 穿越策略

穿越策略的路径长度主要取决于被拣品项的巷道分布情况。对于出入口位于货架前端中点处的情况，先拣取左边部分还是右边部分并没有什么差别。这里选择先从左部分开始拣取，即从巷道号由小到大的顺序逐步穿越。拣货巷道内的行走距离不仅与被拣品分布的巷道数的奇偶性有关，还与最后一个巷道中被拣品的具体储位有关。设巷道分布数为 n，最后一个访问巷道 r 中被拣品的最大储位编码为 m_r^+，巷道中货架长度为 y，单元货格的长度为 y_0。考虑 n 的奇偶性，拣货巷道内的行走距离可以表示为

$$D_a^T=\begin{cases}ny, & n\text{为偶数}\\ (n-1)y+2\left[\dfrac{m_r^+}{2}\right]y_0, & n\text{为奇数}\end{cases}$$

因此，拣货员完成一次拣货的实际行走距离就是上述两项距离之和，即

$$D^T = D_c^X + D_a^T$$

2. 中点策略

中点策略中，必须从拣货巷道的中点处将仓库分为两个部分来进行处理。与穿越策略一样，先拣取仓库的左边部分还是右边部分对拣货行走距离没有影响。这里设定从仓库的左半部分开始拣取，并从包含被拣品的最左边巷道 l 穿越至仓库后半部分，完成后半部分产品的拣取后，再从包含被拣品的最右边巷道 r 穿越，拣取右前部分产品后回到出入口。拣货巷道中的行走距离由三部分组成：①拣取仓库前半部分产品的行走距离（不包括 l、r 巷道）；②拣取仓库后半部分产品的行走距离（不包括 l、r 巷道）；③穿越最左巷道 l 和最右巷道 r 的行走距离。假设 m_j 为第 j 巷道中被拣品的储位编码，其他符号含义同上。当被拣品分布的巷道数小于等于 2 时，相当于穿越策略。当被拣品分布的巷道数大于 2 时，对任意连续巷道 j（$l<j<r$），定义为

$$x_j = \begin{cases} 1, & \text{第}j\text{巷道中至少有一个被拣品} \\ 0, & \text{第}j\text{巷道中没有被拣品} \end{cases}$$

$$m_j^+ = \max_{1\leqslant m_j\leqslant 20}(m_j),\quad m_j^- = \min_{20<m_j\leqslant 40}(m_j)$$

则拣货巷道中的行走距离为

$$D_a^M = \begin{cases} 2y_0\left\lfloor \dfrac{m_r^+}{2} \right\rfloor, n=1 \\ 2y, n=2 \\ 2y_0\displaystyle\sum_{j=l+1}^{r-1}\left\lfloor \frac{m_j^+}{2} \right\rfloor x_j + 2y_0\sum_{j=l+1}^{r-1}\left\lfloor \frac{40-m_j^-}{2} + 0.5 \right\rfloor x_j + 2y, \quad n\geqslant 3 \end{cases}$$

则中点策略下，拣货员完成一次拣货的实际行走距离为 $D^M = D_c^X + D_a^M$。

3. 启发式动态规划策略

启发式动态规划策略在遵循拣取顺序从最小巷道号到最大巷道号原则的基础上，在每个巷道中的行走是直接穿越还是返回则由动态规划方法确定。设第 j 巷道与前通道的交点为 p_j，与后通道的交点为 q_j，则从第 i 巷道到第 j 巷道的转换方式有从前端转换和从后端转换两种，而任一巷道 j 中根据被拣品的分布情况有四种行走方式，即穿越、从前端返回、从后端返回和不需要访问（没有被拣品的情况）。巷道转换方式及拣货巷道中的路径结构如图 9-6，图中符号含义如下。

D_q：从 i 巷道由货架后端转换至 j 巷道的横向行走距离（$j>i$）。

D_p：从 i 巷道由货架前端转换至 j 巷道的横向行走距离（$j>i$）。

D_1：拣货巷道 j 中采取穿越策略时的行走距离 $D_1=y$。

D_2：从前端进入巷道 j，完成巷道 j 中的拣货后，返回前端时的行走距离。

D_3：从后端进入巷道 j，完成巷道 j 中的拣货后，返回后端时的行走距离。

D_4：巷道 j 中没有被拣品，不需要访问的情况 $D_4=0$。

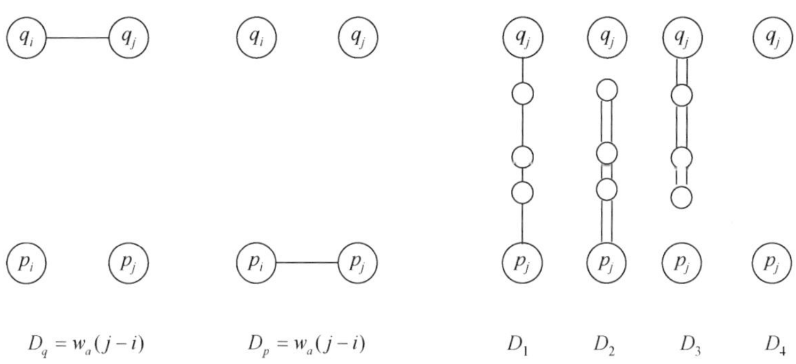

图 9-6　巷道转换方式及拣货巷道中的路径结构示意图

定义 m_j^+ 和 m_j^- 分别表示第 j 巷道中被拣品的最大储位号和最小储位号，即 $m_j^+ = \max\limits_{1\leqslant m_j\leqslant 40}(m_j)$，$m_j^- = \min\limits_{1\leqslant m_j\leqslant 40}(m_j)$，则有

$$D_2 = 2y_0\left\lfloor \frac{m_j^+}{2} \right\rfloor, D_3 = 2y_0\left\lfloor \frac{40-m_j^-}{2} + 0.5 \right\rfloor$$

启发式动态规划策略中，当被拣品的储位一定时，前后通道内的横向行走距离仅与被拣品所在的最大和最小巷道有关，与拣货巷道中采用穿越策略还是返回策略无关。被拣品的位置一旦确定，货架两端的横向行走距离就为一定值，由式（9-1）确定。因此，路径优化相当于优化各拣货巷道内的行走距离，这里的最小路径长度仅指拣货巷道内的行走距离。根据启发式动态规划策略原则，拣货首先从被拣品所在的巷道号最小的巷道 l 开始，假设 D_a^p 表示从货架前端进入巷道 l，采取返回策略完成 l 巷道的拣货后返回前端的路径长度；D_a^q 表示从货架前端进入巷道 l，采取穿越策略完成 l 巷道的拣货后到达后端的路径长度。对于相邻的拣货巷道 j（$l<j<r$），区分两种不同的子路径：D_j^p 表示从 l 巷道前端进入开始拣货，到完成 j 巷道的拣货后，到达第 j 巷道前端时拣货巷道内的最小路径长度；D_j^q 表示从 l 巷道前端进入开始拣货，到完成 j 巷道的拣货后，到达第 j 巷道后端时拣货巷道内的最小路径长度。根据 D_j^p、D_j^p 的含义，可得

$$D_j^p = \min\{D_{j-1}^p + D_2,\ D_{j-1}^q + D_1\}$$
$$D_j^q = \min\{D_{j-1}^q + D_3,\ D_{j-1}^p + D_1\}$$

当 j 巷道中没有被拣品无需访问时，$D_j^p = D_{j-1}^p + D_4,\ D_j^q = D_{j-1}^q + D_4$，由于 $D_4=0$，实际上就是 $D_j^p = D_{j-1}^p,\ D_j^q = D_{j-1}^q$。

对最后一个巷道 r，定义 $D_r^p = \min\{D_{r-1}^p + D_2,\ D_{r-1}^q + D_1\}$，则子路径 D_r^p 就是所求的整个拣货过程中的最优路径，其数值结果就是拣货巷道中的最小路径长度。由于最后一个巷道中不管采用的是穿越策略还是返回策略，都必须要回到货架的前端，然后回到出入口，所以最后一步不需要求出 D_r^q 的值。

综上所述，启发式动态规划策略确定的拣货巷道内的路径长度可以表示为

$$D_a^D = \begin{cases} 2y_0\left[\dfrac{m_r^+}{2}\right], & n=1 \\ \min\left\{2y_0\left[\dfrac{m_l^+}{2}\right]+2y_0\left[\dfrac{m_r^+}{2}\right],2y\right\}, & n=2 \\ \min\left\{D_{r-1}^p+2y_0\left[\dfrac{m_r^+}{2}\right],\ D_{r-1}^q+y\right\}, & n\geqslant 3 \end{cases}$$

9.4　仿真结果分析

策略组合所确定的拣货作业总时间原始输出数据如表 9-3，以 STR 策略组合为基准，其他 26 种决策与之相比，其作业的总时间下降程度如图 9-7，括号中的数字为策略变化的个数。

图 9-7 表示各种策略组合与基准方案相比，总完成时间的下降程度。由图可以明显地区分出三个策略群。第一个群由 FTR（1）至 SeDW（3）等 11 个策略组合组成，时间的下降平均在 21.5%～30.2%。分析这 11 个策略组合，不难看出，变化 1 个策略、2 个策略及 3 个策略都变化的策略组合各占一定的比例，但这些策略组合中有一点是共同的，那就是均采用了订单分批拣取。不管哪种形式的订单分批，与订单别拣取相比，总能带来较大的时间节约。也就是说，拣货策略组合中，要达到大量节约时间的目的，通常需要采用分批拣货方式。

第二个群由时间增加的 5 个策略组合 SeMA（3）至 SMA（2）及时间减少的 5 个策略组合 FMW（3）至 SeMR（2）组成，前 5 个策略组合与基准策略相比，非但没有减少时间，反而使拣货时间增加了。后 5 个策略组合中，其时间下降平均在 0.9%～7.9%，节约量并不明显。从该群的策略组合组成情况可以看出，除 SDR（1）外，其余策略组合中，路径策略均采用中点策略。也就是说，不管采用哪种拣货方式和存储策略，采用中点策略时，并不一定能节约拣货作业的时间，半数的时候可能反而使拣货作业时间增加。这种现象的产生，主要是中点路径策略人为将仓库分为两半，且拣取后必须返回进入仓库的一端，如果巷道中的被拣

品集中分布在仓库的一半或仓库的两端不超过 1/4 处，则该巷道中的行走距离不会超过巷道长度，与穿越策略相比，会有一定程度的节约。但如果被拣品在一个巷道中的分布不满足上述条件，只要其最小货位号和最大货位号之间的距离超过巷道长度的一半，则在该巷道中的行走距离必然大于巷道长度，导致采用中点策略时的行走时间大于采用穿越策略的行走时间，从而造成与基准策略相比，拣货作业时间反而增加的现象。因此，采用中点路径策略时，必须谨慎决策，以确保拣货效率。

表 9-3 完成 300 个客户订单的总时间（min）

订单大小 \ 策略组合	STR	STW	STA	SMR	SMW	SMA	SDR	SDW	SDA
5	1474	1149	1378	3025	2829	3525	1225	1068	1283
10	2435	1910	2379	4121	4238	5004	2316	1822	2275
15	3110	2556	3043	4694	4913	5885	2940	2467	2940
20	3715	3102	3665	5216	5322	6459	3561	3019	3569
25	4265	3703	4219	5552	5713	6859	4125	3619	4120
30	4861	4313	4841	6006	6288	7046	4751	4219	4744
平均时间	3310	2789	2897	4769	4884	5796	3153	2702	2814
订单大小 \ 策略组合	FTR	FTW	FTA	FMR	FMW	FMA	FDR	FDW	FDA
5	705	657	705	812	846	1041	700	648	694
10	1416	1317	1260	1616	1695	1984	1405	1296	1240
15	2195	2027	2191	2542	2716	3166	2174	1996	2155
20	2978	2694	2969	3943	3489	4314	2942	2652	2918
25	3755	3436	3741	4398	4638	5435	3697	3376	3675
30	4541	4112	4505	5370	6288	6493	4452	4036	4420
平均时间	2598	2374	2562	3114	3279	3739	2562	2834	2517
订单大小 \ 策略组合	SeTR	SeTW	SeTA	SeMR	SeMW	SeMA	SeDR	SeDW	SeDA
5	701	657	702	808	844	1040	696	647	692
10	1378	1308	1251	1596	1685	1974	1391	1289	1233
15	2129	2001	2172	2501	2693	3141	2144	1980	2130
20	2857	2646	2938	3861	3445	4269	2886	2625	2890
25	3548	3342	3669	4245	4554	5338	3586	3322	3617
30	4414	4027	4467	5279	6234	6432	4387	4006	4386
平均时间	2505	2330	2533	3048	3243	3699	2515	2312	2491

第三个群由剩下的 STA（1）至 SDW（2）等 5 个策略组合组成，其时间下降平均在 12.5%～18.4%，该群主要以存储策略变化为主要特征，反映存储策略对拣货作业时间的影响。不管其他策略如何变化，恰当的分类存储策略比随机存储策略在拣货作业时间的节约上能得到较大幅度的改善。

由上面的分析可知，管理决策人员应该着重采用一些订单分批技巧与有效的分类存储模式相匹配，以减少拣货完成的总时间。而在路径策略的改变上，并没有表现出明显的改善特征，即使是比较好的启发式方法如动态规划启发式方法，其时间的节约量也达不到分批或者是分类存储所达到的效果。总之，在具体的决策过程中，应优先考虑存储策略和拣货方式，在确定其他策略已经有效的情况下再来考虑路径策略。

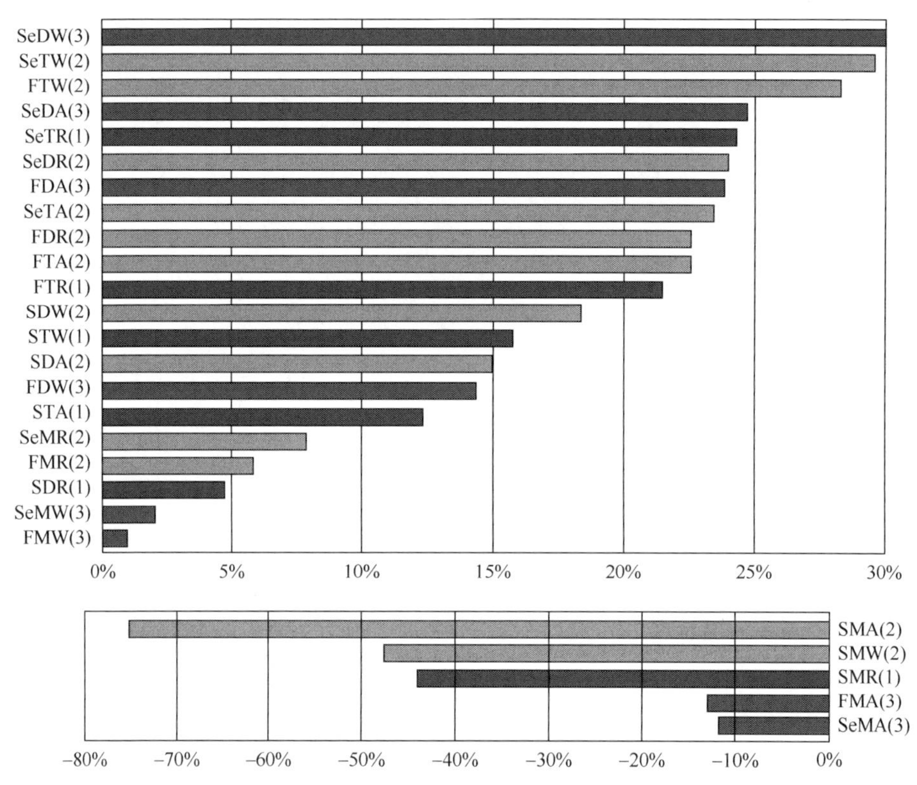

图 9-7　相对基准策略（STR）的时间节约百分比

9.5　小　　结

本章研究了在低层人至物单元货物拣货系统中，拣货方式、路径策略及存储策略对拣货作业总时间的协同作用。仿真实验结果表明：分批策略对减少拣货作业总时间影响最大，尤其是当订单普遍较小时。采用分类存储策略，比采用随机存储策略所需的行走时间短。穿越路径策略和动态规划启发式策略能有效缩短拣货行走的时间，但这种减少小于改变拣货方式和存储策略带来的拣货作业时间的减少。而且，中点路径策略的运用并不是总能缩短行走路程，有时甚至会增加行走距离从而增加行走时间。总之，在具体的决策过程中，应优先考虑存储策略和拣货方式，在确定其他策略已经有效的情况下再来考虑路径策略，以保证拣货效率整体最优。需要说明的是，文中订单资料是根据一定的规则由计算机随机产生的，具有普遍性。数值结果是根据理论推算的路径公式与行走速度之比计算出来的，保证了其理论上的正确性。且公式均为线性计算，在计算机上很容易实现。但文中的分批策略采用的是拣取时分类，当实际作业采用拣取后分类时，由于拣货后还需要进行额外的分类作业，所以上述分批拣取的优势将不再存在，其协同效应也会发生相应的改变。另外，订单大小、仓库形状及出入口的位置在相同的策略下都会在一定程度上对拣货作业时间产生影响，其影响程度大小及规律可以通过敏感性分析获得。

第 10 章　基于时间均衡的多系统同步拣货优化设计

10.1　时间均衡的考虑方法

10.1.1　多系统同步拣货的网络计划分析

多系统同步拣货作业是将过去不允许订单分割的串行作业变为允许订单分割的并行作业，从而缩短整个订单拣取时间的作业方法。从拣货开始到拣货结束的流程类似于网络计划，如图 10-1 和表 10-1。将一批订单采用多种拣货策略分别从不同的系统中拣出并按客户订单集中打包的过程看作一项任务，各拣货系统中的拣货环节则是组成任务的各项工作。

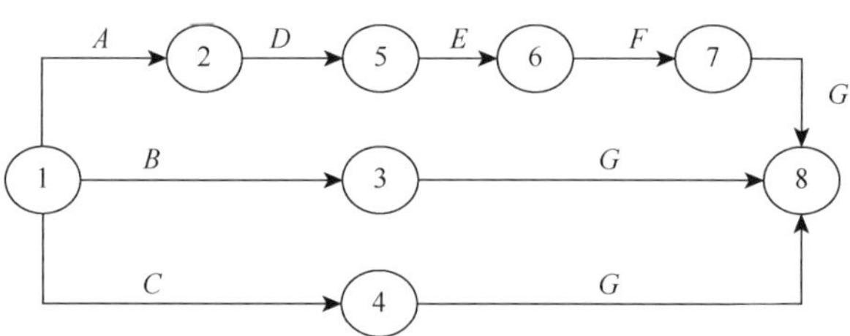

图 10-1　多系统同步拣货网络计划图

表 10-1　多系统同步拣货工作明细表

工作	工作内容	紧前工作	工时
A	堆垛机从立体仓库拣出托盘并送入货架端面的输送机上	—	T_A
B	托盘货架区订单别拣取	—	T_B
C	流动货架区订单别拣取	—	T_C
D	托盘在输送机上运行	*A*	T_D
E	拣货人员从输送机上的托盘上拣货	*D*	T_E
F	按订单订购品项分类	*E*	T_F
G	集中汇总打包	*F*、*B*、*C*	T_G

当要求拣货总时间一定且必须保持在某一范围时，可以利用网络计划技术思

想，对拣货作业中涉及的一些关键环节进行优化设计，保持各并行拣货系统作业的同步和稳定，减少或消除拣货作业中因订单分批、分割拣取及工作分区不平衡引起的等待时间，改善拣货作业效率，最小化设备和人员闲置时间，提高对客户的服务水平。

10.1.2　作业时间的确定

参照网络计划中工作时间的确定方法，将拣货作业时间分为确定型和概率型两种。

1. 确定型

在具备工时定额和劳动定额的任务中，拣货作业时间可以用这些定额资料确定。有些工作虽无定额可查，但在具有类似工作的统计资料时，可利用这些统计资料通过分析对比来确定工作的时间。拣货系统中，通常采用动作时间研究来获得相关动作的标准时间。主要方法有工作动作分析、工作抽查、程序图法、作业时间长条图法、多项活动图法等[1]。

2. 概率型

对于新设计的拣货系统，货场环境变化引起订单资料变化，对各项工作所需工时难以估计时，通常采用三点时间估算[132]法来确定工作的时间。这种方法对每道工作先要作出下面三种情况的时间估计。

a 为最快可能完工时间（最乐观时间）：在顺利的情况下，完成工序所需要的最少时间。

m 为最可能完成时间：在正常情况下，完成工序所需要的时间。

b 为最慢可能完成时间（最悲观时间）：在不顺利的情况下，完成工序所需要的最多时间。

显然，完成工序所需要的上述三种时间都具有一定的概率，根据经验，这些时间的概率分布可以认为近似于正态分布，一般情况下作业时间可为

$$T = \frac{a + 4m + b}{6}$$

$$\sigma^2 = \left(\frac{b - a}{6}\right)^2$$

后有学者在此基础上，提出几种其他方法来确定不确定性网络计划的工序时间。文献[133]采用专家取值法，确定了基于集对分析的不确定性网络计划的工序时间。对工序作业时间实现的概率，计划的工序时间取用专家综合评判法进行了

分析和判断。文献[134]提出用模糊隶属函数来确定工序作业时间，并依此来确定工期的方法。

为严格控制时间，确保服务客户水平，可以计算在某一给定期限 T_s 前完工的概率。可以指定多个完工期 T_s，直到求得有足够可靠性保证的 T_s^*，将其作为总的完工时间。

$$P(T \leqslant T_s) = \int_{-\infty}^{T_s} N\left(T_z, \sqrt{\sum \sigma^2}\right) \mathrm{d}t = \int_{-\infty}^{\frac{T_s - T_z}{\sqrt{\sum \sigma^2}}} N(0,1) \mathrm{d}t = \Phi\left[\frac{T_s - T_z}{\sqrt{\sum \sigma^2}}\right]$$

式中，$N\left(T_z, \sqrt{\sum \sigma^2}\right)$ 为以 T_z 为均值，$\sqrt{\sum \sigma^2}$ 为均方差的正态分布，$N(0, 1)$为以 0 为均值，1 为均方差的标准正态分布。

另外，假设所有工序的作业时间相互独立，且具有相同分布，若在关键路线上有 s 道工序，则任务完成时间可以认为是一个以 $T_z = \sum_{i=1}^{s} \frac{a_i + 4m_i + b_i}{6}$ 为均值，以 $\sigma_z^2 = \sum_{i=1}^{s} \left(\frac{b_i - a_i}{6}\right)^2$ 为方差的正态分布。

在 T_E 和 σ_E^2 为已知的条件下，既可以估算出任务完工时间的概率，也可以估算出具有一定概率的任务完工时间。

10.1.3　时间均衡性评价指标

时间不均衡是指在拣货过程中，在既定的拣货策略下，各拣货分区所花的拣货时间有差异，致使一批订单或被分割的订单不能同时完成拣货，而必须等拣货时间长的拣货作业完成之后，才能进行打包运输的等待时间。这个等待时间的存在，一方面会对人员和设备造成闲置浪费，另一方面会延误下一周期的拣货作业，最终影响配送中心的整体作业效率。时间均衡设计的目的是在既定拣货策略下使拣货过程中的作业等待时间达到最小。上述拣货过程虽然类似于网络计划，但也不完全等同于网络计划，如并非总工期最短，拣货过程就一定最优，其评判标准与设置的分批时窗大小有关，其优化的关键在于缩短各并行作业之间的时差。在网络计划的优化中，通常采用将串联工作改为平行工作或交叉工作、利用非关键路线上的时差放慢非关键工作的进度、将有限资源进行合理分配、降低成本日程等方法以求得最佳效果。鉴于拣货作业的特殊性，这里提出两种拣货作业时间均衡性评价的新指标。

设拣货系统是由 n 个不同类型的拣货系统组成的混合系统，各分系统的拣货时间为 t_i，$i=1, 2, \cdots, n$，则完成一批拣货任务的等待时间 Δt 可以表示为

$$\Delta t = \max\{|t_i - t_j|\} \quad i=1, 2, \cdots, n-1, j=i+1, i+2, \cdots, n$$

显然，要使 Δt 最小，必须使各拣货分系统的拣货时间差最小。这是一个

相对指标，不同配送中心有不同的期望等待时间，可以利用期望等待时间 ε 作为衡量拣货时间均衡的绝对指标，于是有 $\Delta t=\max\{|t_i-t_j|\}\leqslant\varepsilon \quad i=1, 2, \cdots, n-1, j=i+1, i+2, \cdots, n$。

另外，引入生产装配中的平衡延误（balance delay）[135]作为衡量拣货系统时间均衡优劣的一个相对评价指标。即

$$d=\frac{t_{\max}-t_{\text{ave}}}{t_{\max}}\times 100\%$$

式中，$t_{\max}$ 为 n 个拣货分系统拣货时间中的最大拣货时间，t_{ave} 为各拣货分系统的平均拣货时间。

10.2　拣货系统框架及相关假设

以我国某大型 IT 分销商的配送中心为原型，在已有订单资料、拣货设备及拣货区布局基础上建立了一个混合的拣货系统，并以各拣货区的拣货时间均衡为目标，对拣货系统进行验证。

10.2.1　系统的组成

该配送中心是集区域性物流中心（RDC）、转运站式发货中心（FDC）及批发代理商（WDC）为一体的具有综合功能的整合性物流中心，主要以电子产品为主，客户可以是批发商、零售商及消费者。满足两种订货要求：常规订货和紧急订货。一般常规订货 48 小时以内送达，紧急订货可以 24 小时送达。在库配送商品项目约有 900 种。为提供正确有效的物流服务，作业系统采取信息控制与人工的弹性结合。

其拣货区主要分成三个区，各区作业方式介绍如下。

（1）自动化立体仓库。立体仓库用于储存流通量大，订单品种重复率高的货物，且以整盘或整箱为单位出货的商品。例如，ABC 分类中的 A 类物品，品种占 10%～20%，而搬运量占 60%～70%。约 100 种商品。出货时订单信息先经分割处理，处理后的信息由计算机主机直接传输到自动仓储的计算机上，自动仓储的计算机指示拣货堆垛机将商品自动拣出，然后再利用输送机将整托盘的商品运至分类区按客户进行分类，分类后的货物再送至集配货区，与按单拣取的其他货物集中，等待出货。

（2）托盘货架拣货区。托盘货架拣货区用于储存订单需求重复率低的、订货数量较小而品种较多的商品。例如，ABC 分类中的 B 类和 C 类物品，以箱为订购单位。进货时以托盘为单位，存放于托盘货架上保管，目前约有 400 种商品。

出货时订单信息先经分割处理，生成分区拣货单，由拣货人员按拣货单在拣货区进行拣货，拣取之后送到集配货区集中，准备出货。

（3）流动货架拣货区。此区负责拣取体积较小，订购量小于箱的单品。进货时先堆置于托盘上，再由堆垛机搬运至补货货架区存放，适时补充整箱的商品至流动货架各商品的定位上。拣货人员站在流动货架与输送机之间，负责将拣货单上在自己工作分区内的商品拣出，投入输送机上的拣货容器内，拣取完后将拣货容器交给检验包装员，检验装箱后送至集配货区与整箱部分商品集合等待出货。

10.2.2　拣货系统环境假设

1. AS/RS 拣货区

1）立体仓库平面布置示意图（图 10-2）

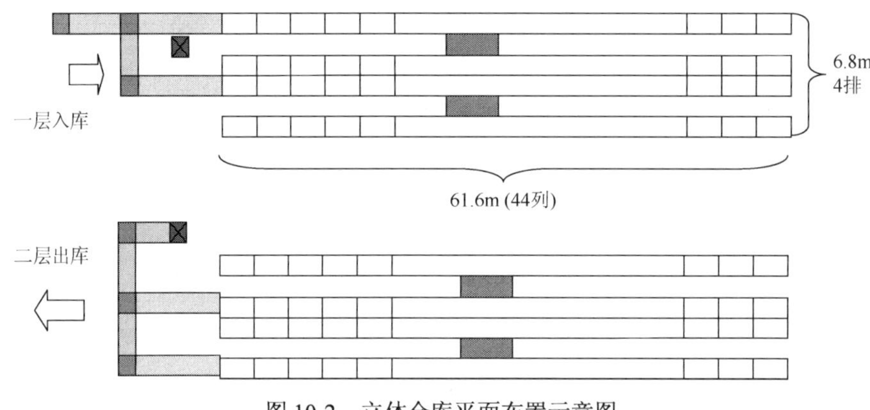

图 10-2　立体仓库平面布置示意图

2）货架资料

（1）货架类型：AS/RS 立体仓库。

（2）总体参数：44 列；4 排；8 层；库容量：1408 货位。

（3）货架长 61.6m；宽 6.8m；高 14m。

（4）高架区长度 70m，宽 12.8m；占地面积：896m^2。

3）设备资料

（1）堆垛机：数量 2 台，运行速度 100 米/分，升降速度 20 米/分，货叉存取货时间 25 秒，附加时间 5 秒。

（2）搬运设备：叉车—连续输送机。

4）商品资料

（1）总品项数：100 种。

（2）入库单位：托盘，每托盘上存放 8 箱货品。

（3）出库单位：托盘。

5）订单资料

（1）订单速率：每 10 分钟到达一张，按先到先处理的原则输入计算机，每小时汇总一次。

（2）订单订货量：每张订单平均订购 2 个品项，各品项平均订货量 12 箱，每张订单平均订货量为 24 箱。

6）作业原则

（1）储区分配：库区所有货位均可用来存放和拣取，但每个拣货储位以放置同一种品项为原则。

（2）储位指派原则：储存策略为随机储放，且每个货位的存取概率相同。

（3）拣货策略：订单分割批量拣取，储存单位是托盘，拣货单位是箱。

（4）拣货原则：由于假设其出货概率相同，出货时不必考虑不同货物拣取的先后顺序，但要考虑按先进先出的原则进行，且每次出货后，保证 AS/RS 区同一编号的商品最多只有一个托盘未满。

7）作业流程

（1）堆垛机在起始点接收拣货信息，按拣货信息所指示的位置进行拣取，然后将拣取的托盘商品放到出库输送机上，再进行下一次的拣取。

（2）出库输送机上的托盘到达出货端时，由拣货人员按 AS/RS 区拣货单上的数量拣取托盘上的商品，拣货后的空托盘运至码盘区，未拣完的托盘重新入库。

（3）辊子输送机的一端和 AS/RS 出库输送系统相连，将 AS/RS 区内取出的各用户共同需要的货物置于输送机上，拣货输送机将托盘运送至一层的分类区，再由人工按客户订单进行分货。

2. 托盘货架拣货区

1）托盘货架平面布置示意图

托盘货架平面布置如图 10-3 所示。

2）货架资料

（1）货架类型：托盘货架。

（2）总储位数：货架共有 20 排，20 列，3 层，总计 1200 储位。

（3）拣货储位：将货架的第一层作为拣货区，则拣货储位为 400 个。每个拣货储位以储放一种品项为原则。

（4）巷道数：10，巷道宽：1.7 米，巷道长：28 米。

（5）储位宽：1.4 米，储位深：1.0 米。

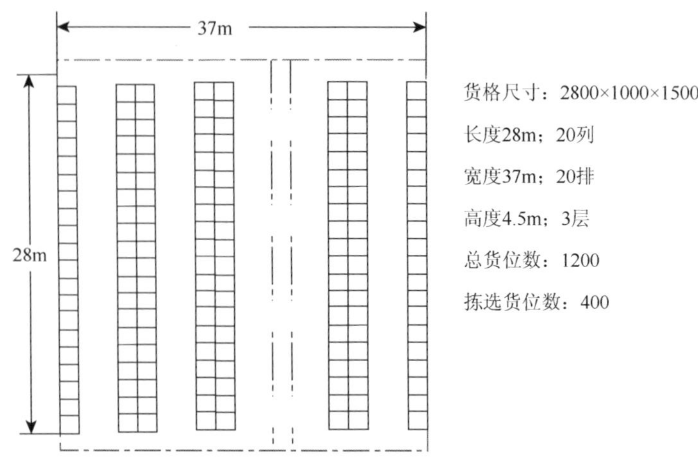

图 10-3　托盘货架区平面布置示意图

3）拣货设备资料

液压托盘搬运车：数量 2 台。装载时间：10 秒/箱。卸货时间：10 秒/箱。行走的平均速度：50 米/分。且需要拣取的每张订单商品总量不超过托盘车的容量。

4）商品资料

（1）总品项数：400 种。

（2）入库单位：托盘。

5）订单资料

（1）订单速率：同立体仓库。

（2）订单订货量：每张订单平均订购 12 个品项，各品项平均订货量 3 箱，每张订单平均订货量为 36 箱。

6）人员资料

（1）拣货作业人数：2 人。

（2）作业时间：每拣取一箱商品花费时间 10 秒，人走到储位附近后寻找商品并确认所花的时间为 4 秒。

7）作业原则

（1）储区分配：货架的第一层是拣货区，第二、第三层是备货区，每个拣货储位以储放一种品项为原则。

（2）储存策略：为定位储放，但未按商品畅销情况排列先后位置。

（3）拣货策略：订单分割订单别拣取，储存单位是托盘，拣货单位是箱（P→C）。

（4）拣货起始原则：拣货由入出库起始点出发，根据拣货单上的序号顺序按出货商品品项储位到达的先后次序进行拣取。其拣货线路采用 S 形启发式拣取路径。

8）作业流程说明

（1）拣货人员推着液压托盘搬运车在起始点等待接收拣货信息，接到拣货单后，开始拣取。

（2）按拣货单上所列商品顺序进行拣取，走到拣货储位附近后，拣货人员将拣货车停下，按品项的订购量拣取成箱的商品，拣取每一箱商品花费的时间为 10 秒。

（3）将拣货单上的品项数量都拣出后，拣货车回到起始点将拣取的商品卸下，准备接收新的拣货信息，进行下一次的拣取。

3. 流动货架拣货区

1）流动货架拣货区平面布置示意图（图 10-4）

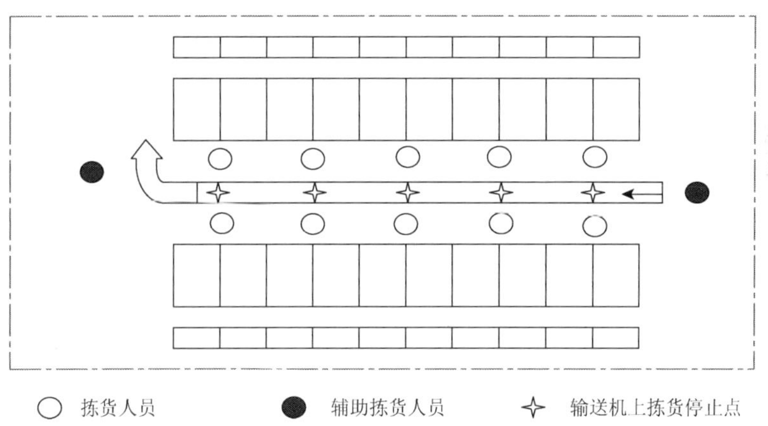

图 10-4　流动货架平面布置示意图

2）货架资料

（1）货架类型：箱装流动货架。

（2）货架组数：20 组，每组 20 个流道（4 层，5 排），每个流道储放一种品项，共可储放 400 个品项。

（3）每组货架尺寸：全长 3 米，全宽 3 米，高 2 米，4 层。

（4）总体尺寸：长度方向 30 米，高度 2 米（4 层）。

3）商品资料

（1）总品项数：400 种。

（2）储存单位：箱。

（3）拣货单位：单品。

4）拣货设备资料

设备型式：输送机。

段名：第一段（拣货段）。

类型：皮带动力，非积放式。

尺寸：长 31.7 米，宽 0.6 米，高 0.5 米。

速度：30 米/分。

固定间距：6 米。

设备型式：输送机。

段名：第二段（集货段）。

类型：滚筒无动力，可积放式。

尺寸：长 5.6 米，宽 0.6 米，高度倾斜落差 0.3～0.5 米。

滑行速度：10 米/分。

搬运容器：塑料拣货箱，尺寸：长 54 厘米，宽 36.5 厘米，高 31.5 厘米。

5）订单资料

（1）订单速率：同 AS/RS 立体仓库。

（2）订单订货量：每张订单平均订购 45 个品项，各品项平均订货量 1 个单品，每张订单平均订货量为 45 个单品。

（3）假设商品被订购概率平均分布，每张订单平均落在各拣货人员负责区域内为 4 件单品。

6）人员资料

（1）拣货作业人数：10 人。辅助作业人数：2 人。

（2）作业时间：拣取每一件商品平均 7 秒。

7）作业原则

（1）储区分配：储存策略为定位储放。

（2）储位指派原则：未按商品畅销情况排列先后位置。

（3）拣货策略：订单分割订单别分区接力式拣取，储存单位是箱，拣货单位是单品（C→B）。

（4）拣货起始原则：由输送机起始端出发，按先后到达的拣货工作分区，拣取订购的商品。

8）作业流程说明

（1）在输送机的起始端上，第一位辅助作业人员将空的拣货箱置于输送机上。

（2）拣货箱与拣货单同步送达输送机上的第一个拣货站，由输送机两侧两名工作人员完成所负责区域内订购品项的拣取，拣取的商品投入拣取箱内，送至下一站，人员在原地等候下一次拣取。

（3）输送机上共分 5 个拣货站，拣货箱到达拣货站后由升降装置实现拣货箱暂停，等待各站拣货人员完成区域内商品的拣取后再一次进入运行，每个拣货人员所负责的区域为 2 组流动货架。

（4）拣货箱经输送机上 5 个拣货站拣取完成之后，拣取的商品由输送机滑送至尾端，由第二位辅助人员负责将拣货箱搬离系统，将拣货容器交给检验包装员，检验装箱后送至集货区与托盘货架拣货区拣出的商品进行汇总。

10.2.3　拣货模式与拣货策略分析

1. 基本拣货模式运用分析

拣货作业中，根据货品的存储单位和取出单位是否相同、采用的拣货策略是批量拣取还是订单别拣取、拣取时分类还是拣取后分类及相应的拣货系统设备不同等，拣货作业可以有多种不同的模式。本书的混合拣货系统中采用了四种不同的拣货模式，各种模式的符号及具体含义如表 10-2。

表 10-2　拣货模式运用分析

拣货区	模式记号	模式意义	所用设备组合
AS/RS 区	P⟶P SAP/AP	托盘储存→托盘取出 批量拣取后分类/自动拣货设备	立体仓库/巷道堆垛机/输送机 人工分类
	P⟶C SAP/PM	托盘储存→箱取出 批量拣取后分类/物至人拣货设备	输送机 人工分类
托盘货架拣货区	P⟶C SOP/MP	托盘储存→箱取出 订单拣取/人至物拣货设备	托盘货架/液压托盘车
流动货架拣货区	C⟶B SOP/MP	箱储存→单品取出 订单拣取/人至物拣货设备	箱装流动货架/输送机

2. 拣货策略运用分析

三个主要拣货区域内拣货策略的概略分析如表 10-3。

表 10-3　各拣货区拣货策略分析

项目＼分区	立体仓库拣货区	托盘货架拣货区	流动货架拣货区
保管单位	托盘	托盘	箱
拣货单位	托盘、箱	箱	单品
商品特性	体积大、量大、频率高	体积大、量中、频率低	体积小、频率高

续表

项目＼分区	立体仓库拣货区	托盘货架拣货区	流动货架拣货区
拣货策略	订单分割批量拣取、拣取后分类	订单分割订单别拣取	订单分割订单别拣取
拣货信息	电子信息+拣货单	拣货单	拣货单
拣货设备	巷道堆垛机、输送机	液压托盘叉车	输送机

10.3　作业时间计算

该配送中心的拣货系统采用了工作分区、订单分割、批量拣取、订单别拣取、接力式拣取等多种拣货策略，AS/RS 区的拣取更是采用了电子信息和人工拣货相结合的方式。由于本模拟过程采取的是分区时窗分批拣取和订单分割订单别拣取相结合的拣货方式，各拣货分区按时窗分批同步作业时，会因分区工作量不平衡和时窗分批拣货量的不平衡产生作业的等待，所以为保证各拣货分区工作量及时窗分批拣货量相对平衡，必须对模型中各拣货分区标准拣取时间进行分析计算，并根据实际情况予以修正，尽量使各分区的标准拣取时间均衡，拣货过程中等待停滞的时间尽可能小，以保证拣货系统合理高效。

文献[132]指出，概率型网络图与确定性网络图在工时确定后，对其他时间参数的计算基本相同，没有原则性的区别。对概率型网络图，当求出每道工作平均期望工时 T 和方差 σ^2 后，就可以同确定型网络图一样来计算有关时间参数及总完工期 T_z。本章旨在提供一种作业时间均衡的多系统同步拣货作业的设计、控制和改善方法。为简化计算，各区拣货作业时间的计算，除了与被拣品分布巷道数有关的行走时间采用期望行走时间，其他时间均采用确定型时间。

10.3.1　AS/RS 区作业时间

1. 自动拣货堆垛机平均期望拣取时间

有研究表明，当各货位存取概率相同时，同端出入库的平均单一作业周期计算经验算法与理论算法非常接近，可以用经验算法代替理论算法[136]，如图 10-5 所示。设出入库台在货架的一侧 P_0 点，以 P_0 为原点，在货架内取两个点 P_1 和 P_2，P_1 和 P_2 的坐标为

$$P_{1x}=\frac{1}{5}L,\quad P_{1y}=\frac{2}{3}H;\quad P_{2x}=\frac{2}{3}L,\quad P_{2y}=\frac{1}{5}H$$

其中，L 为货架全长，H 为货架全高。

则平均单作业周期为 $t_{ms}=t_{p1}+t_{p2}+2t_f+t_a$。

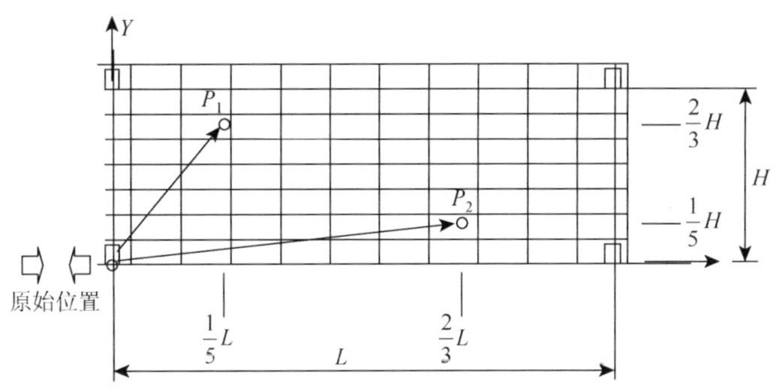

图 10-5 平均单一作业周期的计算

根据拣货基础资料可知：堆垛机的水平运行速度为 100 米/分，升降速度为 20 米/分，货叉存取货时间为 25 秒，附加时间为 5 秒。由于货架总长 61.6 米，高 14 米，则

t_{p1}=max[p_{1x}/v_x，p_{1y}/v_y]=28 秒，t_{p2}=max[p_{2x}/v_x，p_{2y}/v_y]=24.64 秒

故 t_{ms}=28+24.64+2×25+5=107.64 秒。

一般而言，采用批量拣货的先决条件是每次拣取的品项数需要少于每次拣取的订单数，否则拣货效率反而不如订单别拣货[137]。根据这一原则，设定 AS/RS 区的批量拣货中，每批订单（6 张订单）拣取的品项数不超过 5。根据 AS/RS 区订单资料可知，6 张订单订货总量为 144 箱，则每品项平均拣出的箱数应为 144/5=28.8 箱，再根据 AS/RS 区订单生成原则及各储位存放的商品箱数可知每品项的出货量每次应为 28.8/8≈4 托盘。则每批订单出货托盘数平均应为 5×4=20 托盘。

随机分布策略下，设 n 为存储巷道数，m 为被拣品的位置数，则所有品项分布在一个巷道中的概率为[123] $p=n\left(\frac{1}{n}\right)^m=\left(\frac{1}{n}\right)^{m-1}$。因此要拣取的 20 托盘品项全部分布在一个巷道中的概率为 $\left(\frac{1}{2}\right)^{20}\approx 9.54\times10^{-7}$。这样，堆垛机对每批订单的平均期望拣取时间可以表示为

$107.64\times20\times9.54\times10^{-7}+107.64\times(20/2)\times(1-9.54\times10^{-7})=1076.42$ 秒

每托盘的平均期望拣取时间为 1076.42/20=53.82 秒。

2. 拣货员从托盘上拣货的时间

假设拣货员从托盘上每拣取一箱商品需要 10 秒，则每批订单所用的时间为

144×10=1440 秒。

3. 分类时间

AS/RS 区的拣货采用的是批量拣取，商品在到达集货区之前必须进行分货处理。由于分货时，要将商品分给不同的客户，必然要一箱一箱地挪动商品，所以由上述计算可知，商品的分类时间不会小于 1440 秒，再加上判断的时间，将分类时间设为 1500 秒。

4. 在输送机上的运行时间

货物在输送机上的运行，必须遵循连续均衡不积压的原则。为保证输送机能连续输送，必须保证在下一托盘物品到来之前，前一托盘 8 箱货品全部被卸下，也就是货物在输送机上的运行时间应该大于每托盘的平均期望拣取时间 53.82 秒，否则就会造成积压。又为了避免输送时间过长导致拣货人员空闲，两托盘到来的间隔时间应保持在 8×10=80 秒。这些目标都可以通过立体仓库控制系统的设计来实现。因此将每托盘的平均输送时间设为 80 秒。则总输送时间为 20×80=1600 秒。

5. AS/RS 区的总作业时间

AS/RS 区批量拣货作业时间组成如图 10-6 所示，由于期间存在并行作业，所以 AS/RS 区的总作业时间并不是上述时间的简单相加。由各种作业时间之间的关系可得

总作业时间=第一托盘货物的拣取时间+总输送时间+最后一托盘货物的拣取时间+分类时间=107.64+1600+80+1500=3287.64 秒=54.75 分。

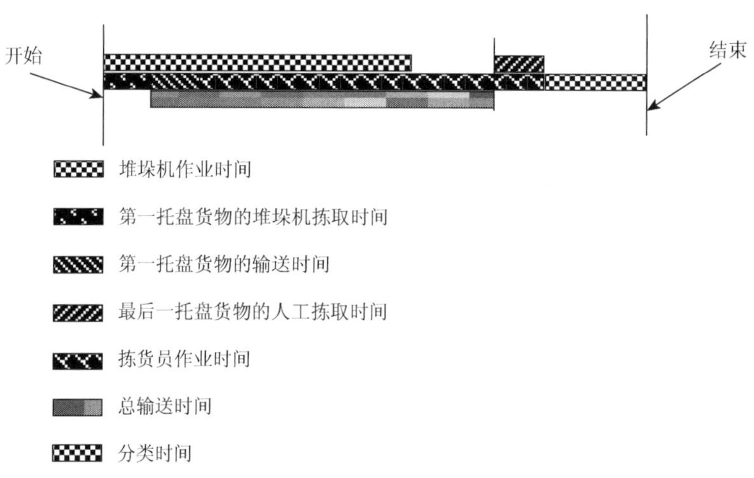

图 10-6　AS/RS 区批量拣货作业时间组成图

10.3.2　托盘货架区作业时间

（1）由订单资料可知，需要拣取的商品共有 36 箱，则从货位上取出商品的总时间为 36×10=360 秒。

（2）需要拣取的商品共 12 个品项，则人走到储位附近后寻找确认商品所用的时间为 12×4=48 秒。

（3）卸下商品所用的总时间为 36×10=360 秒。

（4）巷道中的平均期望行走时间：由于托盘货架拣货区采用穿越路径策略（S 形），假设货品随机分布，由文献[124]知其期望行走距离为

$$E[D^T]=E[D_a^T]+E[D_c]=yM\left[1-\left(\frac{M-1}{M}\right)^N\right]+0.5y+2x\frac{N-1}{N+1}$$

式中，y 为巷道长，x 为库区宽，M 为存储巷道数，N 为拣货品项数（拣货位置数）。因此拣货期望行走距离为

$$E[D^T]=28\times10\left[1-\left(\frac{10-1}{10}\right)^{12}\right]+0.5\times28+2\times37\times\frac{12-1}{12+1}\approx277.535m$$

平均期望行走时间为 277.535/50≈5.55 分≈333 秒。

（5）拣货总时间。以上四项时间相加得托盘货架区拣取一张订单的拣货作业时间为 1101 秒。6 张订单由 2 人全部拣完所需的平均拣货时间为 6×1101/2=3303 秒=55.05 分。

10.3.3　流动货架拣货区作业时间

（1）由订单资料可知：每张订单需拣取的商品共有 45 个单品，则从货位上取出这些商品所花的时间为 45×7=315 秒。

（2）由于拣货人员所负责的拣货区域较小，对区域内的商品比较熟悉且不必行走，所以其寻找储位的时间相对较少，设为 2 秒，则 45 种商品总的寻找时间为 45×2=90 秒。

（3）假设拣货人员将拣货箱放到输送机上的时间为 10 秒，将拣货箱卸下的时间为 20 秒，拣货箱每次升降的时间为 4 秒，则拣货箱从输送机的一端运行到另一端直到卸下所花的总时间为 10+5×4+（31.7/30+5.6/10）×60+20=147 秒。

（4）拣货总时间。上述三项之和就是流动货架拣货区拣取一张订单的拣货时间即 552 秒。则完成 6 张订单拣货所需的总时间为 6×552 秒=55.2 分。

10.4　时间均衡性检验

$\Delta t=\max\{|t_1-t_2|, |t_1-t_3|, |t_2-t_3|\}=\max\{|54.75-55.05|, |54.75-55.20|, |55.05-55.20|\}=0.55$ 分。

$$d=\frac{t_{\max}-t_{\text{ave}}}{t_{\max}}\times 100\%=\frac{55.20-55.00}{55.20}\times 100\%\approx 0.36\%$$

由上面的计算可知：三个工作分区内的拣取时间相差很小，且都在 1 小时左右，与时窗大小（1 小时）非常接近。各个分区之间的最大等待时间 0.55 分，平衡延误仅为 0.36%，基本上属于连续作业。因此从拣货分区时间均衡方面考虑，所建拣货系统是比较理想的。

10.5　时间不均衡的修正

如果计算结果三个拣货分区的作业时间严重不平衡，或者与时窗大小相差太大，则必须对某些数据进行相应的修正（如改变货架的排数、根据订单资料分析重排储位、改变时窗大小或者订单分批策略等），重新验证。上述过程可以反复进行，直到满意。

另外，为克服静态时窗分批的不足，可以采用文献[27]和[28]的动态时窗分批策略，但此时为保持时间均衡性，各分区的拣货时间 t_i 必须小于等于时窗大小 T_w 即 $t_i \leqslant T_w$，否则会因某分区拣货时间太长而影响下一批订单的拣取。

10.6　小　　结

多数配送中心的拣货都涉及种类繁多的产品和高周转率的畅销品及大小不一的客户订单，为了满足这些要求，多数拣货系统都是采用混合设计。本章以我国某大型 IT 分销商的配送中心为原型，在已有订单资料、拣货设备及拣货区布局基础上建立了一个混合的拣货系统，并以各拣货分区的拣货时间均衡为目标，利用最小等待时间和最小平衡延误两项评价指标对拣货系统进行验证。由计算结果可知，该拣货系统能保证各拣货分区拣货时间的相对平衡，有效减少拣货作业中因订单分批、分割拣取及工作分区不平衡引起的等待时间，不仅能改善拣货作业效率，最小化设备和人员闲置时间，而且有利于提高对用户的服务水平。

上述过程是在特定的假设条件下进行的，可能与实际不完全相符，但各个拣货分区的拣货方式和拣货策略都极具代表性，订单处理的思想和方法具有普遍意义。如果改变订单资料如订单到达的速率、订单订购的品项数及总量等，都可以按照此方法进行时间均衡的设计。

第 11 章　多系统同步拣货订单处理仿真研究

在配送中心每天的运作中，订单处理是每日必行的作业，也是一切作业的起始。订单资料接受之后，主要的处理作业就是将其输入系统记录建档，以及进行最主要的库存分配，最后将处理结果打印输出，如拣货单、分类单、集货单等的打印，再根据这些单据进行出货物流作业。仿真旨在对前面研究的某些方法策略进行应用研究并对某些结论进行验证，以期为配送中心拣货系统的规划决策及对现有拣货系统的改善等提供参考。

11.1　拣货系统仿真模型

11.1.1　拣货系统设置

以第 10 章基于时间均衡建立的混合拣货系统同步拣货为例，拣货区由立体仓库拣货区、托盘货架拣货区和流动货架拣货区三种不同类型的拣货区组成，由于该系统已经通过时间均衡性检验，证明了同步拣货的有效性，所以各区的功能及要求、货架尺寸、拣货系统各项资料、拣货模式、拣货策略等，如无特殊说明均与第 10 章相同。总平面布置如图 11-1 和图 11-2 所示。

一楼：进货区；验货区；分类码盘区（贴条码）；入库暂存区；分类区；集配货区；发货区（图 11-1）。

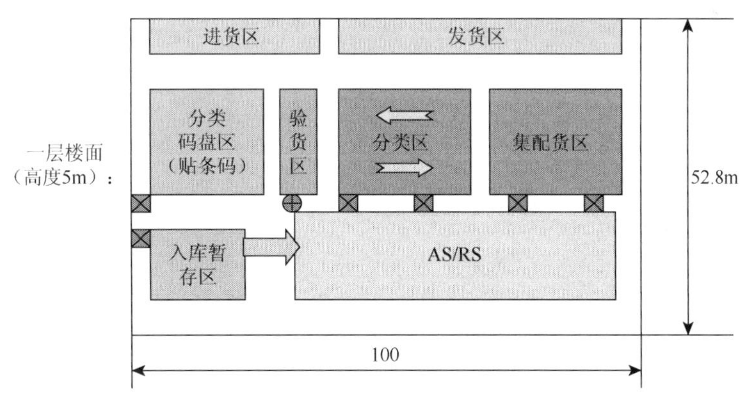

图 11-1　一层平面布置示意图

二楼：托盘储架储存拣货区；补货储架区与流动储架拣货区；出库暂存区（图 11-2）自动化立体仓库（AS/RS）（1～3 层）。

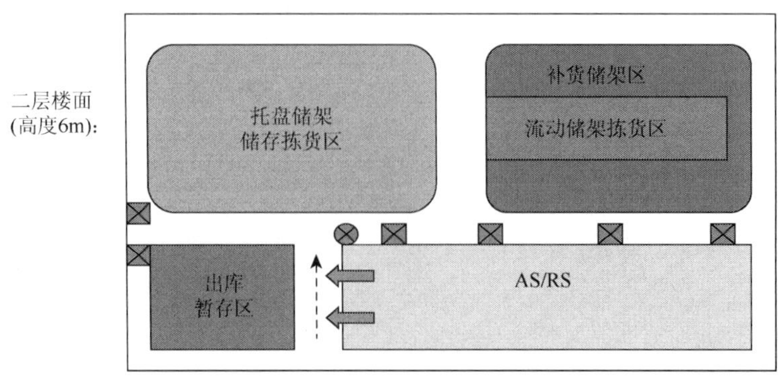

图 11-2　二层平面布置示意图

11.1.2　拣货区储位编码

1. AS/RS 拣货区

AS/RS 拣货区储位编码按巷道（L 或 R）-列-层的顺序编号，中间用分隔符隔开。如第 2 巷道右边第 15 列第 6 层的储位编码为 02R-15-06。第一巷道储位编码示意图如图 11-3，其他巷道编码依次类推。

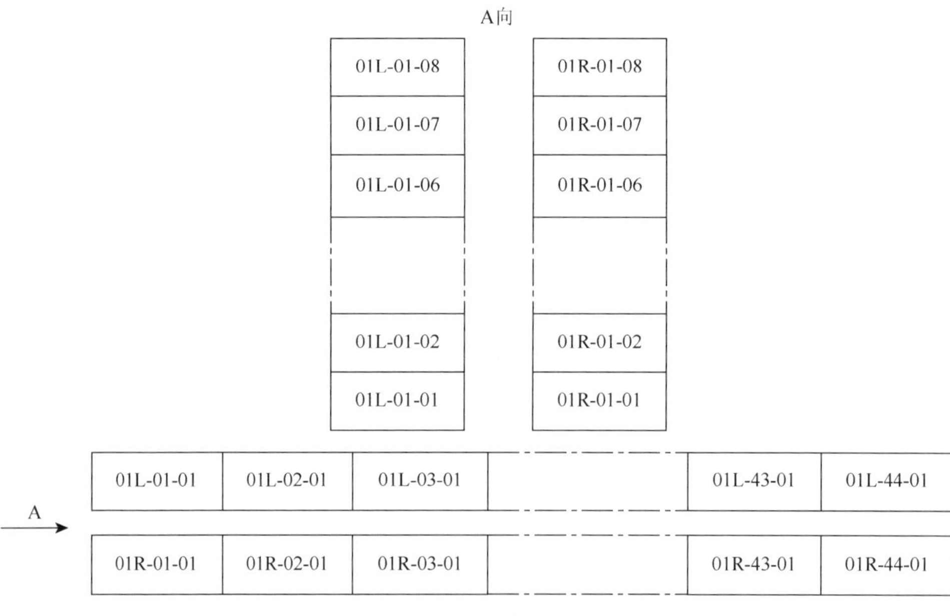

图 11-3　AS/RS 区第一巷道储位编码示意图

2. 托盘货架拣货区

托盘货架拣货区储位编码原则：巷道-层-货位号，巷道左边为双号，右边为单号。如货架第 1 巷道第 1 层第 3 列左边的储位编码 01-01-06，第 2 巷道第 3 层第 20 列左边的储位编码为 02-03-40，图 11-4 是托盘货架拣货区部分编码示意图，其他储位编码依次类推。

01-03-39		01-03-40	02-03-39		02-03-40		10-03-39		10-03-39
01-02-39		01-02-40	02-02-39		02-02-40		10-02-39		10-02-39
01-01-39		01-01-40	02-01-39		02-01-40		10-01-39		10-01-39

	I/O								
01-01-01		01-01-02	02-01-01		02-01-02	托盘货架	10-01-01		10-01-02
01-01-03		01-01-04	02-01-02		02-01-04		10-01-03		10-01-04
01-01-05		01-01-06	02-01-05		02-01-06		10-01-05		10-01-06
	巷道一			巷道二				巷道十	
01-01-35		01-01-36	02-01-35		02-01-35		10-01-35		10-01-36
01-01-37		01-01-38	02-01-37		02-01-37		10-01-37		10-01-38
01-01-39		01-01-40	02-01-39		02-01-39		10-01-39		10-01-40

图 11-4　托盘储架区储位编码示意图

3. 流动货架拣货区

流动货架拣货区储位编码原则：以输送机为基准，以左右来区分货架，编码由 L 或 R-列-层组成。如输送机右边第 5 列，第三层的储位编码为 R-05-03，其他依次类推。流动货架拣货区部分编码示意图如图 11-5，其他编码依次类推。

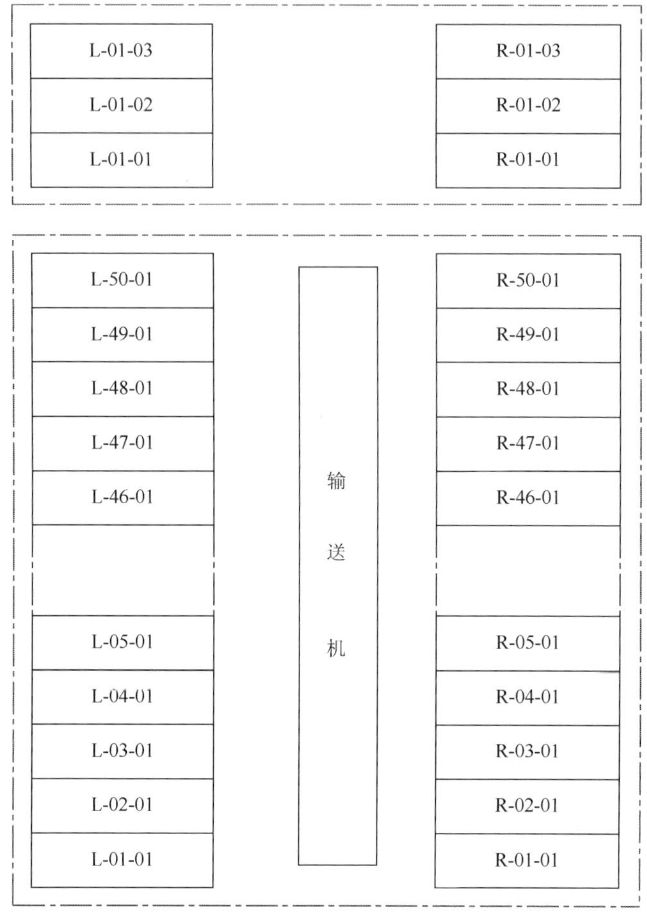

图 11-5　流动货架拣货区储位编码示意图

11.1.3　仿真模型结构

拣货系统订单处理仿真模型由拣货区布置模块、数据库查询模块、订单生成模块、拣货单生成模块和拣货仿真模块共 5 个模块组成，如图 11-6 所示。拣货区布置模块主要显示配送中心拣货区概貌、AS/RS 区平面布置示意图、托盘货架拣货区平面布置示意图、流动货架拣货区平面布置示意图。使管理者和作业人员对拣货系统有一个比较全面的了解。数据库查询模块实现对数据库的查询。可随时查询数据库中商品的在库信息，实时掌握库存情况及拣货区商品的数量是否满足拣货要求等，以便及时进行补货，使拣货作业顺利进行。

订单生成模块实际上是为提供拣货作业所需的订单而设计的，订单的产生是以商品库存一览表为依据，根据设定的订单资料，如根据订单到达的速率及订单分批的时窗大小等由计算机随机产生的。订单分批方式不同，每批的订单数也不同，但订单生成方式及订单资料处理的方法是相同的，并不影响仿真过程的实现。拣货单生成模块以配送中心基础数据库为依据，根据订单所订购的品项，按拣货模型中所规定的拣货方式、拣货策略、拣货路径等，生成各种作业单（拣货单、分类单、出货单等）并打印。拣货仿真模块根据决策模型确定的拣货路径，采用二维动画仿真托盘货架区的订单拣取过程，形象直观，使拣货人员能够大体知道在整个拣货区内，被拣商品的分布状况，对拣货的实际操作具有良好的指导作用。

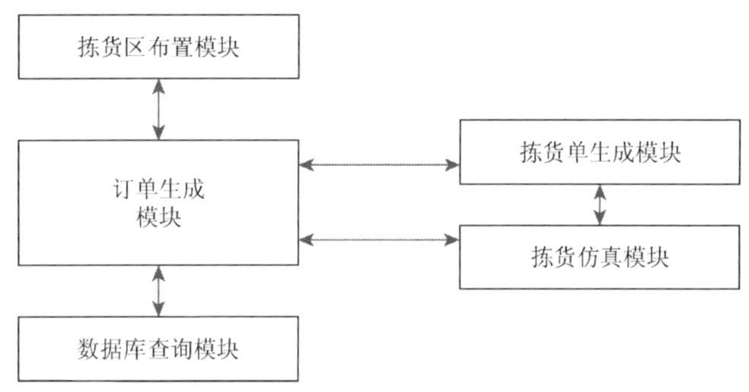

图 11-6　拣货系统仿真模型结构

11.2　仿真实验设计

11.2.1　基本数据库介绍

基本数据库中存放的是一些基本的数据表或者标准数据表。它是在订单处理前就由管理者事先储存在计算机中的一些数据信息，这些信息不仅是配送中心与上游供应商和下游客户进行信息交换、采购和销售商品的依据，也是配送中心进行储位管理、订单处理、拣货作业和人员调度的依据。

配送中心拣货系统数据库是专为订单处理仿真所需的各种数据资料而建的，包括配送中心商品明细表（表 11-1）、配送中心商品库存表（表 11-2）、AS/RS 区商品储位表（表 11-3）、托盘货架拣货区商品储位表（表 11-4）、流动货架拣货区商品储位表（表 11-5）。各表中只罗列了仿真过程中需要用到的各种数据，对配送中心的整个管理系统应该具备而本仿真过程中不需要用到的数据资料进行了省略。

表 11-1　配送中心商品明细表

序号	商品名称	商品编号	制造商	单位	单价	备注
1						
2						
3						
4						
…						

表 11-2　配送中心商品库存表

序号	商品名称	商品编号	制造	存区	单位（箱/单品）	在库量
1						
2						
3						
4						
…						

表 11-3　AS/RS 区商品储位表

序号	储位编码	托盘编码	储位状态	商品编号	商品数量（箱）	入库日期
1						
2						
3						
4						
…						

储位状态：0—空　1—有货

表 11-4　托盘货架拣货区商品储位表

序号	商品编号	储位编码	储位状态	拣选位存量（箱）
1				
2				
3				
4				
5				
…				

储位状态：0—空　1—有货

表 11-5　流动货架拣货区商品储位表

序号	商品编号	储位编码	储位状态	储位存量（单品）
1				
2				
3				
4				
5				
…				

储位状态：0—空　1 —有货

11.2.2　单据设计

1. 订单

订单是以商品库存一览表为依据，根据设定的数量和频率由计算机随机产生的，为保证批量拣取的有效性，AS/RS 区的商品只在 5 种商品中重复选取。订单格式如表 11-6。

表 11-6　订单格式

订单编号：　　客户名称：　　订货日期：　　交货日期：

序号	商品名称	商品编号	制造商	单位（箱/单品）	数量	…	备注
1							
2							
3							
4							
…							

2. 拣货单（表 11-7 ~ 表 11-9）

表 11-7　托盘货架拣货区拣货单

订单编号：　　客户名称：　　拣货日期：　　拣货员：

序号	储位编码	商品名称	商品编号	数量（箱）	备注
1					
2					
3					

续表

序号	储位编码	商品名称	商品编号	数量（箱）	备注
4					
…					

表 11-8　流动货架拣货区拣货单

订单编号：　　客户名称：　　拣货时间：　　拣货单号：

序号	储位编码	商品名称	商品编号	数量（单品）	拣货员
1					
2					
3					
4					
…					

表 11-9　AS/RS 区商品拣货单

订单编号：NO1—NO6　　拣货日期：　　拣货员：

序号	托盘编码	商品名称	商品编号	数量（箱）	备注
1					
2					
3					
4					
…					

注：AS/RS 区的商品经巷道堆垛机拣出后，由输送机送到出货端，再由拣货员将成箱的商品按拣货单上的数量从托盘上卸下，这一过程相当于采用物至人拣货设备进行拣货，即人员不动，输送机将商品送到拣货员面前的一种作业方式

3. 分类单

AS/RS 区的商品出库采用的是批量拣取方式，拣取完后，在分类区按客户订单进行分类作业。分类单格式如表 11-10。

表 11-10　AS/RS 区批量拣货分类单

商品名称	商品编号	商品总量（箱）	客户分配数（箱）					
			NO1	NO2	NO3	NO4	NO5	NO6

4. 出货单（表 11-11）

表 11-11　出货单

订单编号：　　客户名称：　　清点人：

序号	商品名称	制造商	商品编号	数量		备注
				箱	单品	
1						
2						
3						
4						
…						

11.2.3　订单资料处理流程设计

配送中心接受订单之后，主要的处理作业就是将其输入计算机记录建档，及进行最主要的库存分配，最后将处理结果打印输出。如拣货单、出货单的打印，然后再根据这些输出单据进行拣货和出货作业。配送中心按时窗分批拣货的订单处理流程分别设计如下。

1. 总流程（图 11-7）

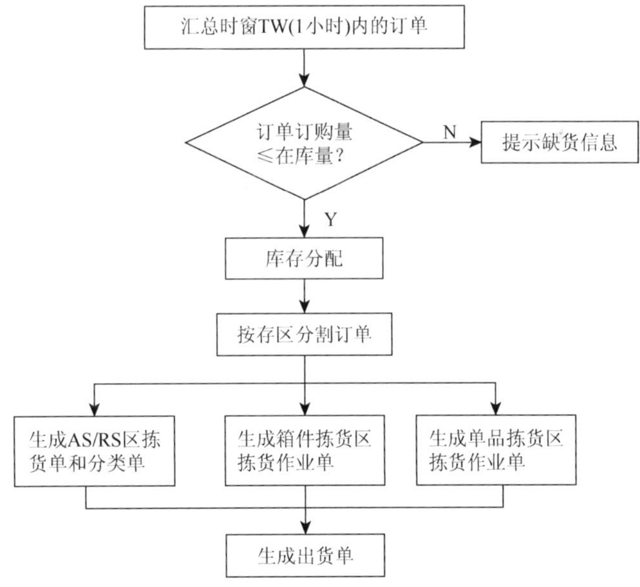

图 11-7　订单资料处理总流程图

2. 生成 AS/RS 区拣货单流程图（图 11-8）

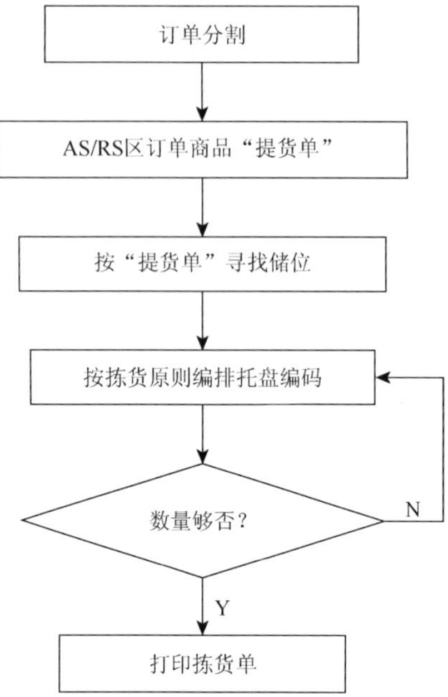

图 11-8　生成 AS/RS 拣货单流程图

3. 生成 AS/RS 区商品分类单流程（图 11-9）

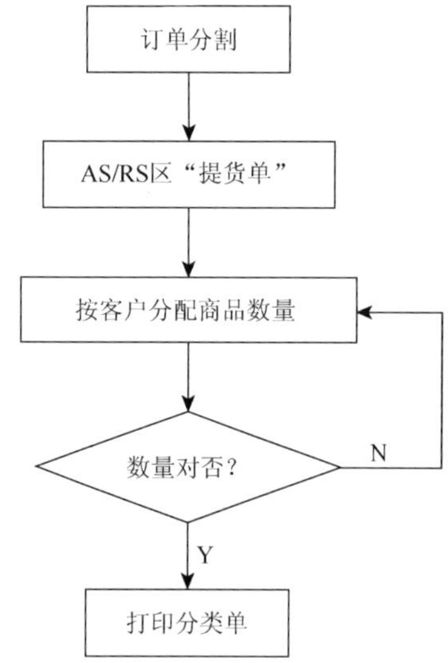

图 11-9　生成 AS/RS 区商品分类单流程图

4. 生成托盘货架拣货区拣货单流程图（图 11-10）

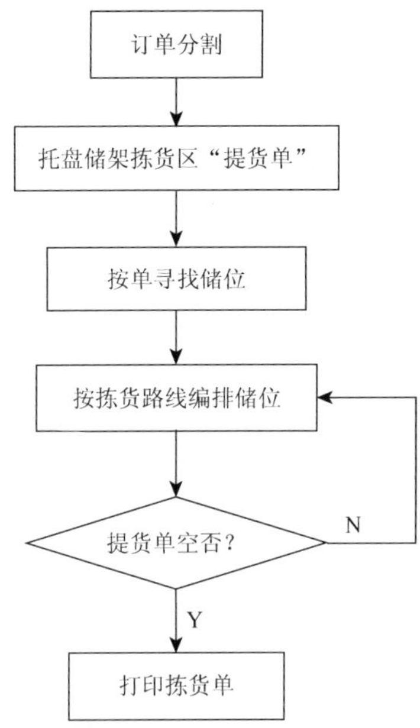

图 11-10　生成托盘货架拣货区拣货单流程图

5. 生成流动货架拣货区拣货单流程图（图 11-11）

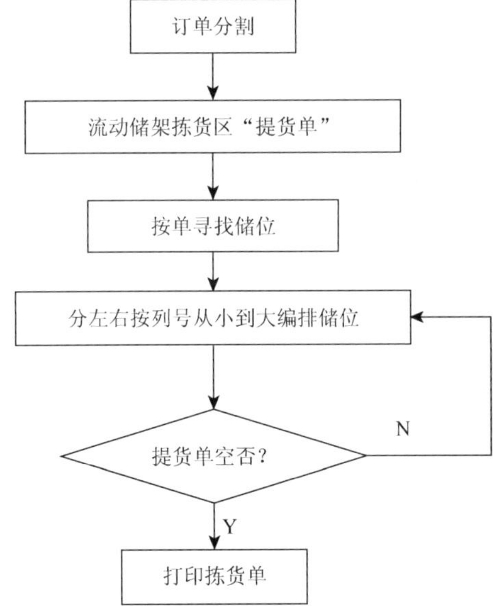

图 11-11　生成流动货架拣货区拣货单流程图

6. 生成出货单流程图（图 11-12）

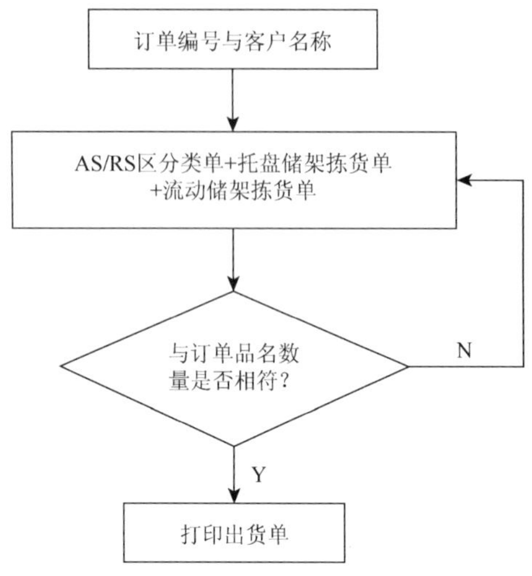

图 11-12　生成出货单流程图

11.3　仿真过程实现

11.3.1　仿真过程基本程序

配送中心接受订单之后，主要的处理作业就是将其输入计算机记录建档及进行最主要的库存分配，最后将处理结果打印输出，如拣货单、分类单、出货单的打印，然后再根据这些输出单据进行拣货和出货作业。如图 11-3 所示。

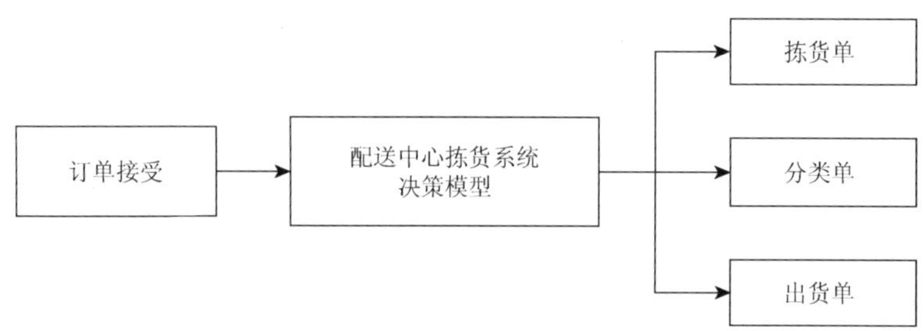

图 11-13　仿真过程基本程序图

11.3.2　仿真实现

在对所建拣货系统进行全面分析的基础上，采用 Visual Basic 6.0 与 Microsoft

Access 相结合编制了配送中心从接受订单开始，到产生拣货单和分类单等一系列订单资料处理过程的模拟程序。订单处理是在假设三个拣货分区所存放的商品各不相同，并且拣货前已对各种缺货情况进行了妥善处理的前提下进行的，即 AS/RS 区不缺货、其他两个拣货区在每次拣货前有专人跟踪补货，也不会有缺货情况发生。

1. 拣货区布置模块

拣货区布置模块的下拉菜单中共有四项，单击任一项可显示不同的拣货区布置。它们分别是配送中心拣货区概貌、AS/RS 区平面布置示意图、托盘货架拣货区平面布置示意图、流动货架拣货区平面布置示意图。

2. 数据库查询模块

实现对数据库的查询与浏览。可随时查询数据库中商品的在库信息并对其进行浏览，实时掌握库存情况及拣货区商品的数量是否满足拣货要求等，以便及时进行补货，使拣货作业顺利进行。

3. 订单生成模块

拣货作业在配送中心的角色相当于人体的心脏、空调系统的压缩机，而其动力的产生来自于客户的订单。客户订单是配送中心拣货作业得以进行的基础，是产生拣货单、分类单的依据。所以为了使仿真过程顺利进行，首先必须提供客户的订单。仿真系统中的订单生成模块就是为提供拣货作业所需的订单而设计的，订单的产生是以商品库存一览表为依据，根据设定的订单资料由计算机随机产生的。根据订单到达的速率及时窗大小可知：每 6 张订单为一批。订单分批方式不同，每批的订单数也不同，但订单生成方式及订单资料处理的方法是相同的，并不影响仿真过程的实现。

4. 作业单生成模块

各种拣货作业单的格式及生成流程图已在上面详细给出，根据订单所订购的品项，按拣货模型中所规定的拣货策略、拣货路径等，以配送中心基础数据库为依据，生成各种作业单（拣货单、分货单、出货单等）并打印。

11.4　小结与讨论

根据拣货单拣货目前仍然是最经济最方便也是配送中心采用最多的拣货方式的实际，对第 10 章建立的多系统同步拣货系统的订单处理进行仿真，展示了数据库的建立、各种单据的设计、订单处理的实现过程以及各种拣货作业单和其他单据的打印完成等。

利用计算机仿真模拟配送中心拣货系统订单处理，可以充分考虑各种拣货作业模式、拣货策略及拣货作业方式，在此基础上来设计拣货资料，可以使拣货作业更正确、更合理、更有效率，从而为配送中心的实际运作提供更可靠的决策依据。多次仿真运行表明结果正确可靠。仿真过程及结果，可以为以后配送中心拣货系统的规划决策、现有拣货系统的改善及订单处理软件的开发设计提供参考，或者与本系统相近的配送中心甚至可以直接套用这种拣货作业模式。

需要说明的是，上述模拟过程是在特定的假设条件下进行的，可能与实际不能完全相符，但各个拣货分区的拣货方式都极具代表性，且如果改变订单资料如订单到达的速率、订单订购的品项数及总量等，订单处理的原则方法并不改变。如果改变拣货策略及工作分区等，订单处理也可以参照此模拟过程执行。另外，打印出来的各种作业单正确与否，可以通过人工计算及目视方法根据所采用的拣货策略及拣货路径等进行验证，找出产生错误的原因，不断修正和完善拣货模型，从而保证处理结果的正确性。

参 考 文 献

[1] 董福庆. 物流中心拣货作业[M]. 台北：工业技术研究院机械工业研究所发行，1997.

[2] Tompkins J A，White J A，Bozer Y A，et al. Facilities Planning[M]. NJ：John Wiley & Sons，2003.

[3] Drury J. Towards more efficient order picking，IMM Monograph No. 1，Report，The Institute of Materials Management，Cranfield，U. K. ，1988.

[4] Goetschalckx M，Ashayeri J. Classification and design of order picking systems[J]. Logistics World，1989：99-106.

[5] René de Koster，Edo van der Poort. Routing orderpickers in a warehouse：A comparison between optimal and heuristic solutions[J]. IIE Transactions，1998，30（5）：468-480.

[6] Petersen C G，Aase G. A comparison of picking，storage，and routing policies in manual order picking[J]. Int. J. Production Economics，2004，92：11-19.

[7] 刘昌祺. 物流配送中心拣货系统选择及设计[M]. 北京：机械工业出版社，2005.

[8] Chin-Chia Jane，Yih-Wenn Laih. A clustering algorithm for item assignment in a synchronized zone order picking system[J]. European Journal of Operational Research，2005，166（2）：489-496.

[9] 陈慧娟. 物流中心作业系统[M]. 台北：工业技术研究院机械工业研究所发行，1997.

[10] 物流中心作业的心脏—拣货作业[J]. 现代制造，2002（6）：20-23.

[11] Van Hoek R I. The rediscovery of postponement a literature review and directions for research[J]. Journal of Operations Management. 2001，19（2）：161-184.

[12] René de Koster，Tho Le-Duc，Kees Jan Roodbergen. Design and control of warehouse order picking：a literature review[EB/OL]. https：//ep.eur.nl/bitstream/1765/7322/1/ERS+2006+005+LIS.pdf，2006.

[13] 田国会，张攀，李晓磊，等. 一类仓库作业优化问题的混合遗传算法研究[J]. 系统仿真学报，2004（6）：1198-1201.

[14] 田国会，张攀，尹建芹，等. 基于混合遗传算法的固定货架拣选优化问题研究[J]. 机械工程学报. 2004，40（2）：141-144.

[15] 田伟，田国会，张攀，等. 应用改进的 LK 算法求解固定货架拣选优化问题[J]. 计算机应用，2004（6）：167-170.

[16] 田伟，田国会，张攀，等. 考虑非对称情形的一类拣选问题的改进 L K 算法求解[J]. 中国工程科学，2004（11）：47-52.

[17] 宁春林，田国会，尹建芹，等. Max-Min 蚁群算法在固定货架拣选路径优化中的应用[J]. 山东大学学报，2003，33（6）：666-680.

[18] 刘增晓，冯占营，吴建，等. 拣选式自动化仓库堆垛机作业路径简易优化算法[J]. 起重运输机械，2006（8）：49-51.

[19] 赵炯，张树京，熊肖磊，等. 自动化立体仓库中载人联机可视化拣选方案及其性能分析[J]. 制造业自动化，2001（12）：38-41.

[20] 刘金平，周炳海，奚立峰. 在线自动化仓库的库位分配方法及其实证研究[J]. 工业工程与管理，2005（1）：11-16.

[21] 商允伟，裘聿皇，刘长有. 自动化仓库货位分配优化问题研究[J]. 计算机工程与应用，2004（26）：17-21.

[22] 李诗珍，陈渔. 立体仓库自动存取系统的作业周期与货位分区管理[J]. 起重运输机械，2002（10）：8-11.

[23] 李欣，钟敏. 自动化立体仓库堆垛机拣选作业调度研究[J]. 起重运输机械，2005（3）：23-26.

[24] 常发亮，刘长友. 自动化立体仓库拣选出库总体调度策略的优化研究[J]. 控制与决策，1995，10（6）：568-572.

[25] 常发亮，刘长友. 物资配送中心的物流调度与优化研究[J]. 高技术通信，1997（12）：19-24.

[26] 李诗珍，王转. 订单拣取路径优化研究[J]. 物流技术与应用，2002，（5）：67-70.

[27] 李诗珍，王转，张克诚. 配送中心拣货作业中的订单分批策略研究[J]. 物流技术，2002（4）：31-33.

[28] 马士华，文坚. 基于时间延迟的订单分批策略研究[J]. 工业工程与管理，2004（6）：1-4.

[29] 李诗珍，王转，石江. 配送中心拣货系统订单处理仿真研究[J]. 计算机应用，2003，（2）：9-10.

[30] 李诗珍，王长建. 优化配送中心订单拣取路径的一种动态规划方法[J]. 运筹与管理，2003，（2）：117-121

[31] 李诗珍，李莉，杜文宏. 单品拣货模式及其效能分析[J]. 包装工程，2006（6）.

[32] 李诗珍. 配送中心的单品拣取模型及应用[J]. 物流技术，2005（9）：75-76.

[33] 陈伊菲，刘军. 仓储拣选作业路径 VRP 模型设计与应用[J]. 计算机工程与应用，2006（6）：209-212.

[34] Bassan Y，Roll Y，Rosenblatt M J. Internal layout design of a warehouse[J]. IIE Transactions，1980，12（4）：317-322.

[35] Rosenblatt M J，Roll Y. Warehouse design with storage policy considerations[J]. International Journal of Production Research，1984，22（5）：809-821.

[36] Rosenblatt M J，Roll Y. Warehouse capacity in a stochastic environment[J]. International Journal of Production Research，1988，26（12）：1847-1851.

[37] Roodbergen K J. Layout and Routing Methods for Warehouses[D]. Ph. D. thesis，Erasmus Research Institute of Management（ERIM），2001.

[38] Caron F，Marchet G，Perego A. Optimal layout in low-level picker-to-part systems[J]. International Journal of Production Research，2000，38（1）：101-117.

[39] Tho L D. Design and Control of Efficient Order Picking Processes[D]. Ph. D. thesis，Erasmus University Rotterdam，2005.

[40] Petersen C G. Considerations in order picking zone configuration[J]. International Journal of Operations & Production Management，2002，27（7）：793-805.

[41] Bozer Y A，White J A. Travel-time models for automated storage/retrieval systems[J]. IIE Transactions，1984，16：329-338.

[42] Larson T N，March H，Kusiak A. A heuristic approach to warehouse layout with class based storage[J]. IIE Transactions，1997，29：337-348.

[43] Gu J. The Forward Research Warehouse Sizing and Dimensioning Problem[D]. Ph. D thesis，Georgia Institute of Technology，2005.

[44] Hackman S T，Rosenblatt M J. Allocating items to an automated storage and retrieval system[J]. IIE Transactions，1990，22（1）：7-14.

[45] Frazelle E H，Hackman S T，Passy U，et al. The Forward-Reserve Problem[M]. Optimization in Industry 2，New York：John Wiley & Sons Ltd. 1994.

[46] Van den Berg J P，Sharp G P，Gademann A J R M N，et al. Forward-reserve allocation in a warehouse with unit-load replenishments[J]. European Journal of Operational Research，1998，111：98-113.

[47] Jane C C. Storage location assignment in a distribution center[J]. International Journal of Physical Distribution &

Logistics Management，2000，30（1）：55-71.

[48] Hausman W H，Schwarz L B，Graves S C. Optimal storage assignment in automatic warehousing systems[J]. Management Science，1976，22（6）：629-638.

[49] Heskett J L. Cube-per-order index-a key to warehouse stock location[J]. Transport and Distribution Management，1963，3：27-31.

[50] Heskett J L. Putting the cube-per-order index to work in warehouse layout[J]. Transport and Distribution Management，1964，4：23-30.

[51] Malmborg C J，Bhaskaran K. Optimal storage assignment policies for multiaddress warehousing systems[J]. IEEE Transactions on Systems，Man and Cybernetics，1989，19（1）：197-204.

[52] Malmborg C J，Bhaskaran K. A revised proof of optimality for the cube-per-order index rule for stored item location[J]. Applied Mathematical Modeling，1990，14：87-95.

[53] Malmborg C J. Optimization of Cubic-per-Order Index layouts with zoning constraints[J]. International Journal of Production Research，1995，33（2）：465-482.

[54] Caron F，Marchet G，Perego A. Routing policies and COI-based storage policies in picker-to-part systems[J]. International Journal of Production Research，1998，36（3）：713-732.

[55] De Koster R，Van der Poort E S，Wolters M. Efficient orderbatching methods in warehouse[J]. International Journal of Production Research，1999，37（7）：1479-1504.

[56] Petersen C G，Aase G，Heiser D R. Improving order-picking performance through the implementation of class-based storage[J]. International Journal of Physical and Logistics Management，2004，34（7）：534-544.

[57] Graves S C，Hausman W H，Schwarz L B. Storage-retrieval interleaving in automatic warehousing systems[J]. Management Science，1977，23：935-945.

[58] Rosenblatt M J，Eynan A. Deriving the optimal boundaries for class-based automatic storage/retrieval systems[J]. Management Science，1989，35（12）：1519-1524.

[59] Eynan A，Rosenblatt M J. Establishing zones in single-command class-based rectangular AS/RS[J]. IIE Transactions，1994，26：38-46.

[60] Guenov M，Raeside R. Zone shape in class based storage and multi-command order picking when storage/retrieval machines are used[J]. European Journal of Operational Research，1992，58（1）：37-47.

[61] Jarvis J M，McDowell E D. Optimal product layout in an order picking warehouse[J]. IIE Transactions，1991，23（1）：93-102.

[62] Petersen C G. The impact of routing and storage policies on warehouse efficiency[J]. International Journal of Operations & Production Management，1999，19（10）：1053-1064.

[63] Petersen C G. Considerations in order picking zone configuration[J]. International Journal of Operations & Production Management，2002，27（7）：793-805.

[64] Petersen C G，Aase G. A comparison of picking，storage，and routing policies in manual order picking[J]. International Journal of Production Economics，2004，92：11-19.

[65] Petersen C G，Schmenner R W. An evaluation of routing and volume-based storage policies in an order picking operation[J]. Decision Sciences，1999，30（2）：481-501.

[66] Le-Duc T，De Koster R. Travel distance estimation and storage zone optimization in a 2-block class-based storage strategy warehouse[J]. International Journal of Production Research，2005c，43（17）：3561-3581.

[67] Speaker R L，Bulk order picking[J]. Industrial Engineering，1975，7（12），14-18.

[68] De Koster R. Performance approximation of pick-to-belt orderpicking systems[J]. European Journal of Operational Research，1994，72：558-573.

[69] Jewkes E，Lee C，Vickson R. Product location，allocation and server home base location for an order picking line with multiple servers[J]. Computers & Operations Research，2004，31：623-626.

[70] Choe K，Sharp G P. Small parts order picking：design and operation[EB/OL]. http：//www.isye.gatech.edu./logisticstutorial/order/article.htm

[71] Gademann A J R N，Van den Berg J P，Van der Hoff H H. An order batching algorithm for wave picking in a parallel-aisle warehouse[J]. IIE Transactions，2001，33：385-398.

[72] Gademann N，Van de Velde S. Batching to minimize total travel time in a parallel-aisle warehouse[J]. IIE Transactions，2005，37（1）：63-75.

[73] Chen M C，Wu H P. An association-based clustering approach to order batching considering customer demand patterns[J]. Omega International Journal of Management Science，2005，33（4）：333-343.

[74] Chen M C，Huang C-L，Chen K Y，et al. Aggregation of orders in distribution centers using date mining[J]. Expert Systems with Applications，2005，28（3）：453-460.

[75] Hsu C M，Chen K Y，Chen M C. Batching orders in warehouses by minimizing travel distance with genetic algorithms[J]. Computers in Industry，2005，56（2）：169-178.

[76] Hwang H，Kim D G. Order-batching heuristics based on cluster analysis in a low-level picker-to-part warehousing system[J]. International Journal of Production Research，2005，43（17）：3657-3670.

[77] Elsayed E A. Algorithms for optimal material handling in automatic warehousing systems[J]. International Journal of Production Research，1981，19（5）：525-535.

[78] Elsayed E A，Stern R G. Computerized algorithms for order processing in automated warehousing systems[J]. International Journal of Production Research，1983，21（4）：579-586.

[79] Hwang H，Baek W，Lee M. Cluster algorithms for order picking in an automated storage and retrieval system[J]. International Journal of Production Research，1988，26（2）：189-201.

[80] Hwang H，Lee M K. Order batching algorithms for a man-on-board automated storage and retrieval system[J]. Engineering Costs and Production Economics，1988，13：285-294.

[81] Pan C H，Liu S Y. A comparative study of order batching algorithms[J]. Omega International Journal of Management Science，1995，23（6）：691-700.

[82] Rosenwein M B. An application of cluster analysis to the problem of locating items within a warehouse[J]. IIE Transactions，1994，26（1），101-103.

[83] Ruben R A，Jacobs F R. Batch construction heuristics and storage assignment strategies for walk/ride and picking systems[J]. Management Science，1999，45（4），575-596.

[84] de Koster M B M，van der Poort E S，Wolters M. Efficient order-batching methods in warehouse[J]. INT. J. PROD. RES. ，1999，37（7）：1479-1504.

[85] Elsayed E A，Unal O I. Order batching algorithms and travel-time estimation for automated storage/retrieval systems[J]. International Journal of Production Research，1989，27：1097-1114.

[86] Ratliff H D，Rosenthal A S. Order-picking in a rectangular warehouse：a solvable case of the traveling salesman problem[J]. Operation Research，1983，31（3）：507-521.

[87] Roodbergen K J，De Koster R. Routing methods for warehouses with multiple cross aisles[J]. International Journal of Production Research，2001a，39（9），1865-1883.

[88] Roodbergen K J，De Koster R. Routing order-pickers in a warehouse with a middle aisle[J]. European Journal of Operational Research，2001b，133，32-43.

[89] Vaughan T S，Petersen C G. The effect of warehouse cross aisles on order picking efficiency[J]. International Journal of Production Research，1999，37（4），881-897.

[90] Hall R W. Distance approximations for routing manual pickers in a warehouse[J]. IIE Transactions，1993，25（4）：76-87.

[91] Petersen C G. An evaluation of order picking routing policies[J]. International Journal of Operations & Production Management，1997，17（11）：1098-1111.

[92] Goetschalckx M，Ratliff D H. Order picking in an aisle[J]. IIE Transactions，1988b，20：531-562.

[93] Goetschalckx M，Ratliff D H. An efficient algorithm to cluster order picking items in a wide aisle[J]. Engineering Costs and Production Economy，1988a，13：263-271.

[94] Chang S-H，Egbelu P J. Relative pre-positioning of storage/retrieval machines in automated storage/retrieval systems to minimize maximum system response time[J]. IIE Transactions，1997，29：303-312.

[95] Hwang H，Lim J M. Deriving an optimal dwell point of the storage/retrieval machine in an automated storage/retrieval system[J]. International Journal of Production Research，1993，31（11）：2591-2602.

[96] Egbelu P J，Wu C-T. A comparison of dwell point rules in an automated storage/retrieval system[J]. International Journal of Production Research，1993，31（11）：2515-2530.

[97] Peters B A，Smith J S，Hale T S. Closed form models for determining the optimal dwell point location in automated storage and retrieval systems[J]. International Journal of Production Research，1996，34（6）：1757-1771.

[98] van den Berg J P. Analytic expressions for the optimal dwell point in an automated storage/retrieval system[J]. International Journal of Production Economics，2002，6（1）：13-25.

[99] Bozer Y A，Sharp G P. An empirical evaluation of general purpose automated order accumulation and sortation system used in batch picking[J]. Material Flow，1985，2：111-113.

[100] Bozer Y A，Quiroz M A，Sharp G P. An evaluation of alternative control strategies and design issues for automated order accumulation and sortation systems[J]. Material Flow，1988，4：265-282.

[101] Johnson M E. The impact of sorting strategies on automated sortation system performance[J]. IIE Transactions，1998，30：67-77.

[102] Meller R D. Optimal order-to-lane assignments in an order accumulation/sortation system[J]. IIE Transactions，1997，29（4）：293-301.

[103] Russell M L，Meller R D. Cost and throughput modelling of manual and automated order fulfilment systems[J]. IIE Transactions，2003，35（7）：589-603.

[104] 陈彦辉. 以太网在配送拣货系统中的应用[J]. 现代制造，2004（19），57-58.

[105] 付静芳. 配送中心的拣货作业模式研究[J]. 物流技术，2005（3），41-42.

[106] 杨玮，刘昌祺，曹巨江，等. 物流配送中心拣货系统分析[J]，包装工程，2005（1）：107-109.

[107] 冯冬青，李 波. 电子标签在智能拣货系统中的应用研究[J]，河南科技，2005（2），285-288.

[108] 李家齐，樊双蛟. 分拣作业方式的效率效益[J]. 中国物流与采购，2006（6）：40-42.

[109] 王雄志. 配送中心配货作业计划方法研究[D]. 广州：暨南大学，2007.

[110] 李晓春. 配送中心拣货作业设计与优化[D]. 广州：暨南大学，2009.

[111] 李诗珍. 配送中心拣货作业优化设计与控制研究[D]. 成都：西南交通大学，2008.

[112] 肖际伟. 配送中心拣货系统优化[D]. 济南：山东大学，2010.

[113] 刘进平. 配送中心分拣系统设计方法研究[D]. 大连：大连海事大学，2011.
[114] 张贻弓. 基于分区拣选策略的分拣机系统综合优化研究[D]. 济南：山东大学，2011.
[115] 陈方宇. 多区块仓库环境下订单拣选路线规划研究[D]. 武汉：华中科技大学，2014.
[116] 李明. 阵列式自动拣选系统配置优化研究[D]. 济南：山东大学，2015.
[117] 刘德宝. 自动拣选系统拣选策略及布局优化研究[D]. 济南：山东大学，2015.
[118] 王雄志. 配送中心配货作业方法研究[M]. 北京：中国经济出版社，2008.
[119] 马笑，刘昌祺. 物流配送中心分类与拣货系统实用技术[M]. 北京：机械工业出版社，2014.
[120] 王雄志，李晓春，钟雪灵. 配送中心拣货系统优化与作业管理[M]. 北京：中国经济出版社，2015.
[121] 蔡临宁. 物流系统规划__建模及实例分析[M]. 北京：机械工业出版社，2003.
[122] 王家善. 设施规划与设计[J]. 工业工程，1998（1）：11-14.
[123] Kees Jan Roodbergen，Iris F. A. vis. A model for warehouse layout[J]. IIE Transactions，2006，38：799-811.
[124] Hall R W. Distance approximations for routing manual pickers in a warehouse[J]. IIE Transactions，1993，25（4）：76-87.
[125] Hwang H，Oh Y H，Lee Y K. An evaluation of routing policies for order-picking operations in low-level picker-to-part system[J]. INT. J. PROD. RES. ，2004，42（18）：3873-3889.
[126] Lee M K. A storage assignment policy in a man-on-board automated storage/retrieval system[J]. International Journal of Production Research，1992，30（10）：2281-2292.
[127] Liu C-M. Clustering techniques for stock location and order-picking in a distribution center[J]. Computers & Operational Research，1999（26）：989-1002.
[128] Hwang H，Oh Y H，Cha C N. A stock location rule for a low level picker-to-park system[J]. Eng. Opt. 2003，35（3）：285-295.
[129] Armstrong R D，Cook W D，Saipe A L. Optimal batching in a semi-automated order picking system[J]. Journal of the Operational Research Society，1979，30（8）：711-720.
[130] 李诗珍. 配送中心订单分批拣货问题的数学模型及节约启发式算法[J]. 铁道运输与经济，2007（11）：65-67.
[131] 王德东，陈术山，郑丕谔. 不确定车辆数的有时间窗车辆选径问题的混合算法[J]. 计算机应用，2006（2）：482-484.
[132] 胡运权，郭耀煌. 运筹学教程[M]. 北京：清华大学出版社，2000.
[133] 张清河，张云波. 不确定性网络计划工序作业时间研究[J]. 华侨大学学报（自然科学版），2002（4）：142-146.
[134] 闫文周，高琳. 基于模糊理论的不确定性网络计划工期研究[J]. 山西建筑，2007. 3（9）：1-2.
[135] Kilbridgei M，Wester L. The balance delay problem[J]. Management Science，1961，8（1）：69-84.
[136] 陈渔. 自动化立体仓库的总体规划与设计[D]. 北京：北京科技大学，2001.
[137] 耀欣，张舜德. 高效率拣货作业模式（上）[J]. 物流技术与战略，1998，（3）：98-105.

附　录　1

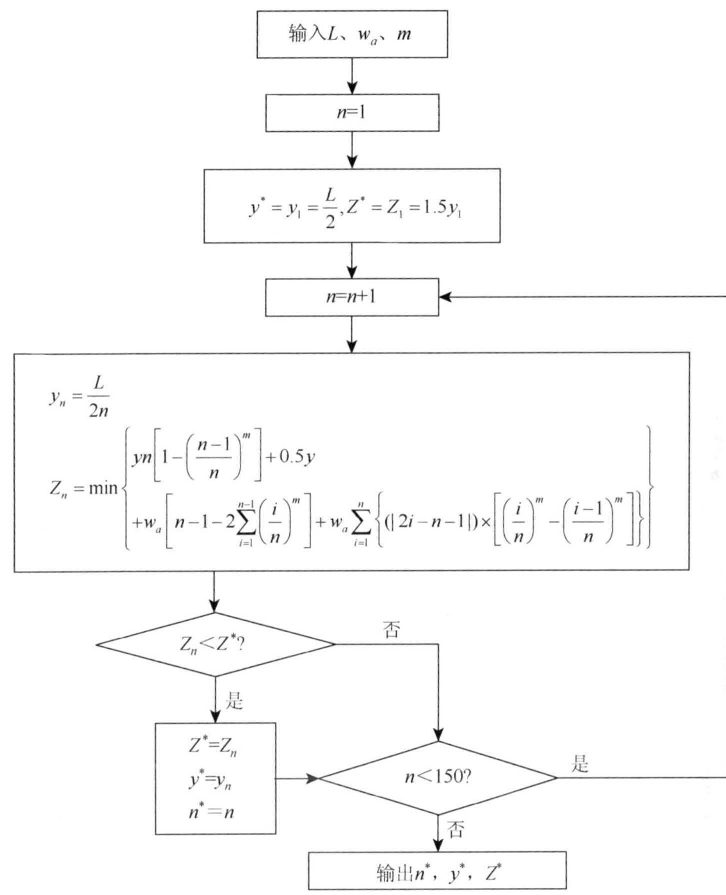

图 A-1　拣货区优化布置算法流程图

附 录 2

主程序

```
clear
N=[];
FF=[];
for m=3: 25
[X, F]=fminbnd(@(x)lisi(x, m), 2, 150);
I=floor(X);
Z=[lisi(I-1, m), lisi(I, m), lisi(I+1, m), lisi(I+2, m)];
[Fval, b]=min(Z);
n=I+b-2;
N=[N, n];
FF=[FF, Fval];
end
N
FF
```

函数子程序

```
function y=lisi(x, m)
L=300;
a=4;
n=floor(x);
A=sum(([1: n-1]/n).^m);
I=[1: n];
t=((n-1)/n)^m;
B=sum(abs(2*I-1-n).*((I/n).^m-((I-1)/n).^m));
y=0.5*L*(1-t)+L/x/4+a*(n-1-2*A)+a*B;
```

使用 Matlab 软件优化工具箱中的有界标量非线性最小化程序

附 录 3

附表 1 静态储存设备的储存单位与拣货单位

储存设备	储存单位			拣货单位		
	托盘	箱	单品	托盘	箱	单品
托盘储存	◎			◎	◎	
轻型货架		◎			◎	◎
储柜			◎			◎
流动货架	◎	◎		◎	◎	◎
高层货架	◎	◎		◎	◎	◎

附表 2 静态储存设备与拣货搬运设备配合情形

拣货搬运设备 储存设备	无动力拣货车	动力拣货台车	动力牵引车	堆垛机	拣货堆垛机	搭乘式存取机	无动力输送机	动力输送机	计算机辅助拣货台车
托盘货架	◎	◎	◎	◎	◎			◎	
轻型货架	◎	◎	◎					◎	◎
储柜	◎	◎							◎
流动货架	◎	◎					◎	◎	
高层货架						◎			

附表 3 动态储存设备的储存单位与拣货单位

储存设备	储存单位			拣货单位		
	托盘	箱	单品	托盘	箱	单品
单元负载自动仓储	◎			◎	◎	
轻负载自动仓储		◎			◎	◎
水平旋转自动仓储		◎	◎		◎	◎
垂直旋转自动仓储		◎	◎		◎	◎
梭车式自动仓储		◎			◎	◎

附表 4　拣货系统单位组合表

拣货单位	储存单位	入库单位
P	P	P
P、C	P、C	P
P、C、B	P、C、B	P
C	P、C	P、C
C、B	P、C、B	P、C
B	C、B	C、B

P：托盘　C：箱　B：单品

附表 5　拣货模式形态列表

模式编号	记号	模式意义	可用设备组合
4—1—1	C⟶C SOP/MP	箱储存/箱取出 订单拣取 人至物拣货设备	轻型货架 箱装流动货架
4—1—2	C⟶C SOP/PM	箱储存/箱取出 订单拣取 物至人拣货设备	水平旋转仓储 垂直旋转仓储 轻负载自动仓储
4—1—3	C⟶C SOP/AP	箱储存/箱取出 订单拣取 自动拣货设备	箱装自动拣货系统
5—1—1	C⟶C+B SOP/MP	箱储存/箱、单品取出 订单拣取 人至物拣货设备	轻型货架/台车 箱装流动货架/台车、输送机 数字显示流货架/输送机
5—1—2	C⟶C+B SOP/PM	箱储存/箱、单品取出 订单拣取 物至人拣货设备	水平旋转仓储 垂直旋转仓储 轻负载自动仓储
6—1—1	C⟶B SOP/MP	箱储存/单品取出 订单拣取 人至物拣货设备	轻型货架/台车、输送机 箱装流动货架/台车、输送机 数字显示流动货架/输送机
6—1—2	C⟶B SOP/PM	箱储存/单品取出 订单拣取 物至人拣货设备	水平旋转仓储 垂直旋转仓储 轻负载自动仓储
6—2—1	C⟶B SWP/MP	箱储存/单品取出 批量拣取时分类 人至物拣货设备	轻型货架/计算机辅助拣货台车
6—2—2	C⟶B SWP/PM	箱储存/单品取出 批量拣取时分类 物至人拣货设备	水平旋转仓储 垂直旋转仓储 轻负载自动仓储
6—3—1	C⟶B SAP/MP+B-sort	箱储存/单品取出 批量拣取后分类 人至物拣货设备	轻型货架/台车 /单品分类系统

续表

模式编号	记号	模式意义	可用设备组合
6—3—2	C⟶B SAP/PM+B-sort	箱储存/单品取出 批量拣取后分类 物至人拣货设备	轻负载自动仓储/单品分类系统 水平旋转仓储 垂直旋转仓储
7—1—1	B⟶B SOP/MP	单品储存/单品取出 订单拣取 人至物拣货设备	储柜/台车 储柜/拣货篮（手提）
7—1—2	B⟶B SOP/PM	单品储存/单品取出 订单拣取 物至人拣货设备	水平旋转仓储 垂直旋转仓储
7—1—3	B⟶B SOP/AP	单品储存/单品取出 订单拣取 自动拣货设备	单品自动拣货系统 A 型自动拣货机